마지막
한 걸음은
혼자서
가야 한다

마지막 한 걸음은 혼자서 가야 한다

정진홍의 900킬로미터

정진홍 지음

문학동네

도전은 산소다!

삶의 뿌리를
건드리다

산티아고 가는 길을 걸은 후 두 달여 만에 서울로 돌아와 몸무게를 달아보니 족히 10킬로그램이 넘게 빠졌다. 하지만 빠진 것은 비단 몸무게만이 아니었다. 마음의 비계도 빠졌다. 마음의 비계가 빠지자 내 안의 마음바닥이 다시금 드러났다. 꼭 10년 전 대학교수로 있던 자신에게 "'직職'으로 삶을 마감할래, 아니면 '업業'으로 삶을 다시 살래?" 하고 사생결단을 요구하듯 발본拔本적인 물음을 던졌던 바로 그 마음바닥이었다.

마음바닥이 드러났다는 것은 절실하고 절절함 때문에 삶이 바닥을 치듯 갈 데까지 갔다는 것이거니와 그 사람이 '래디컬radical'해졌다는 뜻이기도 하다. 흔히 '래디컬'하다고 하면 '급진적'이란 의미로 받아들인다. 하지만 '래디컬'의 라틴어적 본래 의미는 '뿌리를 건드린다'는 뜻이다. 뿌리를 건드리면 아프다. 하지만 정신차려서 자신을 직시하고 자기 실존에 맞닥뜨리게 되는 것이다. 다시 말해 보다 근본根本적으로 된다는 것이 래디컬의 본뜻인 게다. 그래서 기본基本, 그 자기 삶의 '터뿌리'를 직시하고 직면하며 나아가는 게 무서운 거다. 그러면 자기 삶이 스스로 갈 길을 열고야 말기 때문이다.

인생의 고비에는 마음검진이 필요하다

나는 지금도 내 인생에서 가장 위험했지만 또 가장 잘한 결정이 교수 '직'을 그만두고 콘텐트 크리에이터라는 생경한 '업'의 길로 나선 것이었다고 생각한다. 그 덕분에 나는 안주하는 삶이 아니라 도전하는 삶을 살 수 있었고 내 안의 가능성의 금광을 파낼 수 있었다. 하지만 10년이란 세월의 때는 또다시 사람을 안주하게 만들었다. 어느새 도전이란 단어는 더 젊은 사람들의 전유물이라고 애써 외면하고, 자기가 해냈다고 자부하는 알량한 것들 위에 부풀어오른 엉덩이를 얹은 채 "이만하면 됐지 뭐!" 하며 그것들을 지긋이 깔고 앉아 있는 자신의 모습을 보게 됐다. 마음의 비계가 두껍게 낀 것이었다. 그뿐이 아니었다. 40대의 10년을 질주하듯 달려왔지만 정작 어느 순간 정지해 있는 것처럼 느껴졌다. 그 정지와 멈춤이 두려웠다. 하지만 더 먼 길을 제대로 가려면 오히려 어느 정도의 정지와 멈춤이 반드시 필요하다는 것을 깨달았다. 그 깨달음은 벼락처럼 왔다. 그래서 일상의 쳇바퀴 도는 행보를 멈추고 스스로를 '거대한 정지'로 몰아넣기로 마음먹었다. 산티아고 가는 길 900킬로미터는 매일매일 걸어야 하는 길임에도 불구하고 내 인생 전체에서는 실로 '위대한 멈춤'이었다. 더 멀리, 제대로 인생길을 나아가기 위한 '뜨거운 쉼표'였다.

사람은 몸이 먼저 늙는 것이 아니라 마음이 먼저 늙는다. 그럼에도 불구하고 몸의 건강검진은 받아도 마음의 건강검진은 받아볼 생각조차 안 한다. 내가 '산티아고 가는 길' 900여 킬로미터를 걸은 것은 다름아닌 '마음검진'이었다. 이대로는 더 갈 수 없을 것 같았다. 앞으로의 10년을, 아니 그 이상의 미래를 나아가려면 그 마음검진이 꼭 필요했다.

산티아고 가는 길을 발로만 걸은 게 아니다. 물론 발이 부르트고 물집이 잡히며 디디기조차 힘들 정도로 혹사시키며 걸었지만 정작 또 힘들여 걸은 것은 내 마음이었다. 발이 걸으니 땀이 나고 물집이 잡힌다지만 마음이 걸으니 그것은 내 속에 쌓였던 '숙변 같은 눈물'을 쏟아냈다. 정말 많이 울었다. 평생 울 것을 다 울었는지도 모를 만큼! 하지만 그 울음은 힘들어서 운 울음이 아니었다. 내 속 깊은 곳에서의 참회요 회심이었다. '어제와 다른 나', '오늘과 다른 내일'을 예감하는 격정이었다. 그 덕분에 나는 마음의 시력을 되찾았다. 황반변성을 앓으면서 몸의 시력을 잃어가던 헨리 그룬왈드(전 타임지 편집장)가 마음의 시력을 찾아간 역정을 그린 책 『트와일라이트*Twilight*』에서 "이제 나는 마음으로 봅니다"라고 고백했던 것처럼 말이다. 내 속에서 뿜어져나온 눈물이 희뿌옇던 내 마음의 렌즈를 닦아준 덕분이었다. 마음의 시력을 되찾자 나는 자신을 더욱 분명하게 직면하고 직시할 수 있게 됐다.

안주는
안락사다!

늘 나 자신에게 하는 말이 있다. "안주安住는 안락사安樂死"라고. 10년 전 교수직을 그만두고 나올 때도 그런 생각이었고 47일 동안 산티아고 가는 길 900킬로미터를 걷고 온 지금도 마찬가지다. 분명히 편하고 좋은 게 우리 주변엔 꽤 있다. 하지만 그게 전부는 아니다. 어쩌면 사람은 나이 들어서 죽는 게 아니라 점점 편하게 주저앉으면서 조금씩 사그라져가는 게 아닌가 싶다. 일종의 의식하지 못하는 안락사. 아니 엄밀히 말하면 질식사다. 편하고 좋으면 그 안에서 나올 생각을 하지 않기에 삶은 산소가 아닌 이산화탄소로 가득 차버린다. 그래서 언젠가는 질식사한다. 안락사처럼 보이지만 사실은 삶에 산소가 부족해서, 아니 아예 없어져서 질식사하는 것이다.

인생의 산소는 크고 작은 도전에서 나온다. 도전하면 스스로 삶의 산소를 만들 수 있다. 삶의 산소가 있으면 그 어떤 상황에서든 자기 호흡을 할 수 있다. 그리고 자기 걸음으로 갈 수 있고 진짜 자기 삶을 살 수 있다. 그게 애써 도전해야 하는 이유다. 그냥 저질러보고 그저 남이 안 하는 이상한 짓거리로 튀는 것이 아니다. 도전은 삶의 산소를 만들어 스스로 호흡하게 하고 주변과 세상마저도 숨 쉬게 만드는 그런 힘이다.

산티아고 가는 길은 걷는 매일매일이 도전이었다. 하루도 쉬운 날이 없었다. 그러나 행복했다. 힘듦이 행복일 수 있었던 것은 그것이 쉼없이 내게 살아 있다는 느낌을, 그 삶의 산소를 공급해줬기 때문이리라. 도전하는 만큼 삶은 달라진다. 시들해가던 중년의 사내가 '산티아고 가는 길' 900여 킬로미터를 걷고 와서 다시 도전을 말하는 까닭이 여기에 있다.

차 례

1부

결행 決行
인생배낭 다시 꾸려라

세상은
저지르는 자의 몫이다

―

세상은 늘 그렇듯이 저지르는 자의 것이다
나는 그 저지름 속에서 진짜 행복했다

'문득 어디론가 떠나고 싶었다.' 꼭 30년 전 4월 중순경 대학교 2학년 1학기 중간고사를 치를 때였다. 그때 난 서울 우이동에 살고 있었다. 집 앞이 산이라 틈나면 산에 가곤 했다. 그렇다고 높은 산 정상을 오르내리는 것은 아니었고 늘 다니는 야트막한 나만의 산책코스가 있었다. 그날은 중간고사 기간이었지만 정작 시험은 없었다. 그래서 집에서 공부를 한답시고 이 책 저 책 뒤적거리다 무료한 감이 들어 늘 그랬듯이 산길을 걸었다. 낮이었지만 인적이 끊긴 산속에서 홀로 걷다 문득 어디론가 떠나고 싶은 생각이 들었다. 그것도 멀리. 아주 오랫동안.

왜 그럴 때가 있지 않은가. 쳇바퀴 돌듯 하는 일상을 떠나고 싶을 때! 물론 당장 떠날 수는 없는 노릇이었다. 학기중이었으니까. 당시 난 '학기'라는 그런 규범을 무시하고 떠날 만큼 배짱 있는 친구는 못 됐다. 어찌 보면 '범생'이었다. 하지만 일단 그런 생각이 들자, 이미 마음은 어디론가 멀리 떠날 꿈을 잉태해버리고 말았다. 대학에 들어와 책을 읽노라고 읽고 생각도 한다고 하는데 왠지 가슴으로 느끼는 게 항상 갈증나고 배고팠다. 그래서 우리 땅 곳곳을 가슴으로 마주하고 발로 직접 밟아보며 손으로 더듬어 만져보고 싶다는 생각이 물밀듯 몰려왔다. 그런 생각이 들었기 때문인지 평소 같으면 한 시간쯤 걸었을 산길을 두 시간도 훌쩍 넘겨 세 시간 가깝게 걷고 또 걸었다. 그리고 실제로 두 달쯤 후 여름방학이 시작하자마자 나는 길을 떠났다.

당시는 이른바 '신군부'가 집권한 제5공화국 초기, 전두환 대통령 시절이라 대학교 2학년이면 누구나 예외 없이 '전방입소'라는 걸 했다. 일주일 남짓 직접 최전선의 병영을 체험하고 비무장지대와 맞닿은 철책선 근무도 맛보기처럼 해보는 일이었다. 그것 때문에 내가 다니던 학교에서는 학기말고사를 앞당겨 치렀다. 최전방에서의 맛보기 철책 근무를 마치고 나오자마자 방학이었다. 당시엔 대학도 여름방학이 요즘처럼 길지 않았다. 하지만 그해엔 전방입소 때문에 학기말고사를 당겨 치른 탓에 여느 해보다 여름방학이 길었다. 그래서 50여 일의 짧지 않은 여행을 할 수 있었다.

전방입소를 마치고 나온 지 사흘째 되던 날 비가 추적추적 내리는 가운데 나는 서울을 떠났다. 1982년 6월 29일이었다. 먼저 고등학교 1학년 때 돌아가신 아버지가 묻혀 있는 경기도 포천 가는 길의 교회묘지에 들러 다녀오겠다는 인사를 드렸다. 그후 경기도와 강원도를 이리저리 돌아 사북 탄광촌에 닿았다. 당시 사북은 이른바 사북사태의 후유증이 채 가시지 않은 살벌한 곳이었다. 그곳은 모든 게 시커멨다. 물도 공기도 하늘도 심지어 사람들의 얼굴빛까지도! 시커먼 탄가루를 마셔가며 그곳에서 일주일가량을 지냈다. 세상의 막장을 그때 처음 보았다. 그후 동해안 삼척의 정라진, 울진을 거쳐 다시 내륙으로 들어와 단양을 지나 영주, 영덕, 포항, 울산, 부산, 거제, 진주, 순천, 목포, 제주, 그리고 다시 목포…… 그후엔 내륙으로 이동해서 속리산, 덕유산, 지리산을 타고 오르내린 후 다시 남원, 광주, 함평, 변산반도, 군산, 광천, 안면도, 서산, 당진, 온양, 천안, 서울에 이르기까지 나는 걷고 또 걸었다.

서울로 돌아오니 8월 중순이 지나 하순이 다 되었다. 50여 일 동안 계속된 그 가난한 여행을 통해 나는 완전히 탈바꿈했다. 몸도 마음도 심지어 영혼마저도! 돌이켜보면 돌아가신 아버지와 이어져 있던 정신적 탯줄마저 끊고 독립된 나로 다시 선 것도 바로 그때였다. 모든 인간은 태어나면서는 어미와 이어져 있던 생체적 탯줄을 끊어야 하나의 독립된 생명체가 되듯, 삶의 어느 시점에선가 아버지 혹은 아버지라고 상징되는 것과의 정신적 탯줄을 끊어야 비로소 진정한 사회적 자아로 홀로 서게 된다고 나는 믿는다. 그래서 인간은 어미가 한 번 낳고 아비가 또다시 낳는 존재인지 모른다. 30년 전 50여 일에 걸친 그 가난한 여행이 나를 만들었다. 그리고 그것은 이후 내 인생의 더없는 자양이었다.

문득 어디론가 떠나야겠다고 생각했다.
삶이 심심해졌다거나 무료해져서가 아니었다.
내 안의 날 선 위기감이 나를 내몰았다.

불안한 안주를 박차고
산티아고로 향하다

　지난봄, 나는 또다시 30년 전 그때처럼 문득 어디론가 떠나야겠다고 생각했다. 하지만 그것은 삶이 심심해졌다거나 무료해져서가 아니었다. 오히려 내 안의 날 선 위기감이 나를 내몰았다. 아니 압박했다. 그래서 떠나기로 결심했다. 하지만 어디로 어떻게 떠날지는 정하지 못했다. 그저 떠나야 한다는 생각뿐이었다. 이 '무작정'이란 게 무서운 거다. 스스로를 백지상태로 만들어놓겠다는 것이기 때문이다. 그후 차츰 무엇을 향해 어디로 갈지 고민하다 문득 떠오른 것이 '산티아고 가는 길'이었다. 언젠가 스쳐지나가듯 본 책을 통해 천 년 넘게 사람들이 걸어간 순례길이라는 것 정도만 알았지 그 길에 대한 정보 역시 말 그대로 백지상태였다. 하지만 나는 그 백지상태라는 것이 오히려 마음에 들었다.

　알고 가는 길은 재미없다. 모르고 가서 부딪치는 것이 진짜다. 나는 백지상태에서 디데이를 잡았다. 진행하던 방송(〈정진홍의 휴먼파워〉)이 끝나는 대로 떠나기로! 물론 30년 전에야 학생 때이고 방학이 있었으니까 그냥 떠났다지만 지금은 그게 그렇게 말처럼 쉬운 일이 아니었다. 개인적인 약속들이야 미리 양해를 구해 미루거나 취소하면 된다지만 이미 잡혀 있던 보다 공적인 약속, 특히 외부 강의가 문제였다. 하지만 그것 때문에 미루기 시작하면 계속 미뤄야 할 판이었다. 결국 그것들도 그냥 '뚝' 끊고 떠날 수밖에 없는 일이었다.

그때 또 느꼈다. 살면서 이리저리 얽힌 게 많은 것은 결코 잘 사는 게 아니라는 것을! 삶이 심플해져야 진짜 잘 사는 거라는 사실을! 매주 쓰는 칼럼(〈정진홍의 소프트파워〉)도 마음이 쓰였지만 그것은 길을 걷는 현장에서 쓰기로 했다. 말 그대로 '현장칼럼'의 새 장르를 만들겠다는 각오였다. 현지의 인터넷 등 통신 여건상 과연 제때 송고할 수 있을지가 의문이었다. 하지만 더는 고민하지 않았다. 어떻게든 방법이 나겠지 하는 생각이었다. 아니 하다 안 되면 팩스나 우편으로라도 부칠 생각이었다. 그러나 정작 산티아고 가는 길을 걷다보니 와이파이가 연결된 식당이나 카페가 적잖아 글을 전송하는데 큰 어려움은 없었다.

그럼에도 막상 떠나려 하자 주위에선 "왜 하필 산티아고 길이냐?"고 했다. 어떤 이는 남들이 많이 갔으니 굳이 거기 갈 필요 없잖냐고도 말하고, 우리나라에도 좋은 곳 많은데 왜 굳이 거기까지 가려 하냐며 말리는 이들도 있었다. 아내와 아이들은 내 건강을 생각해서 무리라며 말리기도 했고, 심지어 큰아이는 그러다 죽으면 어떻게 하느냐며 심각하게 문제제기하기도 했다. 당시엔 그 말을 웃어넘겼지만 막상 걸어보니 충분히 그럴 수도 있다는 생각이 들었다. 하긴 매일 20~35킬로미터씩 평지만도 아닌 길을 40여 일 훌쩍 넘게 오르내리며 가야 하는 길이니 쉽지 않을 것이 틀림없었다. 게다가 그 길을 걷다 죽은 이들도 적잖다는 것을 나중에 내가 직접 그 길을 걸으며 길가의 묘지를 통해 확인하지 않았나.

그후 먼저 다녀온 사람들의 여행기나 블로그에 올린 글들을 짬짬이 읽다보니 굳이 저 고생 하면서 가야 하나 하는 생각마저 들었던 것도 사실이다. 그래서 그냥 없던 일로 할까 생각하기도 했지만 결국 나는 '산티아고 가는 길' 걷기를 결행했다. 그 결행! 아마도 내 평생의 결행 중에서 가장 잘한 결행이 아닐까 싶다.

　남들이 숱하게 지났던 길일지라도 내가 걷는 순간 그 길은 내 길이고, 새길이다. 우리나라도 다 못 돌아본 주제에 어딜 해외에서 돈 써가며 방랑하느냐는 얘기도 있을 수 있겠지만, 국내에서 돌아다니면 조금 힘들고 고달파지고 배고파지면 쪼르륵 서울로 돌아올 거 같아서 아예 그런 일이 불가능한 길로 나 스스로를 몰아세웠다고 해도 속 빈 강정 같은 얘기는 아니다. 솔직히 그동안 생활 속에 안주해 늘어진 몸으로 40여 일이 넘어 50일 가까운 혹독한 걷기를 견딜 수 있을까 스스로 의심하다 못해 걱정하기도 했다. 하지만 지금 안 하면 평생 후회할 것 같아서 결국 저지르고 말았다. 세상은 늘 그렇듯이 저지르는 자의 것이다. 그리고 나는 그 저지름 속에서 진짜 행복했다.

인생배낭
다시 꾸려라!

덜어내고 털어내고 비워낸다 해서
사람이 가져야 할 멋을 잃게 되거나
삶의 맛이 없어지는 것은 결코 아니다
사람의 멋, 삶의 맛은 '채움'에서 오는 것이 아니라
되레 '비움'에서 오기 때문이다

누구에게나 어느 순간 문득 다가오는 날이 있다. "너의 인생배낭을 다시 꾸려라"라고 말하면서. 굳이 "누가 그렇게 말하냐?"고 묻지 않는 게 좋다. 백이면 백 내 안의 나 자신일 테니까!

그리고 그때 그 말에 따르는 게 좋다. 하지만 많은 경우에 사람들은 그런 내 안의 소리를 외면한다. 아니 듣지조차 못하는 것 같다. 자기 안에서 아무리 아우성을 쳐도 바깥이 너무 시끄럽고, 자기 자신이 다른 곳에 한눈팔고 있으면서 아예 들으려고도 하지 않기 때문이다. 그러곤 뒤늦게 "왜 그때 나에게 좀더 분명하게 말하지 않았느냐?"며 원망하듯 자신과 주변을 타박하고 푸념하기 일쑤다.

　오래전에 읽었던 책 중에 『너의 가방을 다시 꾸려라*Repacking your bags*』라는 책이 있었다. 다시 읽으려고 찾았는데 아무리 서가 곳곳을 눈 뒤집고 찾아봐도 없었다. 아마도 지난번 책정리를 할 때 근 10년 전에 읽은 것이니 다시 볼 일 없을 것이라 생각해 버릴 요량으로 창고에 밀어넣은 듯싶다. 그렇게 이미 내 손을 떠난 그 책을 애서 다시 찾았던 까닭이 있었다. 멀리 길 떠날 준비를 하며 배낭을 꾸리다보니 10년 전엔 머리로 읽었던 그 책이 새삼 가슴으로 다가오고 몸으로 느껴졌기 때문이다. 크건 작건 깨달음은 항상 뒤늦게 오기 마련인가보다.

　그 책을 다시 찾지는 못했다. 하지만 먼 길 떠나는 배낭을 꾸리면서 내 뇌리엔 "너의 가방을 다시 꾸려라" 하는 말이 마치 신의 계시처럼 혹은 결코 놓쳐서는 안 될 화두처럼 다가와 맴돌았다. 한편으로는 실제 배낭에 무엇을 어떻게 넣어 먼 길을 떠날 것인가를 고민하면서 다른 한편으로는 내 인생배낭을 털고 다시 꾸려야 한다는 생각이 절묘하게 오버랩되고 있었다. 그래서 배낭을 꾸리는 것 자체가 내게는 또 하나의 인생 화두요 삶의 공부였다.

인생 무게만큼만
짊어지고 가라

　누구나 예외 없이 삶의 어느 길목에선가 자신의 인생배낭을 다시 싸고 꾸려야 할 때가 있다. 답답하고 길이 보이지 않을 때가 그때다. 자의냐 타의냐를 따질 필요도 없다. 상황이 불가피하니 안 하니 하며 이런저런 구구한 얘기를 덧붙일 이유도 없다. 그냥 그것이 인생이다. 털어야 할 대목에서 털지 못하면 우리네 인생배낭은 온갖 잡동사니로 가득 차버린다. 우리 몸 안에 쌓인 비곗덩이보다 우리 인생배낭에 가득한 잡동사니들이 더 많이 더 힘겹게 우리 삶을 내리누른다. 인생배낭의 잡동사니들은 대개 미련이거나 회한이거나 쓸데없는 미움과 증오이거나 정말 쓸모없는 시기이거나 후회다. 우리 인생길이 힘겨운 진짜 이유는 그런 잡동사니를 버리지 않고 인생배낭에 꾸역꾸역 구겨 넣은 채 가기 때문이다. 그러니 미련, 후회, 회한, 미움, 증오, 시기 등의 찌꺼기 같은 잡동사니를 버리고 소망, 꿈, 도전, 화해, 사랑, 모험을 담아 자기의 인생배낭을 다시 꾸려야 하지 않겠나.

　마찬가지로 너 나 할 것 없이 먼 길 떠나기 위해 처음 짐을 꾸릴 때는 이것저것 챙기며 가져갈 것에 대한 욕심을 내기 마련이다. 이건 이래서 필요하고 저건 저래서 필요하다. 그래서 배낭 크기를 키워서라도 더 많은 것을 담아 가려 한다. 나 역시 그랬다. 산티아고 가는 길을 걷기 위해 처음에는 32리터 크기의 배낭을 준비했다. 하지만 아무래도 작았다. 다시 38리터로 늘렸다. 그래도 작았다. 결국 48리터짜리 배낭을 구해 짐을 쌌다. 그래도 가져갈 짐을 싸보니 배낭이 터질 것만 같았다. 하지만 정작 그 짐을 누가 대신 날라주거나 져주는 것이 아니라 온전히 자기 자신이 짊어지고 가야 한다는 것을 깨닫는 순간 누구나 예외 없이 짐을 다시 줄이려고 애쓰게 된다. 나 역시 그랬다.

실제로 15킬로그램이 훌쩍 넘는 배낭을 메고 한번 걸어보라. 휘청거린다. 조금 멀리 걸으려고 하면 한마디로 짐이 '웬수'가 된다. 옛말에 '먼 길 갈 때는 눈썹도 떼어놓고 간다'는 말이 있지 않던가. 괜한 얘기가 아닌 것이다. 덜어내야 한다. 또 비워내야 한다. 마찬가지로 인생배낭도 때로 털고 다시 싸야 한다. 도쿠가와 이에야스가 한 말도 있지 않은가. "인생은 무거운 짐을 지고 먼 길을 떠나는 것과 같다"고. 먼 길 가려면 털고 다시 싸서 가볍게 해야 한다. 그것이 실제 배낭이든 인생배낭이든 마찬가지다! 그러지 않으면 먼 길을 제대로 갈 수 없기 때문이다.

일단 짐을 덜어내기로 마음을 고쳐먹으면, 정말 필요한 게 무엇인가를 치열하리만큼 생각하고 또 생각하게 된다. 그래서 덜어내고 또 덜어내게 된다. 정말이지 신기하리만큼 덜어내게 된다. 그리고 그때 비로소 깨닫게 된다. 진짜 꼭 필요한 것은 얼마 되지 않는다는 사실을! 인생에서도 마찬가지다. 정말 필요한 것은 얼마 되지 않는다. 그거 없으면 죽을 것만 같던 것도 정작 덜어내고 나면 그저 한갓 장식 내지 기호품에 지나지 않았던 것임을 뒤늦게 깨닫는다. 그것 없어도 산다. 더구나 그런 것을 덜어내고 털어내고 비워낸다 해서 사람이 가져야 할 멋을 잃게 되거나 삶의 맛이 없어지는 것은 결코 아니다. 사람의 멋, 삶의 맛은 '채움'에서 오는 것이 아니라 되레 '비움'에서 오기 때문이다.

물론, 아무리 짐을 줄이고 버리고 비우며 털어낸다 해도 꼭 가지고 가야만 하는 것이 있다. 마찬가지로, 인생의 배낭에도 운명 같은 짐,

결코 회피할 수 없는 인생의 십자가 같은 것이 저마다 있기 마련이다. 그것은 외면한다고 외면되거나 회피한다고 회피되는 게 아니다. 끌어안고 갈 수밖에 없는 것들이다. 그것이 자신의 업보요 십자가다. 자기 인생의 배낭을 누가 대신 짊어지고 갈 수 없듯이 자기가 짊어지고 끝끝내 가야 할 자기만의 짐보따리, 자기만의 십자가가 누구에게나 있다. 그것을 기꺼이 인정하고 그것을 짊어질 각오를 하는 것! 그때 비로소 먼 길 떠나는 채비가 끝나는 것이리라.

결국 나는 48리터짜리 배낭 가득 먼 길 떠날 채비를 하고 집을 나섰다. 처음 배낭을 메자 휘청거렸다. 허리를 곧게 펼 수도 없었다. 그만큼 무거웠다. 하지만 더 덜어낼 것도 없었다. 그것이 당시로선 최소한이었고 내가 짊어지고 가야만 할 것들이었다. 정말이지 내 인생 무게만큼의 배낭이었다.

나는 무엇으로
기억될 것인가
—

아프리카 스와힐리족은 사람이 죽으면
일단 '사사'의 시간으로 들어간다고 봤다
사사의 시간에서는 육체적으로 죽은 이마저도
'기억되는 한 아직 살아 있다'고 간주되는 것이다

기차를 놓쳤다. 간발의 차였지만 어쩔 수 없었다. 티켓오피스로 가
서 표를 무르고 다음 기차를 타기로 했다. 물론 생돈 13유로를 페널티
로 물고 두 시간을 더 기다려야 했다. 시작부터 낭패가 아닐 수 없었
다. 하지만 이상하게도 차라리 잘됐다는 생각이 들었다. 기왕에 일이
이렇게 되었으니 엎어진 김에 쉬어 간다고 역 근처를 둘러보기로 했다.
　내가 기차를 놓친 역은 파리 몽파르나스 역이다. 프랑스에서 산티
아고 가는 길이 사실상 시작되는 역이다. 산티아고 가는 길은 하나가
아니다. 그중 가장 대표적인 프랑스 길의 실제적인 출발점인 생장피
에드포르(이하 생장)로 가려면 몽파르나스 역에서 출발해 보르도를 거

쳐 바욘까지 가서 거기서 다시 생장까지 가는 버스나 열차를 갈아타 야 한다. 그리고 어차피 생장에서 하루를 더 자야 본격적으로 산티아 고 가는 길에 나설 수 있다. 게다가 전날 인천에서 파리로 곧장 날아 와 늦은 밤에야 호텔에 들어갔던 터라, 아침 일찍 다시 파리를 뜨는 것이 내 안에서도 다소 서운했는지 모른다. 그래서일까. 아침식사 후 호텔을 나서면서도 기차를 놓칠지 모른다는 예감이 들었지만 역까지 그냥 걸었던 것도 내심 이런 마음배경이 없지 않았다.

역을 나와 찾아간 곳은 걸어서 10분 거리에 있는 몽파르나스의 그 유명한 공동묘지였다. 보들레르와 모파상, 사르트르와 보부아르, 생 상스와 사뮈엘 베케트 등 19세기와 20세기를 풍미했던 문인과 철학 자, 예술가 들이 누워 있는 곳! 커다란 배낭을 멘 채 아침 햇살 가득한 몽파르나스 묘지에 들어섰을 때 그곳에는 이방인이요 나그네임이 틀 림없어 보이는 나 이외에는 아무도 없었다. 발걸음 닿는 대로 묘역 이 곳저곳을 둘러보던 중에 햇살을 등지고 양팔을 턱에 괸 채 나를 응시 하는 『악의 꽃』의 시인 보들레르의 조상彫像을 그의 묘지에서 만났다. 그런가 하면 전설적인 뮤지션 세르주 갱스부르1928~1991의 묘지도 마주 했는데 그 앞에는 여전히 사람들의 발길이 끊이지 않는 듯 갖가지 기 념물과 함께 이곳에 다녀갔다는 것을 의미하는 파리의 전철 티켓이 수북했다.

내가 서울을 떠나오기 직전에 세르주 갱스부르의 연인이자 아내이 자 뮤즈였던 제인 버킨의 내한공연이 있었다(물론 세상 사람들은 그녀를 에르메스의 버킨백으로 더 많이 알고 있지만!). 그녀는 갱스부르를 추억하

몽파르나스의 묘지에서 세르주 갱스부르의 묘를 마주한다.
몸이 죽은 지 20년도 훌쩍 넘은 이였지만 여전히 그는 우리에게 기억되고 있었다.
죽었다고 다 죽은 게 아니었다. "과연 나는 무엇으로 기억될 것인가?"

고 기억하며 노래했다. 세르주 갱스부르는 몸이 죽은 지 20년도 훌쩍 넘은 이였지만 그렇게 우리에게 기억되고 살아 있었다.

아프리카 스와힐리족은 사람이 죽으면 일단 '사사sasa'의 시간으로 들어간다고 봤다. 사사의 시간에서는 육체적으로 죽은 이마저도 '기억되는 한 아직 살아 있다'고 간주되는 것이다. 그들에게 진정한 죽음은 '자마니zamani'의 시간에 들어간 이후다. 다시 말해 아무도 그 혹은 그녀를 기억하는 사람이 없을 때 비로소 그 사람은 자마니, 즉 영원한 침묵과 망각의 시간으로 들어간다고 봤다. 그때 비로소 진짜 죽는 것이된다. 스와힐리족의 생각과 기준으로 보면 몽파르나스에는 아직 자마니의 시간으로 들어가지 않고 사사의 시간에 살고 있는 이들이 적잖았다. 죽었다고 다 죽은 게 아니었다. 그런 이들의 무덤 위에는 여전히 꽃과 엽서, 그리고 그를 기억하는 이들이 놓고 간 물건들이 가득했다. 정말이지 기억되는 한 살아 있는 것인가보다. 하지만 정작 문제는 '어떻게 기억되느냐?' 아닐까.

내가 살아낸 만큼
기억될 것이다

몇 해 전 세상을 뜬 경영학의 구루 피터 드러커가 오스트리아의 한 김나지움(고등중학교)을 다니던 시절, 수업시간에 필리글러라는 이름의 신부가 들어와 칠판에 이렇게 적었다. "나는 무엇으로 기억될 것인가?” 그것을 당시 열서너 살 정도 나이의 어린 학생들이 멀뚱한 모습으로 쳐다봤을 것은 불을 보듯 뻔한 일이었다. 피터 드러커도 그중 하나였다. 필리글러 신부는 그 학생들에게 이렇게 말했다. “지금 너희에게 이 말의 무게가 전해질 리는 만무하다. 하지만 너희가 나이 오십이 되고 육십이 되어서도 이 말이 던지는 의미가 다가오지 않는다면 인생 헛산 줄 알아라.” 이렇게 말하고 필리글러 신부는 교실을 나갔다. 그후 세월이 흘러 피터 드러커와 그의 동창들이 김나지움을 졸업한 지 60주년이 되던 해에 다시 모였다. 열서너 살의 사춘기 소년들이 일흔 살을 훌쩍 넘긴 노인이 돼 모인 것이다. 옛 학창시절에 대한 회고가 오가던 중에 누군가 “너희 필리글러 신부라고 기억나?” 하고 물었다. 그러자 옆에 있던 동창이 “아, 그 신부 선생님!” 하며 거들었다. 다시 옆에 있던 동창이 들고 있던 샴페인 잔을 탁자에 내려놓으며 이렇게 말했다. “그 선생님이 들어와 ‘나는 무엇으로 기억될 것인가?’라고 칠판에 썼던 날을 잊을 수 없어. 그때는 그 말이 무슨 의미인지 몰랐지. 하지만 사십이 넘고 오십을 지나면서 어느 날 그 말이 사무치게 다가오기 시작했어. 지금도 그 말을 떠올리면 몸에 전율이 일어. 더구나 이제 이 나이가 되니 더욱 그래.”

그렇다. “나는 무엇으로 기억될 것인가?” 이 물음이 자신에게 전율을 일으키는 때가 있다. 그때는 그 누구도 이 물음을 피해 갈 수 없다. 물론 많은 이들이 이 물음에 정면으로 서질 못하고 비켜서고 피해보려 한다. 비켜 갈 수는 있다. 애써 외면할 수도 있다. 하지만 제대로 삶을 살고자 한다면 아니 그렇게 하려고 몸부림친다면 “나는 무엇으로 기억될 것인가?"라는 이 물음 앞에 기꺼이 정면으로 서야만 한다. 그게 삶에 직면直面하는 자세다.

몽파르나스의 묘지를 거닐며 나는 끝없이 되뇌었다. "나는 무엇으로 기억될 것인가?" 대단한 위인이 되어 불특정 다수에게 무엇으로 기억될지 고민하라는 얘기가 아니다. 가장 가까이 있는 이들에게 특히 내 아내, 내 아들, 내 딸에게 나는 무엇으로 기억될 것인지 생각해보라는 것이다. 내가 나의 아버지를 기억하듯, 내가 나의 어머니를 기억하듯 그들도 나를 기억할 때 나는 어떤 모습으로, 아니 그 무엇으로 기억될 것인가? 물론 지금의 나로서는 알 수 없다. 내가 이렇게 저렇게 기억해달라고 애써 말한다고 그렇게 기억될 것 같지도 않다. 하지만 내가 사는 만큼 그들은 기억할 것이다. 아니 그렇게 기억되는 것이다. 그래서 기억된다는 것은 무서운 것이다. 엄중한 것이다. 세상에 아무리 가려도 진실은 드러나듯이, 아무리 지우려 해도 기억은 살아나기 마련이다. 그러니 제대로 살아야 한다. 어제까지는 잘못 살았더라도 오늘부터는 제대로 살아야 하는 것이다. 그러면 내일은 달라질 수 있고 또 달라진다.

젊어서는 스스로 이력서를 써서 입사원서에도 첨부하고 사람들 앞에도 내놓는다지만 나이가 어느 정도 들면 자기 이력서는 자기가 못 쓴다. 남이 써준다. 아니 세상이 대신 쓴다. 봐주지 않고 곧이곧대로 쓴다. 그게 무서운 거다. 그건 단순한 평판이나 평가 이상이다. 마찬가지로 내가 어떻게 기억될지는 내가 기억해달라는 대로, 말하는 대로 되는 게 아니다. 내가 산 만큼, 아니 살아낸 만큼 아주 냉정하게 기

결혼_ 인생에 담긴 무게만큼

30   31

억되는 것이다. 그러니 제대로 살아야 하는 것이다. 혼자 잘났다고 스스로 도취해서 안하무인 격으로 사는 게 아니라 진정으로 제대로 살아야 하는 것이다.

결국 내가 산티아고 가는 길을 걷겠다고 나선 것은 "나는 무엇으로 기억될 것인가?"라는 물음 앞에 정면으로 서는 일이었다. 그리고 이 죽비 같은 물음 앞에서 '어제와 다른 나', '오늘과 다른 내일'을 만들겠다는 각오로 한 걸음, 한 걸음 나아간 것이다.

내 안의
까닭 모를 눈물들
—

누구나 예외 없이 자기 안에는
까닭 모를 눈물이 숨어 있다
때로 그것을 쏟아내야 한다

생장에 도착한 것은 지난 4월 12일 오후 8시가 다 돼서였다. 순례자
사무소에 들러 순례자등록을 한 후 근처 시골여관(오스탈)에 들어가 배
낭을 내렸다. 불을 끄고 침대에 누웠지만 작은 창으로 스며들어온 주
황색 가로등 불빛 때문에 쉽게 잠이 오질 않았다. 하지만 설렘과 두려
움이 교차하다 이내 잠들고 말았다. 새벽에 깼다. 밖은 아직 어두웠고
추적추적 내리는 빗소리가 유난히 거셌다.

서둘러 짐을 꾸려 순례자사무소로 다시 갔다. 산티아고 가는 길을
걷는 순례자의 상징인 조개껍데기 두 개를 구하려고! 하나는 딸아이
의 것이고 또하나는 내 것이었다. 그것들을 내 앉은키만한 배낭에 나
란히 묶었다. 아울러 딸아이에게 줄 순례자카드를 하나 더 만들어 거

기에도 스탬프를 찍었다. 비록 함께 걷지 못해도 마음으로 어린 딸과 같이하고 싶었기 때문이다. 그리고 방명록에 "이제 시작!"이라고 쓰고 이름 석 자를 남겼다.

순례자사무소를 나서려는데 그곳에서 일하는 오스피탈레로(순례자들을 돕는 자원봉사자) 한 분이 커피를 권했다. 그러면서 날씨가 궂으니 특히 보온에 신경 쓰라고 조언해줬다. 고마웠다. 나는 커피를 한 잔 마신 후 보온병에 뜨거운 물을 담아 길을 나섰다. 대개는 사람들이 삼삼오오 짝을 지어 산에 오르지만 나는 혼자 올랐다. 입산 여부를 통제하기도 하는 순례자사무소에선 안전을 위해 무리지어 오르기를 권했지만 난 안전 대신 고독을 택했다. 철저히 고독하기로 작정하고 떠난 길이었기에 더욱 그랬다.

마을의 작은 상점이 문을 열어 그곳에서 하몽(돼지 뒷다리를 소금에 절여 건조 숙성시킨 햄)이 든 바게트 샌드위치와 물 한 병을 사서 배낭에 넣었다. 15킬로그램이 족히 넘는 배낭 무게와 지독하게 내리는 비는 길 떠나는 이를 성가시게 했다. 비가 계속 내려 우비를 챙겨 입고 배낭에는 방수커버를 씌운 채 그 옛날 나폴레옹이 넘었다는 길을 따라 피레네산맥을 오르기 시작했다. 비가 오는데도 안개 속에서 피어나듯 피레네산맥으로 오르는 길의 풍광은 장쾌하고 아름다웠다. 그런 가운데 간간이 햇살도 비쳤다. 정말이지 종잡기 힘든 날씨였다. 이제는 비가 그치고 개는가 싶었지만 잠시 쉬고 나서 다시 길을 나섰을 때는 더 세차게 비가 내렸다. 곧 그치겠지 하는 마음에서 배낭에만 방수커버를 씌운 채 정작 내 몸에 들씌웠던 우비는 접어넣었다. 하지만 기대와는 달리 비는 계속 내렸다. 한 시간 반쯤 걸었을까? 생장에서부터 8킬로미터 지점의 오리손 산장에 닿았다. 그곳에서 만난 파나마에서 온 여성 두 사람은 너무 지쳐서 오리손 산장에 머물겠다고 했다. 하지만 거기 머물기엔 전진한 거리가 너무 짧았다. 나는 잠시 배낭을 내려놓고 쉬었다가 역시 뜨거운 물만 보충한 후 다시 길을 나섰다. 아무도 없는 길을 그렇게 홀로 걸었다.

해발고도 700미터를 지나자 비는 진눈깨비로 변했고 1000미터를 넘어서자 눈으로 변했다. 바람까지 거세져 거친 눈보라 때문에 길을 분간하기 힘들 정도가 됐다. 정말 힘든 길이었다. 도대체 앞서 갔다는 사람들이 이 길을 모두 걸어갔단 말인가 하는 의심이 들 만큼 지독하게 힘든 길이었다. 한국에서 적잖이 산행을 했던 나였지만 이렇게 힘들 수가 없었다. 평소 산행을 즐긴다고 자부하던 것이 무색하리만큼 빨리 지쳤다. 물론 아직 시차 적응이 안 된 까닭도 있었겠지만 가만 보니 우리 산이 초반에 가파르게 치고 올라선 후엔 주로 평탄한 능선 종주를 하는 경우가 많은 것과 달리 피레네를 오르는 산길은 길게 늘어선 뱀꼬리 같은 길을 내리막 없이 계속 오르도록 되어 있는 것 아닌가. 그래서인지 사람의 진을 빼는 것 같았다. 더구나 홀로 비 오는 와중에 어린애만한 크기의 배낭을 메고 그 오르막길을 끝도 없이 따라 걷자니 체력이 바닥나지 않을 수 없었다. 먹은 것이라곤 산에 오르기 전에 산 하몽이 든 바게트 샌드위치뿐이었다. 그나마 그것마저 삼등분해서 한 조각은 비상용으로 남겨둔 채 그중 두 조각을 먹었을 따름이니 오죽했으랴.

열 걸음 걸은 후 한숨 쉬다 가지 않으면 눈보라 속에서 더이상 전진

결행_인생배낭 다시 꾸리기

이 힘들 정도가 됐다. 그냥 길가에 주저앉기도 여러 차례였다. 하지만 배낭 무게 때문에 철퍼덕 주저앉는 것도 쉽지 않았다. 게다가 흘린 땀이 눈보라 속에서 몸을 급속히 차게 만들었다. 하는 수 없이 눈보라 속이었지만 젖은 옷을 몽땅 갈아입고 준비해 간 다운재킷과 방수바지를 겹쳐 입었다. 다시 힘겹게 일어나 길을 걸었다. 배낭의 무게가 나를 짓누르다 못해 호흡을 압박해왔다. 이젠 한 발 한 발을 겨우 옮겨야 할 정도로 지쳤다. 별반 먹은 것도 없었기에 더욱 그랬다. 그렇게 힘겨운 발걸음을 이어가다보니 어느 상태를 지나서부터는 힘듦 자체가 무감각해졌다.

사실 너무 힘들면 헛웃음이 난다. 내가 그랬다. 입으론 평소 부르지 않던 노래까지 읊조리다 못해 불러젖혔다. 엉뚱하게 들릴지 몰라도 내가 부른 노래는 "징징~징기스칸~"이었다. 윌리엄 블레이크가 말했던가? "인간과 산이 만날 때 놀라운 일이 벌어진다"고! 바로 그때였다. 나도 모르게 북받치듯 눈물이 났다. 단지 힘들어서가 아니었다. 내 속에 응어리져 있던 그 무언가가 분출하듯 쏟아진 것이었다. 오장육부의 속을 비집고 올라오듯 오래 묵은 내 속의 숙변 같은 눈물들이 솟구쳐 올랐다. 정말이지 눈물을 흘린 것이 아니라 토해냈다. 그런데 도대체 그칠 줄을 몰랐다. 내 안에 왜 이다지도 까닭 모를 눈물들이 많은 걸까 하는 생각마저 들었다. 하지만 실컷 울고 나니 나도 모르게 속이 개운했다.

정말 필요한 것은
웃는 것 못지않게 우는 것이다

도대체 왜 운 것이었을까? 아니 왜 그토록 토해내듯 운 것이었을까? 천지 사방이 광활하기 그지없는 피레네의 산중에 주저앉아 곰곰이 생각해보니 그것은 살아왔기 때문이었다. 저마다 살아온다는 것이 보통 일인가? 알고 보면 그것만큼 힘든 일도 없지 않은가. 그러니 피레네 산중에서 나 스스로 절대고독 속에 무장해제되었을 때 분출할 수밖에. 그래서인지 울고 나니 그렇게 개운할 수가 없었다. 지칠 대로 지쳐 있던 내가 원기 회복을 한 것만 같았다. 정말이지 살 것 같았다. 아니 너무 살고 싶어졌다. 정말 제대로 잘 살아야겠다는 생각이 더욱 절실해졌다. 그래서 이 혹독한 길을 걷게 한 신께 오히려 감사했다.

살면서 정말 필요한 것은 웃는 것 못지않게 우는 것이다. 하지만 언제 제대로 울어본 적이 있던가. 사람들은, 특히 남자들은 울어야 할 상황에서도 이런저런 이유와 시선 때문에 울지 못하고 산다. 오죽하면 건축가 김중업 선생이 "집에는 울 곳이, 울고 싶은 곳이 있어야 돼"라고 말했겠는가. 그렇다. 사람이란 때론 울 곳을 못 찾아, 울면 왠지 초라해 보여서 자기 속 안의 눈물을 감추고 숨겨놓기 일쑤이지만 언젠가는, 그 어디에선가는 그 쌓이고 쌓인 숙변 같은 눈물들을 쏟아내야만 살 수 있는 것이리라.

그러고 보니, 숙변 같은 눈물이 터져나온 갈래 하나가 문득 떠올랐다. 고등학교 1학년 가을에 아버지가 돌아가신 날, 나는 학교에서 체

육시간에 권투를 하고 있었다. 땀이 흥건해서 교실로 돌아온 내게 담임선생님이 "집에 가봐야겠다"고 말해준 순간부터 나는 울음을 삼켰다. 친구들에게는 누나 결혼식에 간다고 애써 짓궂은 미소까지 던지며 조퇴를 했다. 지금도 왜 그때 그렇게 말했는지 모르겠다. 교문을 나와서 시장통을 지나 집으로 가는 텅 빈 버스의 맨 뒷좌석에 몸을 기댄 채 나는 다시 한번 눈물을 되삼키며 스스로에게 "울지 마. 바보처럼 울지 마!"라고 다그쳤다. 막내였던 나는, 아버지와 15년 9개월밖에는 못 살았던 나는, 아버지의 죽음을 인정할 수 없었다. 피레네 산중에서 쏟아낸 숙변 같은 눈물에는 그때 삼켰던 울음과 눈물도 고스란히 담겨 있었으리라.

누구나 예외 없이 자기 안에는 까닭 모를 눈물이 숨어 있다. 때로 그것을 쏟아내야 한다. 하지만 쏟아낼 만한 곳도, 쏟아낼 만한 여유도 없다. 아니 쏟아내기 시작하면 걷잡을 수 없을 거 같아 두렵기까지 하다. 그러나 쏟아내야 산다. 그래야 제대로 살 수 있다! 나는 인적 끊겨 아무도 없는 피레네 산중에서, 그 적막한 절대고독의 길 위에서 내 속에 켜켜이 쌓인 숙변 같은 눈물들을 하염없이 쏟아냈다. 그리고 그 눈물들이 하얗게 눈 덮인 피레네 산중에서 눈길을 녹이며 나의 갈 길을 열어줬다.

"나는 살아 있다!"

인적 끊긴 그 절대고독 속에서
나는 큰 소리로 외쳤다
"나는 살아 있다. 여기 이렇게 살아 있다고!"

4월 중순의 날씨라고는 도저히 믿을 수 없을 만큼 피레네 산중은 온통 눈 천지였다. 게다가 거세게 휘몰아치는 눈보라가 따갑게 얼굴을 때려 앞을 보기 힘들 정도였다. 순간 엄습하는 두려움도 없지 않았다. 그때 멀리서 자동차 헤드라이트가 비쳤다(피레네 산중의 걷는 길은 중간중간 찻길과 교차하며 이어진다). 마음 한편에선 차를 세워야 하는 게 아닌가 하는 생각마저 들었다. 하지만 나는 끝내 차를 세우지 않았다. 이 고난의 피레네산맥을 내 두 다리로 아니 나의 실존 그 자체로 끝끝내 넘고 싶었다.

잠시 눈보라가 잦아들자 멀리 오두막이 보였다. 물론 사람이 살 것 같지는 않다. 그 산중의 오두막을 보면서 문득 장 지오노가 쓴 『나무를 심은 사람』이 떠올랐다. 내가 이 세상의 모든 책 중에서 자식에게 단 한 권의 책만을 물려줘야 한다면 그때 선택하고픈 책이다. 특히 장 지오노가 프로방스 지방을 여행하는 중에 날이 저물어 우연히 엘제아르 부피에의 오두막에 들이닥쳤던 상황이 자꾸 떠올랐다. 나도 저 외딴 오두막에 들어가 하루를 지냈으면 하는 생각이 든 것이다. 그러나 눈앞에 있어 손대면 닿을 것처럼 보이는 그 작은 오두막은 실제론 깊은 협곡을 수십 킬로미터 지나야 닿을 수 있는 먼 곳에 있었다. 산이 너무 크다보니, 그리고 나무가 거의 없고 드넓게 펼쳐진 산중의 초원이다보니 되레 가깝게 여겨졌을 뿐이다. 어쨌든 정말이지 나에겐 쉴 곳이 필요했다. 하지만 이미 지나쳐 온 오리손 산장에서 론세스바예스까지 20여 킬로미터 구간에는 그 어떤 숙소도 없었다.

프랑스와 스페인의 국경이 가까워질 즈음 허물어진 참호 같은 것이 눈에 띄었다. 두어 평 남짓한 내부엔 신문지와 쓰레기가 어지럽게 흩어져 있었다. 그리고 무엇보다도 역한 냄새가 심하게 났다. 아마 냄새만 없었더라도 나는 거기서 몸을 쉬게 했을지 모른다. 하지만 거기 머물렀다면 나는 지금 이 글을 쓸 수 없었으리라. 아마도 얼어죽었을 테니깐.

눈보라 속에서도
멈추지 않았다

말 그대로 '완벽한 절대고독'이었다. 눈보라는 그칠 줄 몰랐다. 게다가 이제는 다섯 걸음을 걷다가 배낭을 짊어진 채 허리 한 번 펴고 숨한 번 크게 내쉬고서는 다시 걷기를 반복해야 할 정도였다. 아무 생각이 없었다. 힘겹다는 것마저 의식하지 못할 즈음 산티아고 가는 길을가리키는 노란색 화살표가 산 위로 꺾어져 있는 것이 아닌가. 아랫길이 있는데도 불구하고 말이다. 정말이지 설상가상이요 엎친 데 덮친격이었다. 여기서 다시 산으로 오르라니…… 잠시 망설이다 어쩔 도리 없이 나는 그 화살표를 따라서 갔다. 그러면서도 혹시나 잘못된 화살표인가 싶어 아랫길에 눈을 떼지 않으면서 계속 걸었다.

위쪽 산길을 따라 걷는데 앞이 안 보일 정도의 거친 눈보라 속에서뭔가 움직이는 것들이 보였다. 가까이 다가가 보니 조랑말들이었다. 이 세찬 눈보라 속에 조랑말들이라니! 한편 신기하고 또 한편으론 놀라워 그들을 카메라에 담자 이번엔 그들이 내게로 다가와 그 큰 눈망울에 나를 담았다. 한참 위쪽 산길을 가다보니 길을 아래에 두고 위쪽산길을 올라가야 했던 까닭이 뭔지를 알게 됐다. 아랫길이 너무 질척거려 도저히 걸을 수 없는 길이 됐기에 조랑말들이 다니는 좁지만 질척거리지 않는 위쪽 산길로 우회시켰던 것이었다. 눈이 오는데도 땅은 얼지 않았다. 아니 겨우내 얼었던 땅이 풀린 후 그 위에 눈이 내려서인지 땅의 질척거리는 정도가 상상을 초월했다. 신발이 한번 빠지면 빼내기 힘들 정도로 거의 늪 수준이었다. 그런 진창길을 따라 철조망이 길게 이어져 있었는데 그것이 프랑스와 스페인의 국경이었다. 그 국경선을 따라 한참 가다보니 샘이 하나 나왔다. 거기서 마른 목을축이고 아껴놓았던 하몽이 든 바게트 샌드위치의 나머지 한 조각을 먹었다. 그리고 서울서 준비해 간 선식을 입에 털어넣은 후 초등학교 시절 수도꼭지에 입을 대고 물을 마셨던 것처럼 찬물을 벌컥벌컥 들이켰다. 정말이지 생존에의 의지였다.

산티아고 가는 길이 764킬로미터 남았다는 오래된 표지석이 보였다. 그것은 당시 생사의 기로를 걷듯 힘겹게 걷기를 계속하는 내게 지금의 사투에 가까운 걷기가 실은 산티아고 가는 길의 시작에 불과하다는 사실을 새삼 확인해주고 있었다. '아직 갈 길이 까마득한데, 아니 이제 겨우 시작인데 이렇게 힘겨워서야……' 하는 생각이 들었지만 이내 마음을 고쳐먹었다. 정말이지 힘들고 힘겹지만 '어쨌든 첫발을 떼지 않았나!' 하고.

샘에서 목을 축인 후 다시 길을 걷는데 집 그림이 그려진 표지판이 나타났다. 그 밑에는 200미터 전방이란 설명까지 붙어 있었다. '아니 오리손 산장과 론세스바예스 사이에는 그 어떤 숙소도 없다 했는데 집이라니?' 나는 갸우뚱하지 않을 수 없었다. '혹시 화장실이 전방 200미터에 있다는 표시인가?' 하는 생각도 했지만 정말로 200미터쯤 나아가자 눈보라 속에 흐릿하긴 했지만 오두막 같은 집이 한 채 나타났다. 지도상으론 1410미터 고지의 콜 드 르푀데Col de Lepoeder에 채 못 미친 지점 어디인 것 같았다. 거리상으론 생장에서부터 약 20킬로미터 지점이었다. 좀더 다가가 보니 그것은 조난자를 위한 레퓨지, 즉 긴급 피난처였다.

문이 열려 있어 들어가보니 조금 지저분하긴 했지만 세 평 남짓한 내부는 문을 닫으면 바람이 막혀 견딜 만했다. 문 입구에는 조난시 구

조그맣게 나 있는 창밖으론 눈보라가 계속되고 있었다.

두렵고 무서워야 했을 그 밤에 나는 오히려 평화롭고 기쁘고 행복했으며 자유로웠다.

무엇이 나를 그토록 겁 없는 이로 만든 것이었을까?

조를 요청할 때 누르는 버튼이 있었다. 하지만 나는 그 버튼을 누르지 않았다. 남이 보면 조난당한 것으로 보일지 모르지만, 또 객관적 상태는 조난당한 것에 준할지 몰라도 적어도 내 마음은 더없이 평화로웠고 무엇보다도 더없이 자유로웠기 때문이다. 시간은 이미 오후 7시가 지나고 있었다. 나는 거기서 밤을 지내기로 마음먹은 후 일단 안을 깨끗하게 치웠다. 장갑 낀 손으로 안을 치우고 그 장갑 낀 손을 눈으로 문질러 닦았다. 그리고 신발끈을 풀어 창문고리와 문고리 사이를 줄로 이어 간이 빨랫줄을 만들어 젖은 우의와 옷가지를 널었다. 더불어 문틈으로 들어오는 거센 바람은 비닐봉지들을 문틈 사이로 구겨넣어 막았다. 불을 피울 수 있도록 페치카가 설치돼 있었지만 거기는 온갖 쓰레기로 가득 채워져 있었다. 그래도 성냥 한 개비가 있었다면 불을 피웠을지 모른다. 하지만 없었다. 성냥 한 개비가 그토록 간절해본 적도 물론 없었으리라. 마침 서울에서 비행기를 타고 올 때 배낭을 싸매려고 넣어둔 큰 비닐이 있어 이것을 시멘트 바닥 위에 깔고 다시 그 위에 침낭을 펼쳤다(당시엔 매트리스가 없었다!). 하지만 그것만으로 밑에서 올라오는 냉기를 막기엔 턱없이 부족했다. 결국 가져간 옷들을 몽땅 꺼내 세 겹, 네 겹으로 겹쳐 입고 배낭을 먼저 바닥에 깔고 그 위에 침낭을 올려 어느 정도 한기로부터 멀어지게 한 후 잠을 청했다. 하지만 그래도 냉기는 가실 줄 몰랐다. 새벽녘에 더는 찬 기운을 참을 수 없어 가져간 양말 여분을 모두 꺼내 비닐팩에 넣고 이것을 등과 엉덩이 부위에 깔았다. 그러자 냉기가 한결 누그러져 일단 누울 수 있었다. 하지만 잠을 이루기엔 여러모로 부족하고 불편했다. 그래도 마음은 편하고 좋았다. 왠지 장 지오노의 『나무를 심은 사람』에 나오는 엘제아르 부피에의 오두막에 나 혼자 찾아든 느낌이라고나 할까? 조그맣게 나 있는 창밖으론 여전히 눈보라가 거친 숨을 몰아쉬며 계속되고 있었지만 내 마음은 평온하다못해 기뻤다. 언젠가 배우 골디 혼이 미국의 한 대학 졸업축사에서 말했던 '기쁨의 근육'이 길러진 것 같았다. 더없이 행복했다. 남이 보면 사실상 피레네에서 조난당한 상태였음에도 불구하고 말이다.

2012년 4월 13일 눈보라 치던 그 밤에 피레네의 1000미터 이상의 산중에는 나 이외엔 아무도 없었으리라. 인적 끊긴 그 절대고독 속에서 나는 큰 소리로 외쳤다. "나는 살아 있다. 여기 이렇게 살아 있다고!" 메아리가 들리지 않을 만큼 산은 컸고 나는 미미했다. 하지만 그 미미한 존재인 나는 분명 살아 있었다. 어찌 보면 두렵고 무서워야 했을 그 밤에 나는 오히려 평화롭고 기쁘고 행복했으며 자유로웠다. 왜 그랬을까? 무엇이 나를 그토록 겁 없는 이로 만든 것이었을까? 아마도 그것은 '희망' 때문이었으리라. 장 지오노가 『나무를 심은 사람』에서 말했듯이 "사람은 희망을 가져야만 일할 수 있다". 마찬가지로 사람은 스스로가 다시 살 수 있고 새로워질 수 있으며 자기 안의 또다른 가능성을 발견할 희망이 있을 때 그래서 '어제와 다른 나', '오늘과 다른 내일'을 만들 희망에 차 있을 때 그 무엇도 두렵지 않다. 정말이지 "희망보다 더 큰 용기는 없다". 뭔가 해낼 수 있고 할 수 있다는 희망이야말로 가장 막강한 돌파력이 아니겠는가!

'어제와 다른 나', '오늘과 다른 내일'을 만들 희망에 차 있을 때
그 무엇도 두렵지 않다. "희망보다 더 큰 용기는 없다."

고장나고 처박힌 삶이라고
포기할 수는 없다
—

산티아고 가는 길은
본질적으로 홀로 걷는 길이고
그렇게 걷는 것이 맞는 길이다

몹시 추웠지만 새벽녘에 잠깐이나마 눈을 붙였던 것 같다. 그 피레네 산중의 레퓨지의 작은 창이 칠흑 같은 어둠에서 희미한 회색빛을 띠기 시작할 즈음 나도 눈을 떴다. 창밖에는 여전히 눈보라가 거셌다. 나는 추위에 굳은 몸을 조심스럽게 스트레칭을 하며 풀어줬다. 그리고 보온병에 남겨놨던 마지막 물 한 모금을 마셨다. 많이 식었지만 아직 완전히 온기를 잃지는 않았다. 비록 한 모금의 물이었지만 그것을 마시자 몸이 살아나는 느낌이었다. 어느 정도 몸이 풀리자 짐을 정리하기 시작했다. 날이 밝으면 사람들이 올라올 수 있었기 때문에 조금 서둘러 배낭을 다시 쌌다. 하지만 세 시간이 지나 오전 10시가 다 되어도 레퓨지의 문을 두드리는 사람은 아무도 없었다.

눈보라가 잦아든 것 같아 소변도 볼 겸 레퓨지 밖으로 나가봤다. 여전히 바람은 거셌고 날은 너무 추워서 소변을 보는 게 힘들 지경이었다. 솔제니친이 쓴 『이반 데니소비치의 하루』에서 주인공 슈호프가 밤중에 소변을 보러 나왔을 때와 같은 기분이었으리라. 서둘러 볼일을 본 후 다시 레퓨지 안으로 들어왔다. 나는 좀더 레퓨지에 머문 후 길을 떠나는 것이 좋겠다고 판단했다. 그리고 배낭 깊숙이 넣어두었던 탭을 꺼내 글을 쓰기 시작했다. 어제 하루를 가만히 정리해보니 더 나아가지 않고 이 레퓨지에 머문 것이 천만다행이었다. 만약 계속해서 론세스바예스까지 가겠다고 무리한 행보를 계속했으면 아마도 나는 스페인 신문 한 귀퉁이를 장식했을지 모른다. '한국에서 온 순례꾼, 피레네에서 조난당하다'라는 제목과 함께 말이다. 멈출 때 멈출 줄 아는 것은 단지 지혜가 아니다. 그것은 그 무엇보다도 우선하는 생존의 원칙이었다.

오전 11시가 가까워질 즈음 레퓨지로 순례꾼들이 하나둘 들이닥치기 시작했다. 우비나 판초를 뒤집어쓴 채 온통 눈보라에 하얗게 된 순례꾼들이 가쁜 숨을 몰아쉬며 레퓨지 안으로 들어왔다. 나는 구석에 배낭을 기댄 채 앉아 그들을 맞았다. 얼마 안 있어 세 평 남짓한 레퓨지 안이 발 디딜 틈이 없을 정도가 됐다. 그나마 어젯밤에 그 레퓨지를 내가 싹 청소한 덕분에 열댓 명이나 되는 사람들이 그 좁은 공간에 모여 있어도 그리 불쾌한 느낌은 없었다. 그들 중 몇몇의 얘기를 들어보니 눈보라 때문에 생장에서의 피레네 입산은 아예 금지됐고 오리손 산장에서 밤을 지낸 이들만 아침 일찍 출발해 눈보라를 뚫고 이곳 레퓨지까지 올라온 것이었다. 그런데 어제 오리손에 머물겠다고 남았던 파나마에서 온 두 여인도 조금 늦게 레퓨지로 들어섰다. 그중 한 여인이 나를 보자 반가워하며 내게 이곳에서 잔 거냐고 물었다. 그러자 옆에 있던 동료가 그게 말이 되느냐는 식으로 되레 핀잔을 줬다. 나는 그저 아무 말 없이 빙그레 웃었다.

그때 누군가 그 좁은 대피소 안에서 사람들 사이를 헤치며 공간을 만들어 버너를 켜고 코펠에 생수를 부어 물을 끓였다. 처음에는 저 사람이 이 좁은 데서 뭘 하려고 저러나 싶었다. 하지만 이내 그는 그 안에서 서로 맞대다시피 하며 몸을 녹이고 있던 사람들 모두에게 따뜻한 차를 대접하는 것이 아닌가. 비록 코펠 뚜껑에 덜어 돌아가며 한 모금씩 나누는 것이었지만 나도 그 덕분에 따뜻한 홍차 한 잔을 마실 수 있었다. 온몸에 냉기가 퍼져 있던 그때 따뜻한 홍차 한 잔은 사람의 몸은 물론 마음과 영혼마저 녹여주었다. 정말이지 그 따뜻한 한 잔의 차 덕분에 너 나 할 것 없이 모두가 행복했다.

세르주의 손수레

눈보라가 잦아들자 레퓨지에 모여 있던 사람들 대부분이 다시 길을 나섰다. 나는 쓰던 글을 마무리지은 후 정오를 넘겨 다시 길을 나섰다. 세찬 바람과 눈보라는 그쳤지만 눈발은 계속 날리고 있었다.

밤새 쌓인 눈 덕분에 4월의 피레네는 설국에 다름아니었다. 한참을 내려오자 이번엔 눈이 진눈깨비가 돼 내리기 시작했다. 이내 눈 덮인 설국의 길은 사라지고 이번엔 황갈색의 숲길이 군데군데 잔설을 남긴 채 맨몸을 드러냈다. 그 숲길을 걸어 론세스바예스에 닿은 것은 오후 3시가 채 안 돼서였다. 이제는 눈도 진눈깨비도 아닌 비가 내렸는데 빗줄기가 잦아들기는커녕 오히려 더 거세지자 나는 더이상 나아가지 않았다. 하루 걷는 거리로는 너무 짧았지만 론세스바예스에서 머무는 것이 좋겠다고 판단했다. 결국 세상에서 제일 크다고 알려진 론세스바예스의 알베르게(순례자를 위한 숙소)에서 배낭을 풀었다. 시설이 좋았고 깨끗했다. 다만 처음 묵어보는 알베르게여서 모든 게 생소했지만 적응하는 데 그리 오랜 시간이 들진 않았다.

하나의 블록 안에 두 개의 이층침대가 서로 마주 보는 4인 1조 형식의 침실은 남녀 구분 없이 자리를 배정해 처음엔 약간 당황스러웠다. 내가 배정받은 곳은 네 개의 침대 중 나 이외에는 모두 독일 여성들 차지였다. 특히 나와 마주 보는 이층침대에 자리한 독일 여성은 아주 젊은 친구였는데 침대 위에서 나를 향해 책상다리를 하고 앉아 식사를 하고 있었다. 그녀는 잠은 알베르게에서 자지만 식사는 일절 사 먹지 않고 직접 만들어서 먹거나 슈퍼마켓에서 장을 봐 먹을 거라고 당차게 말했다. 그러면서 그녀는 하몽을 빵 위에 얹어 먹으며 자신만의 만찬을 즐겼다.

나는 짐을 푼 후 순례자의 기본인 손빨래를 하고 샤워를 마쳤다. 그러고 나자 시장기가 몰려왔다. 늦은 오후가 되도록 그때까지 먹은 것이 전혀 없다는 사실조차 잊고 있었던 것이다. 이상하게도 배가 고프지 않았다. 그러나 제대로 먹어야 내일 또 움직일 수 있기에 식사할 수 있는 곳을 찾아봤다. 론세스바예스 알베르게에서는 식사를 따로 팔지 않았다. 하지만 그 옆에 딸린 호텔 레스토랑에서 사전예약제로 판매하는 '순례자 메뉴'가 있어 신청했다. 식사를 하려면 오후 7시까지 두 시간가량을 기다려야 했다.

자리로 돌아와 다시 글을 쓰기 시작했다. 그런데 쓰다보니 시간이 훌쩍 가버려 오후 7시를 넘겼다. 나는 오후 7시 이후면 어느 때나 가서 식사가 가능한 것인 줄 알고 20분쯤 지나서 레스토랑으로 갔다. 그런데 그게 아니었다. 오후 7시 정각에 '순례자 메뉴'를 신청한 사람들이 모두 모여 함께 식사를 하는 것이었다. 가보니 일단 자리가 없었다. 레스토랑 지배인이 큰 눈을 두리번거려도 빈자리가 없었다. 그때였다. 저쪽 끝에 앉은 한 사내가 두 손을 들어 내게 오라고 손짓을 하는 게 아닌가. 나는 사람들 사이를 헤치고 걸어가 그 사내의 옆자리에 앉았다. 고마웠다. 그는 내게 와인을 권하면서 나와는 구면이라고 말했다. 가만 보니 피레네 산중의 레퓨지에서 홍차를 끓여서 나눠줬던 바로 그 사내였다. 산에서는 털모자를 쓰고 있었기에 얼굴이 반쯤 가려져 있었는데 모자를 벗은 모습은 아주 남자답게 잘생긴 얼굴이었다. 그의 이름은 세르주였고 프랑스에서 왔다고 했다. 하는 일은 여성들을 상대로 한 보석세공업이라고 했다. 나이는 공교롭게도 나와 동갑이었다. 그런데 놀라운 사실은 그가 손수레를 끌고 피레네를 넘었다는 점이었다. 사실 낮에 레퓨지를 떠나 론세스바예스로 내려올 때 두 개의 바큇자국을 여러 번 본 적이 있었다. 나는 내심 이런 악천후에 누가 자전거를 끌고 피레네를 넘었단 말인가 하고 혼자 의아해했다. 그런데 그 바큇자국이 자전거가 아니라 바로 세르주가 끌고 온 작은 손수레의 것임을 뒤늦게 알게 됐다. 세르주는 그 손수레에 버너와 코펠은 물론 텐트와 살림살이 일체를 구비해왔던 것이다. 손수레를 끌고 피레네를 넘다니? 정말이지 상식을 뛰어넘는 대단한 실행이 아닐 수 없었다. 그 순례자 디너 테이블에는 세르주 외에도 스위스에서 온 노라, 독일에서 온 크리스티안, 미국 콜로라도에서 온 매슈, 헝가리에서 온 티보, 영국에서 온 존 등이 함께 자리해 식사 후에도 두 시간 가까이 와인을 마시며 즐겁고 유쾌한 시간을 보냈다. 전날 밤 피레네 산중에서의 고요하고 적막한 밤과는 사뭇 다른 분위기였다.

알베르게에서는 모두가 일찍 깨어난다. 오전 5,6시면 일어나 짐을 싸니 더 잘 수도 없다. 나는 아래칸의 독일 여성이 모두 짐을 꾸려 나갈 때까지 이층침대에서 기다렸다. 독일 여성들이 먼저 나간 후 나도 서둘러 짐 정리를 하고 배낭을 다시 꾸린 후 알베르게를 나섰다. 새벽부터 눈이 내리는 통에 도저히 4월 중순이란 생각이 들지 않았다. 누군가는 눈 내리는 크리스마스 같다고도 했다. 로마네스크 양식의 성당이 있는 론세스바예스의 고즈넉한 분위기와 아주 잘 어울리는 4월의 눈이었다.

성당 앞을 지나 큰길 쪽으로 막 나서는데 세르주를 만났다. 그는 자신의 손수레에 비닐막을 두르고 있었다. 날씨가 찬데 장갑도 끼지 않은 채…… 세르주는 손수레를 끌고 가는 게 오히려 힘들지 않다고 했다. 하지만 그의 작은 손수레의 무게는 결코 만만치 않았다. 그와 함께

너 나 할 것 없이 우리가 걸어온 길은 결코 잘 닦인 아스팔트길이 아니었다.
자갈밭 아니면 진창길이었다. 세르주의 손수레가 온 길도 그랬다.

길을 가다가 세 번 개울을 건너야 했다. 이틀 내내 눈비가 계속 온 탓에 그냥 건널 수 없을 만큼 개울물이 불어 있었다. 순례자들이야 징검다리를 딛고 건넌다지만 무게가 만만치 않은 손수레를 징검다리 위로 들어서 건너게 하기란 거의 불가능해 보였다. 결국 나와 세르주는 눈이 내리는 가운데 세 번의 도하작전을 펼쳐야 했다. 물론 쉽지 않았다. 하지만 지나던 순례객들이 박수를 보낼 만큼 우리는 끝내 세 번의 도하작전에 모두 성공했다. 덕분에 그와 나는 모두 신발이 젖고 말았다. 하지만 그렇게 함께 도하작전을 펼치면서 우리는 친구가 됐다.

그러나 친구가 됐다고 해서 산티아고 가는 길을 처음부터 끝까지 동행할 이유는 없었다. 이 산티아고 가는 길은 본질적으로 홀로 걷는 길이고 그렇게 걷는 것이 맞는 길이다. 그것을 모르지 않는 나와 세르주는 서로의 완주를 기원하며 헤어졌다. 그후 나는 세르주를 만나지 못했다. 그는 나보다 빨리 전진했을 것이 틀림없다. 가끔 길을 가면서 바큇자국 두 개가 나란히 나 있으면 그것이 세르주의 손수레가 지나간 궤적일 거라고 상상하곤 했다. 상상이 아니라 아마도 그럴 것이었다.

정녕 고장나고 처박힌 인생인가

그후 보름 정도의 시간이 지나 산티아고 가는 길의 절반에 조금 못 미친 지점을 지날 때였다. 온타나스라는 작은 시골마을을 거쳐 산미겔 유적지를 지나서 얼마 못 간 지점의 길 옆으로 바퀴 빠진 손수레 하나가 나뒹굴고 있었다. 한눈에 어디서 본 듯해 가까이 가서 보니 영락없이 세르주의 손수레였다. 자세히 보니 바퀴가 빠진 것이 아니라 아예 바퀴 축 자체가 두 동강 나 있었다. 게다가 손수레의 옆은 바퀴와의 심한 마찰로 잔뜩 해어져 있었다. 나는 주룩주룩 내리는 비를 맞으며 한동안 그 손수레 앞에 망연자실 서 있었다. 그냥 걸어오기도 힘든 이 진창길을 수레를 끌고 오려니 그는 얼마나 힘들었겠나. 오죽하면 강철 바퀴 축이 부러졌겠나 싶었다. 그냥 눈물이 비처럼 흘렀다. 목청 높여 세르주를 불러도 봤다. 하지만 아무런 응답이 없었다. 이걸 끌고 피레네를 넘었던 세르주는 손수레를 버리고 나머지 짐을 짊어진 채 계속 걷고 있는 것일까? 물론 그럴 것이다. 그는 결코 포기할 친구가 아니니까.

추적추적 비가 내리는 가운데 그의 부서진 손수레를 물끄러미 바라보며 한참을 서 있었다. 그것이 꼭 나 같고 우리 같았다. 바퀴 축이 완전히 동강나버린 세르주의 손수레는 오늘을 살고 있는 나를 포함한 한국의 중장년들의 자화상은 아닐까 생각했다. 가장이 되어 가족을 부양하기 위해, 자기가 몸담은 조직을 위해 몸 바쳐 일하다 자기 허리가 분질러지는 줄도 몰랐던 숱한 한국의 중장년들 같았다. 우리를 이만큼 먹고살게 해놓고도 대접받기는커녕 아들, 손자 세대에게 외면당하고 버림받은 한국의 노년들처럼도 보였다. 모두 등골이 휘어져라 일했고 그 삶의 진창을 눈이 오나 비가 오나 바람이 부나 개의치 않고 자기 한 몸 위하기보다 가족과 조직을 위해 쉼 없이 달려가다 결국엔 동강나버린 그 불쌍한 우리 같았다. 너 나 할 것 없이 우리가 걸어온 길은 결코 잘 닦인 아스팔트길이 아니었다. 자갈밭 아니면 진창길이었다. 세르주의 손수레가 온 길도 그랬다. 그래서일까. 진창에 박힌 채 부서지고 버려진 그 손수레를 부둥켜안고 나는 울고 또 울었던 것이다.

바로 그때 손수레의 손잡이에 달려 있던 나팔 모양의 경적이 눈에 들어왔다. 손으로 눌러보니 울리지 않았다. 바람 새는 소리와 함께 되레 물이 물총 쏘듯 나오는 고장난 경적이었다. 하지만 왠지 나는 그 고장난 경적에 마음이 쓰였다. 그리고 그것을 떼어내 산티아고까지 가져가야겠다고 생각했다. 이미 녹슬어 잘 빠지지도 않는 것을 어렵게 빼냈다. 그 비에 젖은 고장난 경적을 그대로 배낭에 넣었다. 그리고 이렇게 마음먹었다. "비록 고장나 바람 새는 소리밖에 나지 않지만, 내가 산티아고에 도착하거든 이 경적을 내 마음과 혼을 담아 울리리라! 결코 포기하지 않았을 세르주를 위해, 또 허리가 부러져라 일하다 고장나고 처박힌 것처럼 되어버린 우리 모두의 결코 포기할 수 없는 미래를 위해서!"

삶과 죽음,
나란히 간다
———

죽음은 삶의 소중함을 깨닫게 하는 최고의 선생이다
그런데 요즘 우리 삶에는 죽음이 생략돼 있다
그래서 삶에 대한 절실함도 희박하고 삶의 밀도 역시 떨어진다

론세스바예스를 떠나 수비리를 6킬로미터 정도 앞둔 호젓한 산길에서 홀연 마주한 무덤 하나가 있었다. 일본인 순례자 야마시타 신고의 무덤이었다. 그는 2002년 이곳을 걷다 64세의 나이에 숨졌다고 적혀 있었다. 그의 무덤 앞에 서서 고개를 숙여 예를 갖춘 후 물끄러미 무덤 위에 꽂힌 작고 투박한 나무십자가를 바라보았다. 지나던 순례객들이 마음을 담아 만들어 꽂아놓은 듯했다. 통나무를 땅바닥에 얼기설기 얹어 둘레를 치고 그 위에 솔방울을 잔뜩 쌓아올려 만든 무덤은 너무 소박해서 더욱 애절하게 다가왔다. 그 무덤 옆에 앉아서 한참을 있었다. 잠시 멈칫거리던 비가 다시 뿌렸다. 마치 그이의 눈물 같았다. 살고 죽는 게 한순간이다. 어떤 의미에서 삶과 죽음은 서로를 나

란히 마주 보고 있는 것인지 모른다.

비단 야마시타 신고의 무덤만이 아니었다. 산티아고로 가는 800여 킬로미터에 달하는 길가에는, 심지어 피니스테레까지 가는 길 위에도 그 길을 걷다 숨진 이들의 무덤이 적잖았다. 내가 눈으로 확인하고 사진으로 찍은 것만도 족히 15기*가 넘었다. 팜플로나에서 우테르가를 향해 밤새 구릉지대를 넘어가던 길에서 마주한 이름 없는 프랑스인의 무덤도 있었고, 시라우키에서 이라체로 가던 길가에서 마주한 아르네 스코프 슈미트란 이름의 무덤도 만났다. 1935년생인 그는 지난해인 2011년 5월 16일에 세상을 뜬 것으로 적혀 있었다. 그런가 하면 카스트로 헤리스에서 이테로 데 라 베가로 가는 길목의 모스텔라레스 고개를 넘자마자 마주한 마누엘 피카소 로페즈라는 이의 추모비도 있었다. 그는 1964년생으로 2008년 이 길을 걷다가 세상을 떴다. 또 레온을 지나 온시나 칼사다 델 코토에서 만시야 데 라스 물라스를 향해 가는 길에 또하나의 순례자 무덤을 만났다. 미겔 아이바리오리베르의 무덤이었다. 1948년생인 그는 2007년 5월에 이 길을 걷다 숨졌다. 그 외에도 적잖은 길가의 무덤이 산티아고 가는 길 내내 있었다.

사실 무덤이라고 하지만 길가에 돌 둔덕을 만들고 거기 나무십자가 하나 꽂아놓았거나 작은 추모비를 세워놓은 게 전부다. 그저 이 길을 걷다 세상을 떴다는 것만 기억될 따름이다. 하지만 그들은 비록 육신은 한 줌 흙이 되고 말았지만 그들을 기억하는 이들 사이에선 여전히 살아 있었다. 기억되는 한 살아 있는 것이라는 스와힐리족 사람들의 신념처럼 순례자에게는 이 길을 걷다 죽었다고 기억되는 것이야말

저마다 삶의 형편은 다를지언정 삶의 방향은 다르지 않다.
우리 모두는 죽음의 길을 향해 걷는 순례자들이다.

로 영원한 생명에 이르는 길이란 생각이 들지 모른다. 어쩌면 그것이 산티아고 가는 길을 걷다 죽은 이들의 마지막 바람이었는지도 모르겠다. 그럼에도 불구하고 이 길 위에서 삶을 마감한 그들은 과연 행복했을까? 알 수 없다. 하지만 분명한 것은 우린 너 나 할 것 없이 모두 자기 인생길을 걷다 죽는다는 거다. 그들과 마찬가지로!

'죽음'
세상에 없는 교과서

내가 죽음을 말하는 까닭은 죽음을 찬미해서가 아니다. 오히려 삶을 갈구하기 때문이다. 죽음은 삶이 얼마나 소중한 것인가를 깨닫게 하는 최고의 선생이다. 그런데 요즘 우리 삶에는 죽음이 생략돼 있다. 아니 죽음을 모른다. 그래서 삶에 대한 절실함도 희박하고 삶의 밀도 역시 떨어진다. 삶이 절절하고 차지려면 죽음에 직면해야 한다. 죽음을 배워야 한다. 우리의 선조들은 부모가 돌아가시면 3년 동안 시묘살이를 했다. 일상의 모든 일들로부터 벗어나 부모의 묘를 지키며 3년살이를 한 것이다. 지금 생각해보면 상상이 안 될 일이지만 그것은 단지 부모의 묘를 지키는 것에 그치는 것이 아니라 자기 삶에 대한 진지한 성찰의 시간일 수밖에 없었으리라. 결국 죽음을 직시하고 직면한다는 것은 진정한 삶을 향해 나아가는 데 필요불가결한 일이다.

나는 아버지를 통해서 죽음을 배웠다. 내 아버지는 8년여 투병생활을 하셨다. 나는 아버지가 암 판정을 받은 초등학교 3학년 때부터 고등학교 1학년 가을에 아버지가 돌아가실 때까지 삶이 죽음으로 전화轉化해가는 것을 생생하게 보고 자랐다. 사실 아버지의 죽음은 내게 가장 큰 삶의 지침이요 세상에 없는 교과서가 되었다. 그래서 나는 삶은 죽음과 대립하는 것이 아니며 삶을 제대로 살려면 그 죽음과 사귀고 그 죽음을 옳게 이해해야 한다는 것을 몸으로 깨닫게 되었는지 모른다. 하지만 요즘은 죽음을 배울 수 있는 곳이 없다. 모든 죽음은 병원 장례식장에서 규격화되고 박제화된다. 그리고 아이들은 아예 얼씬조차 하지 못한다. 아이들은 죽음을 병원 냄새와 흰 국화로 장식된 영구차의 행렬로밖에는 알지 못한다. 이렇게 죽음을 모르고 그것이 생략돼 있기에 삶도 퍼석해지는 것은 아닐까 싶다.

산티아고로 가는 이 길은 2000년 전 예수의 열두제자 중 한 사람인 야고보가 예수 사후에 땅끝까지 복음을 전하라는 예수의 명을 좇아 전도여행을 떠났다가 별반 소득 없이 다시 예루살렘으로 돌아온 후 헤롯 왕에게 붙잡혀 순교해 그 유해가 죽어서 다시 간 길이고 그가 묻힌 곳을 향해 1000년이 넘도록 숱한 이들이 한 발 한 발 걸어서 간 길이다. 그 길은 누구와 함께 가는 길도 아니고 그 누구와 경쟁하며 가는 길은 더더욱 아니다. 오로지 홀로 고독하게 시시각각 삶과 죽음의 경계 위를 밟고 있음을 자각하며 가야 하는 길이다.

산티아고로 가는 길을 걷기 위해 떠나오기 직전에 서울의 한 시사회에서 본 영화 〈봄,눈〉이 생각난다. 시한부 판정을 받고 가족과의 이별을 준비하는 순옥(윤석화 분)의 어미(김영옥 분)가 마지막 가는 길 앞

에 선 딸에게 "환한 빛만 따라가야 해!"라고 말하는 대목에서 나는 와
락 눈물이 났다. 나 역시 산티아고 가는 길에서 노란 화살표만 보고
걸어야 함을 알았기 때문이었을까? 저마다 삶의 형편은 다를지언정
삶이 가야 하는 방향은 다르지 않다. 에둘러 가든 곧장 가든 우리 모
두는 죽음을 향해 그 길을 앞서거니 뒤서거니 하며 걷는 순례자들이
다. 삶과 죽음의 경계를 밟으며 말이다.

　언제가 될지 알 수 없지만 나 자신이 이 세상을 떠야 할 때가 오면
나는 침대 위에서 세상을 뜨고 싶지는 않다. 길 위에서 걷다가 쓰러져
가고 싶다. 흔히 길 위에서 죽으면 '객사客死'라고 해서 흉하게 여겼다.
하지만 우리 인생은 어차피 길 위에 있다. 그러니 길 위에서 죽는 것
이 흉사라고만 할 수는 없는 것이리라. 오히려 인위적인 생명연장을
위해 얼기설기 쳐놓은 온갖 의료장비에 둘러싸여 병원 침대 위에서
죽는 것보다 내 걸음으로 걷다가 더는 걸을 수 없을 때 스러지듯 사라
지는 것이 더 자연스럽고 인간다운 최후일는지 모른다.

"이 또한 지나가리라!"

삶을 썩게 만드는 것은 아픔이나 시련이 아니라
성공의 이력과 주변의 찬사다
그것을 흘려버릴 수 있어야 진정한 삶의 고수다

아케레타에서 수리아인까지 이어진 소나무 숲길을 빠져나와 그 옆으로 흐르는 아르가 강가에서 가던 걸음을 멈추고 어깨를 짓누르던 배낭을 내렸다. 반가운 햇살을 보자, 채 말리지 못한 젖은 빨래들을 말리면서 좀 늦은 점심도 할 겸 쉬어 가기로 마음먹고 강가에 자리를 잡은 것이다. 사흘 내내 눈과 비가 온 탓인지 강물이 풍부하고 유속도 빨랐다. 물끄러미 흐르는 강물을 바라본다. 오래전 영화지만 로버트 레드퍼드가 감독을 맡고 나와 동갑내기인 브래드 피트가 젊고 활달한 동생 '폴'로 열연한 영화 〈흐르는 강물처럼〉(1992)을 떠올리며 그 주제곡을 허밍해본다. 아무리 되풀이해 들어보고 또 읊조려봐도 참 멋진 멜로디다. 정말이지 잔잔하게 내 가슴에 강줄기 하나를 흘려놓는 것 같다.

강물이 흘러가듯 인생도 흘러간다. 강물이 굽이치듯 삶도 굽이친다. 흐르는 강물은 흐르는 시간에 다름아니다. 흐르는 강물이 너절한 것들을 씻어버리듯 강물처럼 흐르는 시간은 빠르게 삶을 삼켜버린다. 시간이 삶을 삼켜버리는 것을 나는 '망각忘却'이라 부른다. 때로 망각은 삶에 없어선 안 될 안정제다. 잊어야 할 것들을 잊지 못하면 그 또한 불행이다. 아픈 상처, 쓰라린 기억을 움켜쥐고 있어봤자 소용없고 부질없다. 하지만 아픈 상처와 쓰라린 기억만 망각의 시간이 삼켜버린다고 다가아니다. 황홀한 성취와 달콤한 찬사도 언제까지나 쥐고 있으려 하면 안된다. 그것을 때로 분토糞土처럼 버리지 않으면 삶이 썩는다. 삶을 썩게 만드는 것은 아픔이나 시련이 아니라 성공의 이력과 주변의 찬사이기 때문이다. 그것을 때로 흘려버릴 수 있어야 진정한 삶의 고수다. 그것이 삶을 맑게 하기 때문이다.

흐르는 강물의 가르침

굽이쳐 흐르는 강물을 물끄러미 바라본다. 그 강물이 내게 이렇게 말하는 것 같았다. "이 또한 지나가리라!" 아름다운 것이든 추한 것이든, 기쁜 일이든 슬픈 일이든, 좋은 일이든 나쁜 일이든 그 무엇이든 "이 또한 지나가리라!" 본래 "이 또한 지나가리라"는 말은 유대 경전 주석서인 『미드라시』의 '다윗 왕의 반지'에서 나왔다고 한다. 다윗 왕이 어느 날 궁중의 세공인을 불러 명했다. "날 위해 아름다운 반지를 하나 만들되 거기에 내가 전쟁에서 큰 승리를 거두어 환호할 때 교만하지 않게 하고, 내가 큰 절망에 빠져 낙심할 때 결코 좌절하지 않고 스스로에게 용기와 희망을 줄 수 있는 글귀를 새겨넣으라"고! 이에 세공인은 아름다운 반지를 만들었지만, 정작 거기에 새길 글귀가 떠오르지 않아 고민 끝에 지혜롭기로 소문난 솔로몬 왕자를 찾아가 도움을 청했다. 이때 솔로몬이 일러준 글귀가 "이 또한 지나가리라"였다.

모진 훈련을 견뎌내고 자신과의 싸움에서 이겨 세계 정상에 올랐던 이들은 한결같이 "이 또한 지나가리라"를 훈련의 모토, 삶의 좌우명으로 삼는다고 한다. 피겨여왕 김연아도 그랬고, 골프여제 박세리도, 메이저리거 박찬호도, 마린보이 박태환도 이 말을 되뇌며 슬럼프를 극복하고 최고의 순간을 만끽할 수 있었다. 하지만 진정한 승자는 정상 등극의 기쁨과 그 환호와 환희의 순간 역시 지나가리라는 것을 알고 있어야한다. 그 환희와 환호를 강물처럼 흘려보내지 않으면 다음번의 승리는 사실상 물 건너간 것이나 마찬가지다. 왜냐하면 그 환희와 환호에 취해더는 나아가지 못할 것이기 때문이다.

물론 "이 또한 지나가리라!"는 말은 운동선수들에게만 해당되는 것은 아니다. 삶의 신맛, 짠맛, 쓴맛, 단맛을 다 맛본 사람이라면 누구나 몸으로 깨닫고 가슴과 뇌리에 새기지 않으면 안 되는 말이다. 그것은 그저 모든 일을 숙명처럼 여기고 그것에 굴복하는 자세가 아니다. 오히려 그 반대로 오늘의 성공과 성취마저 지나쳐 갈 것이기에 거기에 취하지 않고 더욱 스스로를 벼림질해서 내일의 승리를 준비하고 기약하겠다는 독하디독한 깬 성찰이요 자신의 나태함과 안주함을 경계하는 서슬 퍼런 삶의 절규다. 실패에 좌절하지 않고, 승리에 오만해지지 않기 위해 다윗 왕이 자신의 반지에 새겨넣고 몸에 지녔다는 "이 또한 지나가리라!"는 이 말은 결국 흐르는 강물의 가르침이었다. 권력도 명예도 부도 사랑도, 또한 실패와 치욕과 가난과 증오도 모두 지나가리라는 것을 흐르는 강물은 말해주고 있었던 것이다.

숲속 나뭇잎 사이로 스며든 햇살들이 굽이쳐 흐르는 아르가 강의 강물과 마주쳐 더욱 영롱한 빛을 발한다. 오랜만에 마주한 햇살과 굽이쳐 흐르는 강물에 마음을 빼앗긴 탓에 그 풍광에 취해 있다보니 시간 가는 줄 몰랐다. 하지만 산티아고 가는 길은 서둘러서 가는 길이 아니다. 그 길에서 마주하는 돌 하나 나무 하나와 대화하고 사귀며 가는 길이다. 그래서 느린 길이고 성긴 길이며 귀한 길이다.

2부

성찰省察
내 안의 나침반을 믿고 나아가라

바스크는
스페인이 아니다

사라사테의 〈치고이너바이젠〉을 들을 때
전해오는 전율의 진짜 이유는
집시들의 애환이기보다
바스크인들의 애통인지 모르겠다

트리니나드 데 아레의 마리스타 형제수도원이 운영하는 알베르게에서 하룻밤을 지낸 후 다음날 아침 팜플로나로 향했다. 팜플로나는 스페인의 17개 자치주 중 하나인 나바라 주의 주도州都다. 하지만 예나 지금이나 바스크의 도시다. 팜플로나가 역사 속에 등장한 것은 로마의 장군 폼페이우스(마그누스 그나이우스 폼페이우스) 덕분이었다. 그가 기원전 75~74년경에 만든 도시가 바로 팜플로나다. 폼페이우스가 로마에 대항하여 반란을 일으킨 퀸투스 세르토리우스를 토벌할 당시의 군대 주둔지에 세운 도시인 팜플로나는 처음에 '폼페이오폴리스' 또는 '폼파일로'로 불렸다. 폼페이우스의 도시라는 뜻이다. 팜플로나의 이름은 여기서 유래했다는 것이 정설이다. 결국 폼페이우스의 기억이 서린 곳이 팜플로나다.

　폼페이우스가 누구인가? 20대에 개선식을 치르고 나이 서른에 총 사령관에 오른 로마 최고의 명장 중 한 사람이다. 크라수스 및 카이사르와 함께 삼두정치를 펼쳤고 마지막엔 카이사르와 대권을 놓고 겨뤘던 이다. 비록 폼페이우스는 이집트의 알렉산드리아에서 자신의 생일에 어처구니없는 최후를 맞았지만 그의 두 아들은 아버지의 기억이 생생한 히스파니아(지금의 에스파냐)에 근거를 두고 카이사르에게 끝끝내 맞서다 역시 역사의 뒤편으로 사라져야 했다. 이후 팜플로나는 더 이상 폼페이우스의 도시가 아니었다. 비록 로마의 지배력은 계속됐지만 폼페이우스를 기억할 만한 흔적은 바람처럼 사라져버렸다. 팜플로나에서 마주한 웅장한 성의 흔적 역시 폼페이우스와는 아무 상관 없는 후대의 유물들이다.

　476년 서로마제국이 멸망한 후 팜플로나는 서고트, 프랑크, 이슬람, 바스크 등으로 지배권이 수없이 바뀌었다. 그런 가운데에서도 한 가지 분명한 것은 그 누가 이곳을 지배했건 그곳에는 항상 바스크인들이 살고 있었다는 것이다. 이런 일도 있었다. 778년 사라고사에서 이슬람과의 전투에서 패한 샤를마뉴대제가 이들의 추격을 차단할 생각에서 자신이 군영을 설치했던 팜플로나를 탈출하며 일부러 이곳을 초토화시킨 사건이 있었다. 적의 수중에 천혜의 요새와도 같은 곳을 순순히 넘겨주지 않겠다는 생각이었으리라. 하지만 팜플로나에는 수많은 바스크인들이 살고 있었고 그들은 샤를마뉴대제의 군사들에게 먹을 것과 잠잘 곳을 내어주었던 이들이었다. 은혜가 배신으로 돌아오고 졸지에 가족과 삶의 터를 잃게 된 바스크인들은 이에 대한 보복으로 샤를마뉴대제의 군대를 론세스바예스(롱스보) 근처의 이바네타 고개에서 기습 공격해 격멸시키다시피 했다.

불의의 습격에 전설적인 기사 롤랑도 전사했다. 하지만 이때의 이야기는 훗날 묘하게 둔갑했다. 즉 전설적인 기사 롤랑이 바스크족이 아닌 이슬람군과 벌인 영웅적인 전투에서 장렬하게 전사하는 것으로 각색돼 『롤랑의 노래』라는 중세 기사도문학의 걸작으로 둔갑하기에 이른 것이다. 정작 싸운 것은 바스크족이었는데 싸우고 응징할 대상이 이슬람세력으로 뒤바뀌어 당시 이른바 이슬람 축출과 재정복 과정이라 할 '레콘키스타Reconquista'의 명분을 축적하는 데 이용되었던 것이다.

바스크의 심장에서 울리는
애통의 선율

팜플로나는 9세기 이후엔 나바라 왕국의 수도였다. 이미 기독교에 귀의한 나바라 왕국의 산초 7세는 1212년 라스 나바스 데 톨로사 전투에서 막강한 이슬람 세력에 대항해 최초의 승리를 거뒀다. 이로써 711년 이래 이베리아반도 안에 들어왔던 이슬람 세력은 그후 수세에 몰려 1492년 1월 2일을 기해 완전히 축출됐다. '레콘키스타'가 완결된 것이다. 결국 폼페이우스의 도시로 태어난 팜플로나는 이베리아반도에서 이슬람세력을 축출하는 전진기지 역할도 톡톡히 수행했던 셈

"바스크는 스페인이 아니다. 여기는 바스크의 땅이다."
이 땅이 있은 이래 발붙이고 살아온 바스크인들의 당연한 외침을 마주한다.

이다. 하지만 누가 뭐래도 팜플로나는 본래 토박이였던 바스크의 심장이다. 론세스바예스에서 팜플로나에 이르는 길 곳곳에서 마주했던 "바스크는 스페인이 아니다, 여기는 바스크의 땅이다"라는 구호는 결코 새삼스러운 것이 아니다. 그 땅이 있은 이래 그곳에서 발붙이고 살아왔던 이들의 당연한 외침인 것이다.

　팜플로나 성을 내려오다 만나게 된 팜플로나 문화원을 둘러보고 그 중정中庭 안 큰 나무 옆에 앉았다. 그때 문득 시선을 사로잡은 포스터 한 장이 있었다. 다름아니라 사라사테 콩쿠르 포스터였다. 지난해 가을에 있었던 콩쿠르 포스터인데 아직도 붙어 있었다. 어디선가 사라사테의 〈치고이너바이젠〉 선율이 들려오는 듯했다. 흔히 집시풍의 바이올린 곡이라고 말하지만 팜플로나에서 다시 듣는 〈치고이너바이젠〉은 사라사테의 고향인 팜플로나, 아니 바스크의 심장에서부터 뿜어져 나오는 소리가 아닌가 싶었다. 그래서 사라사테의 〈치고이너바이젠〉을 들을 때 전해오는 전율의 진짜 이유 역시 집시들의 애환이기보다 바스크인들의 애통인지 모르겠다.

내 안의
질주본능을 깨워라

모든 질주는 살기 위한 몸부림이다
여기서 멈출 수 없다는 자기 안의 아우성이
스스로를 다시 질주하게 만든다

팜플로나에서는 해마다 7월에 '산페르민' 축제가 열린다. 3세기 말경 팜플로나의 가톨릭 주교이자 훗날 팜플로나의 수호성인으로 추앙된 '산페르민'을 기리는 이 축제는 1591년부터 본격화되었다지만 그이전에도 지금과는 조금 다른 형태의 축제들이 존재했던 것 같다. 해마다 7월 6일부터 14일까지 열리는 이 축제의 백미는 역시 '엔시에로Encierro'라 불리는 소몰이 행사다. 축제 기간 중 매일 오전 8시에 투우경기에 쓰일 소들을 산토도밍고 사육장에서 풀어놓으면 약 3분여에 걸쳐 팜플로나의 구시가지 골목길 825미터를 사람들이 함께 질주疾走해 투우장에 골인한다. 1924년 이래 15명이 죽고 200여 명이 부상당했다는 기록이 있을 만큼 위험천만한 행사다. 아마도 지구상에서 가

우리가 더이상 질주하지 않는 것은 몸이 둔해진 까닭도 있겠지만
무엇보다도 그럴 마음이 없어진 때문이다. 삶이 가수면 상태에 빠진 탓이다.

장 위험하면서도 스릴 넘치는 축제 퍼포먼스가 아닐까 싶다.

그런데 정작 '엔시에로'로 대표되는 팜플로나의 산페르민 축제를 일약 전 세계적으로 유명세를 타게 만든 것은 한 편의 소설이었다. 다름아닌 어니스트 헤밍웨이의 첫 장편이자 출세작이었던 『태양은 다시 뜬다』(1926)가 그것이다. 이 소설은 1차세계대전 이후 전쟁의 파멸과 죽음을 목도한 후 삶에 대한 짙은 허무감으로 재무장하다시피 한 당시 젊은이들의 생에 대한 환멸과 그에 따른 삶의 방황을 하드보일드한 건조하고 뚝뚝한 문체로 묘사한 작품이다. 특히 헤밍웨이는 이 소설 서두에서 거트루드 스타인이 당시의 젊은이들을 향해 일갈했던 "자네들은 길 잃은 세대야"라는 말을 인용함으로써 이른바 '길 잃은 세대 Lost Generation'의 심정을 대변하는 그 시대의 아이콘이 되었다. 하지만 부정의 부정은 긍정이라고 1차세계대전 후에 전쟁으로 인한 숱한 죽음을 목도하며 삶의 꿈과 희망을 상실한 젊은이들이 팜플로나를 찾아가는 역정 속에서 잔인한 투우 장면과 격정적인 소몰이 축제에 빠져드는 것을 보면 그 잃어버린 세대 역시 삶에 대한 원초적 희구와 죽음을 넘어선 생에 대한 열망이 강했다는 것을 은연중 알 수 있다.

팜플로나의 에스타페타 거리엔 산페르민 축제의 엔시에로, 즉 소몰이 행사 광경을 생생하게 묘사한 커다란 청동조각이 놓여 있다. 광폭한 소들이 질주하는 가운데 사람들이 도망치듯 달리고 개중에는 넘어져 밟히는 모습이 생생하게 묘사돼 있어 마치 실제 엔시에로를 보는 듯하다. 그만큼 현장감과 생동감이 넘친다. 게다가 그 청동조각이 서 있는 정면 쪽에는 투우장의 붉은 문이 하시라도 입을 벌려 삼켜버릴 듯 버티고 서 있다. 팜플로나와 산페르민 축제를 전 세계적으로 유명하게 만든 헤밍웨이의 소설 『태양은 다시 뜬다』의 한 대목을 재연한 듯한 그 청동조각 앞에서 나는 발길을 멈췄다. 그리고 어디선가 헤밍웨이의 낮고 묵직한 목소리로 낭독이 이뤄지는 상상을 한다. 저 멀리서 흙먼지를 일으키며 질주하는 소들과 인파들이 보인다. 그리고 나 자신이 그 소몰이 현장에 서 있는 듯한 환영幻影에 빠져든다.

옆구리가 진흙투성이인 육중한 황소들은 뿔을 휘두르며 함께 질주했는데, 그중 하나가 앞서 내닫더니 인파의 후미를 달리던 한 사람을 치받아 공중으로 들어올렸다. 뿔이 박힐 때 그는 고개가 뒤로 젖혀졌고, 양팔이 옆으로 벌어졌다. 황소는 그를 들어올렸다가 떨어뜨렸다. 황소는 다시 그 앞에 달려가던 다른 사람들을 표적으로 삼았는데 그는 인파 속으로 묻혀버렸다. 인파는 입구를 통과하여 투우장으로 들어갔고 황소들이 뒤따라 들어갔다. (『태양은 다시 뜬다』, 이한중 옮김, 한겨레출판, 2012, 268쪽)

잠든 삶을 흔들어 깨워라

일설에는 산페르민 주교가 소에게 치받혀 죽은 것을 계기로 이런 진기한 축제가 발원했다고도 한다. 하지만 소들이야 흥분해서 달린다지만, 도대체 무엇이 사람들을 이토록 목숨 내놓고 질주하게 했을까? 단지 재미로? 혹은 심심해서? 물론 그럴 수 있다. 하지만 또다른 그 무엇이 있지 않을까 싶다. 우리 역시 저마다 어린 시절에 질주했던 경험이 있다. 그 시절의 질주는 뭔가로부터 탈출하고 해방되기 위한 몸부림이다.

나는 무작정 뛰기 시작했다. 무지개를 잡으려는 아이처럼 나는 한길을 벗어나 논둑 밭둑길을 가릴 것 없이 뛰고 또 뛰었다. 몸이 뜨거워지고 숨이 목젖까지 차올랐다. 그러나 나는 죽어도 좋다고 생각했다. (…) 어느새 기분이 상쾌해지고 숨도 가쁘지 않았다. 나는 발이 땅에 닿지 않을 정도로 날듯이 뛰고 있었다. (…) 나는 그뒤부터 울고 싶을 땐 무작정 달렸다. 달리고 나면 몸도 마음도 한결 가벼워지는 걸 느낄 수 있었다.
(김주영, 『잘가요 엄마』, 문학동네, 2012, 126~128쪽)

어린 소년이 엄마의 재가^{再嫁}, 즉 다시 시집가는 현실 앞에 몸부림치며 그 악몽 같은 현실로부터 탈출하고 싶은 마음에 질주하듯 달렸던 것이리라. 분명 인간에게는 질주본능이란 것이 있다. 본래는 야생에서 다른 짐승에게 잡히지 않기 위해 혹은 적에게서 탈출하기 위해 질주했으리라. 하지만 더이상 몸으로 뛰지 않게 되자 오토바이, 자동차, 배, 비행기 등 다른 탈것을 이용해 자기 안의 질주본능을 대리 충족시키게 되었다. 물론 내 몸뚱어리로 혼신의 힘을 다해 질주하는 것이라야 진짜 질주다. 동네 뚝방길을 질주하든, 끝없이 펼쳐진 초원을 질주하든, 성난 소의 날카로운 뿔 앞에서 '걸음아 나 살려라' 하며 질주하든 모두가 진한 삶의 몸부림 아닌가. 결국 모든 질주는 살기 위한 몸부림 그 자체다. 그리고 여기서 멈출 수 없다는 자기 안의 아우성이 스스로를 다시 질주하게 만드는 것이리라.

　우리가 더이상 질주하지 않는 것은 몸이 둔해진 까닭도 있겠지만 무엇보다도 그럴 마음이 없어졌기 때문이다. 아니 삶이 가수면假睡眠 상태에 빠진 탓이라고 해야 옳을지 모른다. 오래된 옛 도시의 좁은 골목길을 성난 황소와 함께 목숨 걸고 질주하는 이들을 보며 우리 역시 때로 그런 광기 어린 질주를 통해서라도 가수면 상태로 잠든 삶을 흔들어 깨워야 하는 것 아닌가 하는 생각마저 든다. 자, 그렇다면 이제 다시 일어나 나를 깨우라. 내 안의 잠자는 질주본능을 깨워 이 너절한 세상을 관통하듯 질주하라!

내 안의 나침반을
믿고 나아가라
___

삶의 기로에서 방향을 잃었을 때
먼저 나쁜 자석들을 치우라
그리고 침잠해서 내 마음의 나침반을 보라

내가 마주한 팜플로나는 적막감에 휩싸였다고 해도 과언이 아닐 만큼 조용했다. 특히 '시에스타'(낮잠 자는 시간)여서 그랬는지 지나는 골목마다 쥐 죽은 듯 고요했다. 나다니는 사람은 나와 같은 이방인들뿐이었다. 난 딸에게 엽서를 부치려고 우체국을 찾아 이리저리 헤매다가 결국 우체통에서 우편물을 수거하는 사람을 통해 우체국의 위치를 알아내 어렵사리 찾아갔다. 그러나 아뿔싸! 우체국엔 그림엽서든 우편엽서든 엽서 자체가 없었다. 결국 나는 다시 엽서를 구하기 위해 팜플로나 시내의 골목골목을 헤매야 했다. 하지만 대부분의 상점들이 문을 닫고 있었다.

여행자 안내센터를 찾아가 어딜 가면 엽서를 구할 수 있는지를 문

자 팜플로나 지도 위에 표시를 해주었다. 다시 그곳을 찾아가 정말이
지 어렵사리 엽서를 구할 수 있었다. 이제 우체국으로 돌아가면 될 일
이었다. 그런데 엽서를 구하느라 너무 헤맨 탓에 다시 우체국을 찾아
가려니 이번엔 우체국 위치가 헷갈리기 시작했다. 골목골목이 비슷해
도저히 우체국을 찾을 수가 없었다. 결국 우체국도 다시 여행자 안내
센터를 찾아가 물어서 겨우 찾아갈 수 있었다. 우체국에 도착해 막상
엽서에 글을 쓰려고 하니 손이 다 부르르 떨렸다. 그도 그럴 것이 커
다란 배낭을 멘 채 중세풍의 미로를 헤매느라 몸은 땀으로 범벅 되고
점심도 못 먹은 터였다. 정말이지 일주일가량 시골마을만 전전하다가
조금 큰 도시로 나오자 완전히 헤매고 있는 자신의 모습이 차라리 측
은하게 여겨질 정도였다.

　엽서를 부치고 나자 이미 오후 3시가 훌쩍 지나 있었다. 햇살은 여
전히 뜨거웠다. 인적 드문 길에 나서니 태양이 너무 뜨거워 꼼짝하기
가 싫었다. 경험해보니 오후 1시에서 4시경까지 낮잠 자는 시간인 시
에스타는 게으름의 산물이기보다는 오히려 꼭 필요한 것이 아닐까 싶
은 생각마저 들었다. 마침 팜플로나의 고풍스런 구시가지를 벗어날
즈음해서 카페테리아에 들어가 늦은 점심을 먹었다. 그리고 거기서
한 시간 넘게 머물렀다. 해가 좀 누그러진 느낌이 들자 나는 다시 길
을 나섰다. 가능하면 빨리 이 도심을 벗어나고 싶었다. 다시 발걸음을
재촉했다. 도심의 끝자락에 있는 나바라 대학을 거쳐 해가 뉘엿뉘엿
져가고 있는 석양을 향해 걸었다.

　팜플로나를 지나 시수르메노르에 도착해 그곳 레스토랑에서 늦은

저녁을 먹은 후 알베르게에는 들어가지 않았다. 대신 레스토랑에서 머물다 산미겔 교회의 자정을 알리는 종소리를 듣고 밤새 걸을 작정으로 시수르메노르를 떠난 것은 정확히 자정이었다. 산티아고 가는 길에 나선 후 일주일쯤 지나자 힘들기도 했지만 걷다, 먹다, 자다를 반복하는 생활이 자칫 또하나의 매너리즘을 만드는 것 같았다. 그래서 이것을 한번 흔들기로 했던 것이다. 삶은 흔들어야 진짜가 나온다. 인생이란 때로 흔들어줘야 제대로 섞여 제맛을 내는 생과일주스나 마찬가지이기 때문이다. 하지만 비까지 추적추적 내리는 캄캄한 밤길을 머리에 쓴 조명등 하나에 의지해 그것도 전혀 낯선 땅에서 밤새 걷는다는 것은 거의 미친 짓이나 마찬가지다. 아니 실제로 미친 것이다. 하지만 때로 미쳐야 산다.

그런데 나를 흔들어 깨우려던 나의 야간 행보는 처음부터 뜻하지 않은 난관에 부닥쳤다. 그 밤에 나는 야간 조명등을 머리에 밴드로 부착한 후 바짝 긴장해서 산티아고 가는 길을 일러주는 노란 화살표만 찾으면서 나아가고 있었다. 그런데 어느 지점에 다다라서 보니 화살표 방향이 내가 가진 직관적인 방향감각과 사뭇 달랐다. 지금까지 걸어온 경로로 봐서는 왼쪽으로 가야 할 것 같은데 오른쪽으로 화살표가 그려져 있었던 것이었다. 하지만 화살표가 그쪽이니 어쩔 수 없이 방향을 틀었다. 그래도 약간의 의심이 들었다. 그러나 결국 계속 그 화살표를 따라 걸었다. 비는 추적추적 내리는데 밤이어서 화살표가 흰색인지 노란색인지 구분이 안 되었다. 산티아고 가는 길을 일러주는 화살표는 노란색이어야 하지만 이렇게 계속되는 화살표가 산티아고 가는 길을 지시하는 것 외에는 따로 있을 수 없겠다 싶어서 어느 순간부터는 긴장을 푼 채 그 화살표만 열심히 따라갔다.

그런데 이게 웬일인가. 그 화살표를 따라서 걷다보니 순간 낯익은 곳이 나타났다. 다름아니라 출발점이었던 산미겔 교회 앞이었다. 정말이지 귀신에 홀린 듯했다. 꿈을 꾼 것인지, 신이 나를 시험하시는 건지, 아니면 밤중이 위험하니 걷지 말라는 경고인지 도통 알 수가 없었다. 시계를 보니 새벽 1시였다. 정확히 한 시간 동안 약 5킬로미터 정도를 엉뚱하게 돌아서 다시 원점으로 온 것이었다. 한마디로 제자리에서 맴돈 셈이었다. 비는 주룩주룩 내리는데 참 허탈하다 못해 어이가 없었다.

하지만 나는 심기일전해 다시 걷기로 마음먹고 이번에는 더욱 신중하게 진짜 산티아고 가는 길의 노란색 화살표를 확인 또 확인하며 나아갔다. 그렇게 가다보니 내가 노란색 화살표를 놓친 곳이 있었음도 확인했다. 나는 엉뚱하게도 하얀색 화살표를 따라갔던 것이다. 도대체 거기에 왜 그런 화살표가 있는지는 지금도 알 수 없다. 어쨌든 내가 이 일을 통해 다시 확인한 것은 방향감각이 정말 중요하다는 점이었다. 때로 우리는 잘못된 화살표를 따라갈 수 있다. 아니 삶의 길, 곧 인생의 카미노에는 너무 많은 색깔의 화살표가 있을지도 모른다. 혹은 아예 화살표가 없을 수도 있다. 따라서 정말 중요한 것은 자신만의 방향감각이다.

근원적인 방향감각을 키우고 그것을 외면하지 않은 채 존중해야 제대로 나아갈 수 있다. 그날 밤 나는 그 잘못된 화살표가 일러준 방향

인생은 화살표만 따라가는 길이 아니다.
자기만의 방향감각으로 나아가는 것이다.
그것이 곧 내 안의 나침반이다.

이 왠지 의심스러웠지만 그냥 따라갔다. 그래서 낭패를 본 거였다. 그 때 좀더 의심해서 나아갔다면 그리고 내 안의 방향감각을 존중했다면 그런 낭패를 피할 수 있었을 것이다. 인생은 화살표만 따라가는 길이 결코 아니다. 대개의 인생길 위에는 화살표도 없고 그것을 표시해주는 지도도 없다. 오직 내 안의 자기만의 방향감각만을 가지고 한 걸음 한 걸음 나아가는 것뿐이다. 바로 그 자기만의 방향감각이 곧 내 안의 나침반인 셈이다.

사람에겐 저마다의 나침반이 있다. 하지만 그 나침반이 거의 작동하지 않을 때가 있다. 내 안에 나쁜 자석이 너무 많아 교란이 일어난 탓이다. 내 안의 나쁜 자석이란 곧 내 안의 오만, 교만, 불평, 불만 그리고 괜한 서두름과 거들먹거리는 게으름 같은 것들이다. 그러니 세상의 온갖 잡동사니를 내 안으로 끌어들여 교란을 일으키는 내 안의 나쁜 자석들을 미련 없이 버려야 한다. 그래야 내 마음의 나침반도 제대로 돌아가고 내 안의 방향감각도 오롯이 살아난다. 삶의 기로에서 어디로 가야 할지 모를 때는 먼저 나쁜 자석들을 치우라. 그리고 침잠해서 내 마음의 나침반이 가리키는 방향을 보라. 거기 나아가야 할 방향이 또렷하게 나올 테니깐.

나는
돈키호테다
—

이룰 수 없는 꿈을 꾸고
이루어질 수 없는 사랑을 하고
이길 수 없는 적과 싸우고
견딜 수 없는 고통을 견디며
잡을 수 없는 저 하늘의 별을 잡자
_돈키호테

한 번의 실수를 경험한 후 나는 침착하게 서둘지 않고 밤새 걸었다. 밤이긴 했지만 내가 지나는 길이 광활한 밀밭을 가로질러 산으로 오르고 있음을 알았다. 멀리 팜플로나의 주황빛 야경이 눈부셨지만 나는 그것을 뒤로한 채 어두운 산길을 두려움 없이 올랐다. 비는 내리다 그치다를 반복했다. 사리키에기라는 작은 산골마을을 지나다 좀 쉬었는데 이곳은 14세기에 페스트가 유행해 마을 전체가 폐허가 되었다가 되살아난 곳이었다. 거부의 샘이라 불리는 푸엔테 레니에가를 거쳐 어두운 산길을 계속 걸었다. 땅이 몹시 질었다. 마치 접착제를 발바닥에 붙여놓은 것만 같았다. 힘겹게 한 발 한 발을 떼어서 드디어 790미터 높이의 페르돈 고개에 닿았다. 새벽 4시 반이 넘어 5시를 향해 가고 있는 시간이었다.

어두웠지만 내 머리에 쓴 헤드램프에 비치는 뭔가가 거기에 있었다. 이상한 소리도 나고 붉은 불빛이 깜박깜박하며 점멸되길 반복하고 있었다. 섬뜩한 느낌이 들었지만 침착하게 좀더 가까이 다가가 보니 거기엔 거대한 바람개비들이 줄지어 돌고 있었다. 풍력발전용 바람개비였다. 그 순간 나는 돈키호테와 다를 바 없었다. 마치 들판에 늘어선 풍차를 보고 자신이 운명처럼 맞서야 할 거인들의 무리라고 생각한 채 돌진했던 라만차의 시골기사 돈키호테 말이다. 물론 나는 마르고 다리가 비틀어진 말일지라도 로시난테라는 애마를 타지도 않았고 종자從者 산초 판사를 데리고 있지도 않았으며 긴 창을 들거나 갑옷을 입고 있지도 않았다. 하지만 이역만리 낯선 땅에서 밤새 산을 올라 그 새벽에 산 위의 풍력발전용 바람개비 바로 앞에 서 있다는 사실만으로도 영락없는 돈키호테였다. 페르돈 고개 위의 돈키호테!

돈키호테는 풍차의 날개가 움직이자 풍차를 향해 "도망치지 마라. 이비열한 겁쟁이들아. 이 기사님께서 너희를 대적하러 왔노라" 하고 소리치며 전속력으로 애마 로시난테를 몰아 정면에 있는 풍차를 공격했다. 풍차의 날개를 향해 창을 찌르는 순간 풍차가 움직이면서 돈키호테와 애마 로시난테는 허공에 떠올랐다가 들판에 내동댕이쳐졌다.(미겔 데 세르반테스, 『돈키호테』, 박철 옮김, 시공사, 2004, 100쪽) 하지만 돈키호테의 모험은 그 처절한 패배에 굴하지 않고 또 그치지 않고 계속되지 않았던가. 나 역시 돈키호테가 된 심정으로 '슁~슁~슁' 바람 가르는 소리를 내며 돌아가는 거대한 바람개비를 마주 보고 섰다. 너무나 거대해서 마주 보았다기보다는 올려다보았다는 것이 맞을 것이다. 나는 그 바람개비를 거인으로 착각하지도 않았고 그것과 맞서 일합을 겨뤄야겠다고 생각하지도 않았다. 하지만 나는 그 바람 부는 페르돈 고개에서 이렇게 혼자 중얼거렸다.

"그래 이 밤에 난 미쳤다구. 그래서 밤을 새워서 이곳까지 올랐겠지. 미치지 않고서야 누가 이런 짓을 하겠어. 하지만 인생은 때로 미쳐야 해. 우리는 너무 안 미치는 게 탈이야. 하라는 대로, 가라는 대로, 판에 박히고 틀에 갇힌 채 매뉴얼대로만 해서 정말 문제인 거야!"

미쳐야 산다!
꿈꿔야 산다!

라만차의 시골기사 돈키호테는 분명 미친 늙은이였다. 하지만 그는 모두가 꿈을 포기한 채 현실이란 나락에 빠져 안주하고 있을 때 여전히 꿈꾸고 있었다. 사람들이 돈키호테를 비웃을 순 있어도 그의 꿈을 비웃을 순 없으리라. 하지만 사람들은 그의 꿈마저 조롱했다. 그럼에도 불구하고 돈키호테는 그의 꿈을 끝끝내 포기하지 않았다. 결국 그의 꿈을 좇아가는 지칠 줄 모르는 행적은 전혀 미치지 않은 채 그 어떤 꿈도 꾸지 않는 이들을 되레 부끄럽게 만든다. 이룰 수 없는 꿈을 꾸는 것이 미친 게 아니라, 꿈꾸기를 포기한 것이 진짜 미친 것이라는 아주 불편한 진실을 라만차의 돈키호테는 온몸으로, 온 삶으로 웅변하고 있기 때문이다. 돈키호테! 그는 정신 나간 미치광이가 아니라 다시없는 '꿈의 기사'였던 것이다.

그 꿈 이룰 수 없어도
싸움 이길 수 없어도
슬픔 견딜 수 없다 해도
길은 험하고 험해도
정의를 위해 싸우리라
사랑을 믿고 따르리라
잡을 수 없는 별일지라도
힘껏 팔을 뻗으리라
희망조차 없고 또 멀지라도
멈추지 않고 돌아보지 않고 가네
저 별을 향하여

소설 『돈키호테』를 뮤지컬화한 〈맨 오브 라만차〉의 주제곡 〈이룰 수 없는 꿈Impossible Dream〉이 페르돈 고개 위의 거센 바람에 실려 내 귓전을 때린다. 남이 보면 미친 것이 틀림없어 보일 나는 그 신새벽에 바람 부는 페르돈 고개 위에 서서 거대한 풍력발전용 바람개비를 맞서듯이 응시하며 또다시 외쳐본다.

"미쳐야 산다!"
"꿈꿔야 산다!"
"그래, 나는 돈키호테다!"

스스로를
용서하라

무엇이 가장 아픈가
무엇이 가장 고통스러운가
무엇이 스스로를 고뇌하고 번민하게 하는가
도대체 무엇이……

　페르돈 고개 위에 서자, 나 곧 '페르돈의 돈키호테' 눈에 또다른 희한한 것이 들어왔다. 다름 아닌 페르돈 고개 위에 세워져 있는 순례자들의 철동상이었다. 하나하나 한 명 한 명 세어보았다. 하나, 둘, 셋, 넷, 다섯, 여섯, 일곱, 여덟, 아홉…… 그 철동상에는 말과 나귀, 개마저도 있었다. 모두가 다른 모습이었지만 모두가 한 방향으로 걷고 있었다. 나는 순간 그 철동상을 카메라에 담고 싶어졌다. 하지만 사진을 찍기엔 너무 어두웠다. 동이 트려면 족히 한 시간 이상을 기다려야 했다. 칼바람, 황소바람이 부는 페르돈 고개 위에서 한 시간 이상을 버틴다는 것 역시 미친 짓임에 틀림없어 보였다. 그러나 나는 동틀 때까

페르돈 고개 위의 철동상 순례자들은 남녀노소 할 것 없이 그 누구도 웃지 않았다.
저마다의 삶의 고통과 고뇌를 짊어지고 말없이 걷고 있었다.

지 그곳에 있기로 마음을 정했다. 동틀 무렵 순례자들의 철동상을 카메라에 담고 싶어졌기 때문이다.

결국 그 바람 거센 페르돈 고개에서 동틀 때까지 한 시간 반가량을 버텼다. 바람이 너무 거세 해발 790미터 페르돈 고개는 상상하기 힘들 만큼 추웠다. 하지만 바람 피할 곳이란 아예 없었다. 나는 배낭 안에서 옷이란 옷은 모두 꺼내 겹쳐 입고 다시 침낭으로 몸을 둘렀다. 또 한번의 극한이었다. 나는 최대한 몸을 움직여 열을 내보았지만 세찬 바람 앞에선 부질없는 일이었다. 그러나 기어코 여명은 밝았다. 몸이 완전히 얼어붙어 그 차가운 땅속으로 가라앉을 지경이 되어서야 비로소 동이 트기 시작했다. 날이 흐려 해는 볼 수 없었지만 하늘의 색깔만큼은 검은색에서 회색빛을 띠더니 다시 서서히 붉은 기운이 어둠을 몰아내고 있었다. 그러곤 마침내 흰 점이 군데군데 박힌 파란 기운을 하늘 전체에 퍼뜨리며 아직도 주황빛 야간등이 켜져 있는 팜플로나의 하늘마저 뒤덮어버렸다.

나는 그 순간에 철동상 순례자들의 사진을 찍었다. 이쪽 방향, 저쪽 방향 할 것 없이 다양한 각도로 찍고 또 찍었다. 철동상 순례자들의 프로필도 하나하나 찍었다. 철동상 순례자들은 남녀노소 할 것 없이 그 누구도 웃지 않았다. 그냥 심각한 것이 아니라 거기엔 왠지 모를 아픔이 담겨 있다는 것이 느껴졌다. 저마다 삶의 고통과 고뇌를 짊어지고 말없이 걷는 철동상 순례자들! 카메라 프레임 안에 들어온 그 철동상 순례자들의 옆모습이 은연중 담고 있는 아픔과 고통 그리고 번민과 고뇌가 내게 고스란히 전해졌다.

그들 가운데로 나의 모습도 오버랩되었다. 아니 어느 순간 나 자신이 그 철동상 순례자 중 하나가 되었다. 철동상 순례자는 살아 있었다. 내가 그들이 담고 있는 아픔과 고뇌를 느끼는 만큼! 그들과의 동병상련[同病相憐]이 확인되던 그 순간 신기하게도 차디차게 얼어 있던 내 몸뚱어리에 다시 피가 돌기 시작하는 느낌이 들었다. 아울러 페르돈 고개의 철동상들도 마치 기지개를 펴고 다시 움직이는 것 같았다.

페르돈 고개 위의 철동상 순례자들 사이에 껴서 무거운 인생짐을 지고 이 언덕을 넘는 나 자신에게 나는 이렇게 물었다. "무엇이 가장 아픈가? 무엇이 가장 고통스러운가? 또 무엇이 가장 스스로를 고뇌하고 번민하게 만드는가? 도대체 무엇이……?" 곰곰이 생각해보니 그것은 다름아닌 자기 자신 때문이었다. 스스로의 자책이 가장 아팠다. 그 어떤 누구의 비난과 비판과 멸시와 조롱보다도 아팠다. 스스로의 자해가 가장 고통스러웠다. 오기인 줄 알면서 고집하며 끝끝내 스스로를 용서할 줄 모르는 내 안의 각박함이 가장 안타까웠다. 그리고 그런 자책과 자해를 떨치지 못하는 스스로의 모습이 모든 고뇌와 번민의 근원임을 알면서도 어찌할 바 모른 채 그냥 그렇게 가고 있는 자신의 모습에서 더할 수 없는 연민마저 느껴졌다. 정말이지 불쌍한 자신이 거기 있었다.

후회가 꿈을 대신하는 순간
늙기 시작한다

동이 트려면 가장 어두운 시간을 지나야 한다. 그때가 여명이요 미명이다. 정말 어둡다. 하지만 그것을 지나면 밝음이 몰려온다. 그 누구도 막을 수 없다. 이미 어둠은 밝음을 잉태하고 있었는지 모른다. 페르돈 고개에서 그 밝아옴을 기다리고 또 기다리며 나는 땅속으로 땅속으로 가장 차디찬 밑바닥으로 떨어졌었다. 단지 추운 것이 아니라 온몸이 얼어붙고 핏속까지 얼어버려 모든 순환이 정지하는 것 같았다. 하지만 기어이 동이 트고 이내 얼었던 것이 녹고, 나는 살아 있었다. 그 순간 정말이지 모든 게 용서가 됐다. 그 무엇보다도 나 자신이!

페르돈^{perdon}은 '용서'라는 뜻이다. 영어의 '파든^{pardon}'과 어원이 같다. '용서'라는 이름의 페르돈 고개 위에서 나는 또다시 울어야 했다. 그토록 스스로를 몰아세우듯 살아온 세월과 자신을 끌어안으면서. 물론 스스로를 몰아세우듯 살아온 그것이 나 자신을 깨어 있게도 했겠지만 또 한편으론 얼마나 힘들었겠나. 내 인생이. 이 지독한 주인 만나서!

스스로를 용서하는 것은 정말이지 쉽지 않다. 힘들다. 우리는 대개 스스로를 제대로 용납하지도 인정하지도 용서하지도 않는다. 언뜻 보면 스스로에게 엄격한 것처럼 보일는지 모르지만 그것은 결국 스스로를 옥죄고 불행하게 만든다. 스스로를 용서한다는 것은 지나온 나날 속의 모든 회한과 후회로부터 스스로를 자유롭게 하는 것이다. 더

이상 "그때 왜 그랬지?" "어째서 그렇게밖에 못했지?"라는 오래 묵은 자책에서 스스로를 사면하고 해방시키는 것이다. 그것이 없이는 삶이 더이상 숨 쉬기 힘들 테니까.

지미 카터는 자신의 의지와는 상관없이 56세라는 창창한 나이에 미국 대통령직에서 물러나야 했다. 그후 고향인 조지아 주 플레인스의 땅콩농장으로 돌아가 한동안 후회와 회한에 포박당한 삶을 살다가 어느날 문득 깨달았다. 아직 내 삶은 끝난 것이 아니라는 것을! 그렇다. "인생이란 점점 확대되는 것이지 축소되는 것이 아니다." 마찬가지로 사람은 나이가 들어서 늙는 것이 아니다. "후회가 꿈을 대신하는 순간부터 우리는 늙기 시작한다."(지미 카터, 『나이드는 것의 미덕』, 김은령 옮김, 끌리오, 1999, 87쪽, 168쪽) 이렇게 생각하기 시작한 그는 이미 스스로를 용서한 것이었다. 그리고 그 덕분에 다시 시작할 수 있었다. 그래서 그는 비록 현직 대통령일 때는 재선에도 실패한 무기력한 존재였지만 퇴임 후에는 그 어떤 자리에 있을 때보다도 심지어 미국 대통령직에 있을 때보다도 더욱 빛나고 가치 있는 삶을 살 수 있었다. 그 모든 것의 출발점은 스스로를 용서한 덕분이었다. 다시 제대로 살고자 한다면 누구나 스스로를 용서하는 일로부터 시작하지 않으면 안 된다.

산티아고 가는 길에 왜 '용서'라는 이름의 페르돈 고개가 있는지는 알 수 없다. 하지만 그 고개를 힘겹게 넘으며 스스로를 용서하고 오래 묵은 자책의 울타리를 치워버리는 순간 삶은 새로운 호흡으로 가득 차게 된다. 밤을 새워서 그 '페르돈(용서)'의 고개를 넘도록 이끈 신의 뜻을 이제야 알 것 같다.

사람에겐 얼마만큼의
땅이 필요한가?

비바크를 하고 난 아침, 새삼 발견한다
내가 누웠던 땅이 채 반 평도 안 된다는 걸
살면서 필요한 넓이는 고작 그만하다

　페르돈 고개를 내려오는 길은 가파르고 험한 자갈투성이였지만 한적하다못해 고즈넉하고 아름다웠다. 고개를 내려와 처음 마주한 마을인 우테르가의 알베르게에서 아침식사를 한 후 그곳에서 페르돈 고개를 바라보았다. 철동상은 보이지 않지만 풍력발전용 바람개비는 어렵지 않게 볼 수 있었다. 지난밤과 새벽에 걸친 야간산행이 꿈속의 일처럼 느껴졌다. 밤새 걸은 탓에 피곤이 몰려왔다. 결국 우테르가에서 하루를 머물렀다.

　다음날 닿은 곳은 시라우키였다. 마침 시라우키의 알베르게에서 매트리스를 구할 수 있었다. 누군가 짐이 무거워 내놓고 간 것이었다. 이런 매트리스를 피레네산맥을 넘을 때 갖고 있었다면 콜 드 르푀데 근처의 레퓨지에서 머문 첫날 밤에 등이 시려서 잠 못 이루는 일은 없었을 것이다. 그리고 페르돈 고개 위에서도 땅속으로 차디차게 꺼져가는 느낌 또한 덜했으리라. 여하튼 시라우키에서 구한 매트리스는 그후 산티아고 가는 길 내내 아주 유용하게 쓰였다. 무엇보다도 매트리스를 갖추게 되면서 야외의 노천에서라도 '비바크biwak'를 할 수 있게 됐다. 비바크란 텐트 없이 야외에서 자는 것을 말한다. 바닥에 판초를 깔고 그 위에 매트리스를 다시 깐 후 그 위에서 침낭 속에 들어가 자는 것이다. 그런데 '비바크'를 흔히 '비박非泊'이란 뜻으로 알아 우리식 한자어인 줄 생각하는데 실은 외래어다.

생장에서 출발해 산티아고 데 콤포스텔라까지, 그리고 다시 피니스테레에 이르기까지 900여 킬로미터를 47일에 걸쳐 걷는 가운데 지친 몸을 이끌고 날마다 낯선 잠자리를 찾아 들어가야 하는 일은 솔직히 그 자체로 몹시 성가시고 피곤한 일이 아닐 수 없다. 그래도 잠을 자야 다음날 다시 걸을 수 있으니 잠자리를 제대로 찾는 일은 걷는 일을 잘하기 위해 먹는 것 못지않게 중요하다. 근 50여 일에 걸쳐 거의 매일 바뀌는 잠자리를 위해 알베르게와 시골여관인 오스탈, 그리고 펜션과 호텔 등 다양한 숙박형태를 경험해봤지만 정말 최고의 것은 다름아닌 '비바크' 즉 '자연의 호텔'이었다.

내가 비바크를 자연의 호텔이라 부르는 이유가 있다. 첫째는 밤하늘의 별들을 보며 잠들 수 있기 때문이다. 세상의 그 어떤 호화로운 호텔의 조명보다도 아름답고 경이로운 것이 밤하늘의 별들이다. 그것을 온통 내가 품어내듯 독차지하며 잠드는데 더 무엇을 말하랴. 둘째는 세계 각국에서 온 온갖 코골이들이 만들어낸 불협화음에서 해방돼 풀벌레 소리, 바람 소리를 들으며 잠들 수 있기 때문이다. 알베르게에서 잠을 자려고 하면 가장 괴로운 것이 방이 떠나갈 듯 골아대는 코 고는 소리다. 정말 너무 심해서 귀마개를 해도 소용없다. 그것도 한 사람이 아니라 몇 사람이 코골이 합창을 시작하면 정말이지 돌아버릴 지경이 된다. 하지만 비바크를 하면 바람 소리, 풀벌레 소리 외에는 그 어떤 잡음도 없다. 그 자체로 청아하지 않은가. 셋째는 아슴푸레한 새벽공기를 순전하게 호흡하며 아침을 맡기 때문이다. 여럿이 함께 자는 알베르게는 말할 것도 없고 오스탈이나 펜션도 매우 오래된 집들을 개수한 것이 대부분인 까닭에 그다지 방 안 공기가 상쾌하지 못하다. 그러나 자연 속에서 잠을 자는 비바크의 경우엔 그 청정함이란 말로 다 할 수 없다. 특히 여명이 틀 때쯤 깨어나면서 호흡하는 자연의 공기는 정말이지 보약이 따로 없다.

내가 누웠던 땅의 넓이

47일 동안 산티아고 가는 길을 걷는 과정에서 나는 열흘 이상, 보름 가까이를 야외의 노천에서 비바크를 했다. 한번 그 비바크에 맛을 들이자 길을 걸으며 내가 누울 만한 자리가 있는지를 보는 것도 중요한 관찰사항이 되었다. 사람들은 낯선 이국땅에서, 더구나 아무도 없는 대자연 속에서 홀로 잠드는 것이기에 비바크를 하는 것이 무섭거나 두렵지 않냐고 묻는다. 게다가 짐승이라도 나타나면 어떻게 하냐고 되묻기도 한다. 물론 처음에는 약간의 두려움이 있을 수 있다. 하지만 한두 번 경험이 쌓이면 무섭고 두려운 것은 모두 사라진다. 사실 진짜 무서운 것은 사람이지 짐승이나 동물이 아니다.

　비바크를 하다 비를 맞은 적도 있다. 분명히 별을 보며 잠들었는데 새벽녘에 후드득후드득하며 비가 내리기 시작하는 것이었다. 처음에는 지나가는 비겠거니 생각하며 굳이 단잠을 깨고 싶지 않았다. 그런데 쏟아지기 시작하는 것이 아닌가. 그나마 나뭇가지가 어느 정도는 비를 막아줘 침낭이 몽땅 젖지는 않았다. 나는 침낭 안에서 그냥 계속 잠을 잤다. 어차피 비를 맞았기에 조금 젖으나 많이 젖으나 매한가지였기 때문이다. 침낭 안까지 비가 스며들면 그때 잠자리를 털고 일어나야겠다고 생각했다. 하지만 결국 30분도 채 안 돼 침낭 안까지 물이 스며들었다. 그제야 나는 자리를 털고 일어나 하나하나 젖은 물품들을 요모조모로 싸고 비닐봉지에 담아 배낭에 차곡차곡 쌓아 넣었다. 비가 주룩주룩 내리는 가운데 정말이지 한 치의 어긋남도 없이 차근차근 짐을 쌓았다. 다행히 트레킹화는 젖지 않게 잘 싸서 배낭 안에 넣고 대신 물에 젖어도 상관없는 샌들을 신고 우비를 걸친 채 방수커버를 씌운 배낭을 메고 머리엔 헤드랜턴을 켠 채 비 내리는 새벽 미명에 새길 걷기에 나선 적도 있다. 하지만 그런 상황이 짜증이 날 만도 한데 전혀 그렇지 않았다. 오히려 감사했다. 비를 맞으며 다시 걸으면서 노래를 흥얼거릴 만큼.

　그나저나 이야기가 흘러가다보니 정말 중요한 것을 지나칠 뻔했다.

산티아고 가는 길 최고의 잠자리는 다름아닌 비바크, 즉 자연의 호텔이었다.
밤하늘의 별과 풀벌레 소리 그리고 청정한 공기는 자연이 주는 최고의 선물이다.

비바크를 하고 난 아침에 판초를 걷고 매트리스를 접으면서 새삼 발견하게 되는 것이 있다. 내가 누웠던 땅의 넓이가 채 반 평도 되지 않는다는 사실이다. 대문호 톨스토이가 쓴 것 중에 「사람에겐 얼마만큼의 땅이 필요한가?」라는 글이 있다. 톨스토이는 그 글의 제일 마지막 구절을 통해 이렇게 말한다. "머리에서부터 발끝까지 그가 차지할 수 있었던 땅은 정확히 2제곱미터가량밖에 되지 않았다." 죽어서만이 아니다. 살아서도 대차 없다. 불후의 건축가 르코르뷔지에가 삶을 마감 지은 남프랑스의 마르탱 숲속 오두막과 헨리 데이비드 소로의 월든 호숫가의 오두막은 모두 4평 남짓이었다고 한다. 그렇다. 비바크를 하고 난 후 내가 누웠던 땅의 자국을 보면서 정작 살면서 필요한 그 넓이와 크기란 고작 그만하다는 것에 새삼 흠칫 놀라게 된다. 그런데도 우리가 사는 모습이란…… 왜 그리도 집착하고 욕심내는지. 더 말해서 무엇하랴.

팔여와
팔부족

족함을 아는 것이야말로 최고의 행복 비결이며
족함을 모르는 것은 병 중 가장 큰 병이고
불행 중 가장 큰 불행이다
족한 마음에 크고 작은 복이 깃드는 것 아니겠는가

시라우키를 떠나 로르카와 비야투에르타를 거쳐 에스테야에 도착한 것은 오후 늦은 시간이었다. '에스테야'(별이라는 뜻)는 그 이름만큼이나 빛나고 멋진 교회를 가진 아름다운 곳이었지만 그곳에서 머물 생각은 애초에 없었다. 이곳저곳 둘러보고 내친걸음에 발길을 이라체까지 이어갔다. 가랑비가 내리는 가운데 공짜로 포도주를 마실 수 있다는 그 유명한 이라체 수도원 근처 와인 양조장 벽 앞에 닿았다. 그 벽에는 조가비 모양으로 된 두 개의 밸브꼭지가 있는데 틀게 되면 하나는 물이 나오고 다른 하나는 와인이 나온다. 거기 이런 문구가 쓰여 있었다.

"순례자여! 산티아고까지 힘차게 가려거든
비노 한 잔을 들고 행운을 건배하라."

스페인에서는 와인을 '비노^{vino}'라고 말한다. 산티아고 가는 길을 걷
다보면 지천이 포도밭이고 그것들 중 대부분은 비노, 즉 와인을 제조
하는 데 쓰인다. 그래서인지 비노가 넘친다. 2유로, 즉 우리 돈 3000
원 정도면 웬만한 와인을 병째 마실 수 있으니 물값이나 와인값이나
별반 차이가 없다 해도 과언이 아닐 정도다. 정말 와인을 물처럼 마신
다. 이른바 '순례자 메뉴'라고 불리는 '메뉴 델 페리그리노'를 시키면
식사 외로 생수 한 병과 와인 한 병 중 택일해서 마실 수 있을 만큼 와
인이 물같이 흔한 곳이 스페인이다.

그래서일까? 이라체 수도원 근처 와인 양조장 벽에 공짜로 와인을
마실 수 있는 밸브를 설치해놓아도 스페인 사람들은 별반 관심을 갖
지 않는다. 실제로 공짜 와인에 열광할 스페인 사람은 아예 없다 해도
지나치지 않다. 보다 질 좋고 값싼 와인을 얼마든지 마실 수 있기 때
문이다. 공짜 와인에 관심 갖는 사람은 관광객이거나 외지인 순례자
들뿐이다. 그나마 평소 같으면 공짜 와인이 나오는 이라체 수도원 근
처 와인 양조장 앞이 사람들로 북적였을 터인데 늦은 오후 시간에 가
랑비까지 내려서인지 사람이 별반 눈에 띄지 않았다.

그때였다. 저쪽 구석에 개 두 마리가 서성이고 있는 것이 보였다.
그리고 그 옆에는 매우 남루한 차림의 청년이 혼자 서서 와인을 병째
로 들이켜고 있었다. 서로 눈이 마주치자 그가 내게로 다가와 말을 걸

었다. 그는 자신을 '프란체스코'라고 소개했다. 내가 아시시의 성인 프란체스코와 같은 발음이냐고 되묻자 그렇다며 이를 드러내고 웃으며 손뼉을 쳤다. 그는 자기 고향인 바르셀로나를 출발해 1년 6개월째 순례길을 계속 걷고 있다고 말했다. 바르셀로나에서 론세스바예스를 거쳐 북쪽으로 올라가 '북부 해안길'을 따라서 산티아고 데 콤포스텔라까지 갔다가 다시 '프랑스길'(산티아고로 가는 가장 대표적인 순례길)을 거꾸로 걸어오고 있던 중이라는 것이다.

근 1년 6개월여 동안 걷다 쉬다를 반복한 탓인지 행색은 남루하다 못해 '꾀죄죄'해 보였다. 게다가 개 두 마리와 동행하고 있어서 언뜻 보면 순례자라기보다는 노숙인이라고 해도 과언이 아닐 정도의 모습이었다. 하지만 비록 차림새는 남루했으나 그는 나름 여유가 있었다. 그는 자기 손에 쥔 살라미를 접이식 칼로 한 움큼 자르더니 내게 권했다. 아마도 그가 가진 것의 5분의 1은 족히 되었으리라. 솔직히 그리 내키진 않았지만 가난한 순례자가 마음을 써서 준 것이라 좀 질긴 듯한 그 살라미를 열심히 씹었다. 그런 가운데 프란체스코는 손짓 발짓 섞어가며 자신의 긴 순례 이야기를 펼치기 시작했다.

35세의 프란체스코가 산티아고 가는 길을 1년 반씩이나 걷는 진짜 이유를 나는 알 길이 없다. 아니 알 필요도 없다. 다만 종교적인 이유만이 아닌 것만은 분명해 보였다. 하지만 나는 그에게서 그 어떤 조바심도, 두려움도, 어두움도, 삶에 대한 비관이나 불만의 그 어떤 그림자도 엿볼 수 없었다. 그는 와인 한 잔에 족할 줄 알았고 우연히 만난 먼 나라에서 온 순례객과 스스럼없이 소통할 만큼 트여 있었다. 그는 자신의

남루하지만 생기가 넘치는 프란체스코를 바라보면서
삶의 여유는 마음의 족함에서 온다는 사실을 새삼 깨닫는다.

미래를 걱정하지도 않았고 가진 자들을 험담하지도 않았다. 그는 낙관적이었고 그 낙관의 바탕에는 족함을 아는 마음이 똬리를 틀고 있었다.

가랑비가 내리는 가운데 우리 두 사람은 오래된 친구처럼 마주 서서 이야기하며 한참을 있었다. 가랑비에 속옷 젖는다고 하지만 정작 그와 나, 우리를 적신 것은 한적한 여유로움과 알 수 없는 충족감이었다. 남루하지만 여전히 생기가 넘치는 그를 바라보면서 문득 삶의 여유는 물질의 풍요에서 오는 것이 아니라 마음의 족함에서 온다는 너무나 당연한 사실을 새삼 깨닫게 되었던 것이다.

족함을 모르고 죽은
두 도적 이야기

경기도 파주시 광탄면 용미리와 고양시 덕양구 고양동을 잇는 '혜음령'이란 고개가 있다. 서애 유성룡의 『징비록』을 보면 임진왜란 당시 선조가 한양에서 의주로 몽진蒙塵할 때 억수같이 퍼붓는 비를 맞으며 혜음령을 넘는 장면이 나온다. 옛날에는 한양에서 개성이나 평양, 의주 등 서북쪽으로 가려면 벽제역을 거쳐 혜음령을 넘어야만 했다. 한마디로 요충의 길목이었다. 그래서 도둑들도 극성을 부렸다.

그 혜음령에 예로부터 내려오는 두 도적 이야기가 있다. 옛날 두 도적이 고개를 넘던 사람들을 해치고 도적질을 해 빼앗은 장물들이 더이상 숲에 숨길 곳이 없을 만큼 많아졌다. 그러자 두 도적은 서로를 죽일 생각에 빠졌다. 물론 장물은 둘로 나눠가져도 충분했지만 두 도적은 그것을 나누는 것이 성에 차지 않았다. 그래서 둘 다 서로를 죽일 생각에 골몰했던 것이다. 어느 날 한 도적이 다른 도적을 죽일 요량으로 독이 든 술을 구하러 갔다. 그러자 다른 도적은 그가 돌아오면 단칼에 베리라 마음먹고 칼을 갈았다. 결국 독이 든 술을 갖고 오던 도적은 숲에 숨었다가 달려든 다른 도적의 칼을 맞고 목이 날아갔다. 하지만 그렇게 칼을 쓴 도적 역시 장물들을 독차지하게 된 것에 들뜬 나머지 흥에 겨워 무심결에 독이 든 술을 마시고 말았다. 결국 그 역시 죽었다. 족함을 모른 두 도적은 모두 죽고 말았다.

족함을 아는 자의 삶

그 혜음령에서 멀지 않은 곳에 명봉산이란 곳이 있다. 조선 중종 때 이조정랑, 동부승지, 황해도 관찰사 등을 지낸 김정국^{1485~1541}이란 사람이 기묘사화에 연루돼 억울하게 삭탈관직당하자 이곳으로 은거해 살며 이런 글을 남겼다.

토란국과 보리밥을 넉넉하게 먹고, 따뜻한 온돌에서 넉넉하게 잠을 자고, 맑은 샘물을 넉넉하게 마시고, 서가에 가득한 책을 넉넉하게 보고, 봄꽃과 가을 달빛을 넉넉하게 감상하고, 새와 솔바람 소리를 넉넉하게 듣고, 눈 속에 핀 매화와 서리 맞은 국화 향기를 넉넉하게 맡는다네. 한

가지 더. 이 일곱 가지를 넉넉하게 즐기기에 '팔여八餘'라 했네.

(안대회, 『선비답게 산다는 것』, 푸른역사, 2007, 43~44쪽)

그래서일까. 그는 '여덟 가지 넉넉함을 가진 사람'이라는 뜻에서 스스로를 '팔여거사八餘居士'라 칭했다. 명봉산의 팔여거사 김정국은 훗날 다시 등용되어 전라도 관찰사 등을 지내며 선정을 베풀어 당대에 칭송을 얻고 후대에 이름을 남겼다. 족한 줄도 모르고 장물을 독차지하려다 결국 둘 다 죽은 혜음령의 이름 모를 도적들과 억울하고 힘든 세월을 넉넉한 마음 하나로 이겨낸 팔여거사 김정국의 '팔자'를 극명하게 갈라놓은 것은 다름아닌 족함을 알고 모르고였던 것이다. 어쩌면 팔여가 있으면 팔자도 고칠 수 있는 것이 아닌가 싶다.

하지만 세상은 '팔여'보다는 '팔부족八不足'의 아우성으로 그득하다. 즉 "진수성찬을 배불리 먹고도 부족하고, 휘황한 난간에 비단병풍을 치고 잠을 자면서도 부족하고, 이름난 술을 실컷 마시고도 부족하고, 멋진 그림을 실컷 보고도 부족하고, 아리따운 여인과 한껏 즐기고도 부족하고, 좋은 음악 듣고도 부족하고, 희귀한 향을 맡고도 부족하다고 여긴다. 여기 한술 더 떠서 이 일곱 가지 부족한 게 있다고 한탄까지 하는 것이다."(같은 책, 44쪽) 이것이 말 그대로 '팔부족'이다. 족함을 모르는 것은 병 중 가장 큰 병이고 불행 중 가장 큰 불행이다. 역으로 족함을 아는 것이야말로 최고의 행복 비결이며 심신이 온전할 수 있는 근간이요 바탕이다. 자고로 족한 마음에 크고 작은 복이 깃드는 것 아니겠는가.

내 인생에서
자신을 가장 사랑한 시간

내 속이 울면 우는 대로
내 안이 웃으면 웃는 대로
화나면 화나는 대로
기쁘면 기쁜 대로
렛 잇 비

세찬 비가 내린 후 이라체에서 로스 아르코스로 가는 길에 쌍무지개를 만났다. 흔히 쌍무지개는 행운의 상징이라고도 하고 언약의 상징이라고 한다. 무슨 행운이고 무슨 언약일까? 나는 그런 알 수 없는 기대감과 함께 다시 빗길에 지친 몸과 마음을 추스르고 걸었다. 쌍무지개는 난생처음 보는 것이라 신기하기도 했거니와 힘들고 지친 발걸음에 새삼 힘이 나게 만들어줬다. 적어도 내게 길 위에서 만난 쌍무지개는 하늘이 내려준 격려와 박수였던 것이다.

그날 밤늦게 도착한 로스 아르코스의 한 알베르게에서 나는 식당에 홀로 나와 밤늦도록 글을 썼다. 원래 알베르게에서는 늦은 밤에 식당에 나와 있는 것이 허용되지 않는다. 하지만 나는 그날 밤 잠을 이룰 수 없었다. 피곤했지만 깨어 있고 싶었다. 그리고 글을 쓰고 싶었다. 그래서 아무도 없는 불 꺼진 식당으로 나와 탭을 열고 내 마음의 편린들을 적었다. 너무 늦게 알베르게에 도착해 저녁식사도 제대로 하지 못한 상황이었지만 배고픈 것도 잊고 글을 썼던 것이다. 써야 하기 때문에 쓰는 글이 아니라 내 마음이 쓰고자 해서 쓰는 글, 내가 쓰지 않으면 못 견딜 것 같아서 쓰는 글은 아무리 써도 피곤하지 않다. 정말이지 내 속이 내게 끊임없이 말하고 있는 것을 나는 받아 적다시피 했다.

지금 이 길을 걷는 나는 내 인생에서 나 자신을 가장 사랑한 시간이라고 생각한다. 언제 한번 자기 자신을 돌아본 적이 있었던가. 언제 한번 자기 속이 우는 이야기를 들어본 적이 있었던가. 언제 한번 자기가 왜 웃는지 자기가 지금 왜 이러고 있는지 자기 자신을 돌봐줘본 적이 있었던가. 산티아고로 가는 이 길 위에서 난 그래서 나를 가장 사랑한 시간이었다고 감히 말할 수 있다.

이 길을 걷다가 내 삶의 순간순간에서 느낀 느낌 그대로를 놓치고 싶지 않아 스마트폰에 녹음한 육성肉聲을 다시 들으니 나도 모르게 소름이 돋았다. 그리고 이 밤이 다 가기 전에, 그 느낌들이 빛바래기 전에 그것들을 말이 아닌 글로 다시 환원시켜 남기고 싶었다.

불안에서 비켜나
스스로를 내버려두라

솔직히 말해서 산티아고 가는 길을 걸으며 하루하루 힘들지 않은 날이 없었다. 하지만 나는 행복했다. 왜일까? 물론 그 무엇으로부터도 구속됨 없이 자유로웠기 때문이리라. 또한 그 어떤 시선으로부터도 해방돼 있었기 때문이기도 하다. 하지만 더 본질적으로는 그 어떤 덧칠도 없이 있는 그대로의 모습인 자기 자신과 대면하면서 내 속이 울면 우는 대로, 내 안이 웃으면 웃는 대로, 화나면 화나는 대로, 기쁘면 기쁜 대로 스스로를 기꺼이 용납하고 스스로의 그 어떤 것도 그저 내버려뒀기 때문이 아닐까. 한마디로 "렛 잇 비Let it be!" 했기에 행복했던 것이다.

내버려둔 것이 행복했다고? 그렇다! 사실 내버려두는 것만큼 힘든 일도 없다. 내버려둔다는 것은 단지 방치하는 것이 아니다. 그렇다고 모른 척하거나 외면하는 것도 아니다. 아예 잊고 지내는 것 역시 물론 아니다. 내버려둔다는 것은 본래 그것의 성질과 기운대로 움직일 수 있도록, 내 안의 힘이 원기 회복을 하도록 기다리고 배려하는 일이다. 그런 의미에서 내버려둔다는 것은 무관심한 것이 아니라 본래 생겨먹은 그대로의 기운과 성질을 회복해 자기다움을 되찾도록 만드는 보다 근원적인 자기 사랑의 한 방법이다.

하지만 내버려둔다는 게 생각만큼 쉽지 않다. 많은 경우에 사람들이 쓸데없이 분주한 것은 내버려두기를 못하기 때문이다. 그리고 쓸데

없이 분주한 까닭 뒤에는 어김없이 '불안'이란 것이 도사리고 있다. 자기 안의 불안을 떨치려고 이리저리 분주하게 움직이는 경우가 태반이다. 스스로를 내버려둘 수 있다는 것은 적어도 그 불안에서 한 발 비켜있을 때 가능하다. 아니 그 불안에서 벗어나 있을 때 비로소 내버려두기가 될 수 있는 것이다. 내버려둔다는 것이 행복할 수 있고 또 스스로를 사랑하는 것이 될 수 있는 까닭도 여기에 있다. '렛 잇 비'는 불안에 지지 않고 불안에 포박당하지 않을 때 비로소 가능하기 때문이다.

산티아고 가는 길을 걸으면서 내딛는 한 걸음 한 걸음은 '렛 잇 비' 그 자체였다. 노란색 화살표를 따라가지만 내 마음과 내 영혼, 아니 '나다운 나'는 더없이 자유로웠다. 스스로를 내버려두었기에, 스스로를 그 누군가와의 비교나 그 무엇인가와의 대비적 관계로부터 풀어놓았기에 그 어떤 세상의 잣대도, 그 어떤 세상의 굴레도 나를 재거나 가두지 못했다. 그래서 나는 행복했고 이 길을 걷는 발걸음 하나하나가 내 마음에 자국을 남기는 그 순간순간이야말로 나를 진정으로 사랑한 시간이었던 것이다.

이처럼 내 속이 토해내는 것들을 받아 적듯 글을 쓰다보니 새벽 2시가 훌쩍 넘었다. 그 새벽녘에 침대로 돌아와 잠자리에 들었다. 그리고 잠자다 말고 잠꼬대를 하면서 큰 소리로 웃었다. 그것도 두 번씩이나! 그 웃음소리에 나도 놀라 두 번씩 다시 깼지만 말이다. 하하~ 정말이지 내 속이 웃고 있었던 것이다. 행복했기에, 정녕 사랑했기에……

내딛는 한 걸음 한 걸음은 '렛 잇 비' 그 자체였다.
불안에 지지 않고 불안에 포박당하지 않을 때 비로소 내버려두기는 가능하다.

웃음!
인생을 바꾸는 마법
—

모든 소통에서 가장 위력적인 것은 웃음이다
웃음은 선순환한다
내가 웃으면 상대방도 웃는다

비아나의 밤거리는 아름다웠다. 특히 오래된 성벽 아래를 걸을 때는 아주 낭만적이었다. 일반적으로 알베르게는 밤 10시 30분 이후엔 문을 닫아버린다. 하지만 이날 비아나에서는 알베르게가 아닌 펜션에서 묵기로 했기에 늦은 밤에도 맘껏 나다닐 수 있었다. 교회 앞 광장에는 자정이 넘었는데도 문을 연 바르 겸 레스토랑이 있었다. 이른 저녁식사를 했던 터라 약간의 시장기가 발동해 안으로 들어갔다. 막 레스토랑 문을 닫으려는 분위기였다. 그래서인지 간단한 식사가 되느냐고 물으니 처음엔 안 된다고 했다. 하지만 내가 웃으며 다시 청하자 그쪽도 웃으며 맥주와 스페인식 오믈렛 그리고 하몽이 든 샌드위치를 내줬다. 내가 고맙다고 미소로 답하자 그는 손을 들어 내게 하이파이브를 하자는 시늉을 했다. 우리는 손바닥을 마주 치며 크게 웃었다. 이렇듯 그 어떤 상황이든 모든 소통에서 가장 위력적인 것은 미소와 웃음임을 그때 또 한번 실감했다. 오믈렛과 샌드위치는 양이 너무 많아 3분의 2는 싸달라 해서 가져와 다음날 아침식사로 대신해야 할 정도였다.

웃음은 선순환한다. 웃는 얼굴에 침 못 뱉는다는 말도 있지 않은가. 내가 웃으면 신기하게도 상대방도 웃는다. 아울러 싱긋 웃으며 "안녕하세요"라고 말하는 순간, 그 플러스의 파동이 상대방을 향했다가 다시 나에게로 돌아와 내 안의 잠재된 활력을 북돋운다. 이것이 웃음의 선순환이다. 매번 식사할 때마다 힘겹게 걸었어도 땀을 닦으면서 웃으며 식사를 주문하면 상대도 웃기 마련이고 나오는 음식에도 알게 모르게 그 웃음의 에너지가 담긴다.

웃음은
힘들수록 더욱 빛나는 보석이다

'인간의 모든 독을 제거하는 해독제'가 있다면 무엇일까? 다름아닌 웃음이다. 실제로 웃음은 인간의 면역체계를 강화시켜줄 뿐만 아니라 특히 인간의 마음독을 제거하는 탁월한 해독제다. 걷다보면 이런저런 지난 일에 대한 상념이 떠오르기 마련이다. 때로 씁쓸한 표정을 짓게 되는 경우도 있지만 그냥 나도 모르게 웃음이 '빵' 터지는 경우가 더 많다. 길을 걷다가 혼자 웃으니 그때 그 모습이 남들 보기엔 우스꽝스

웃음은 밝다. 웃음은 따뜻하다.
웃음은 활기차다. 그 웃음이 인생을 바꾼다.

럽기도 하겠지만 실은 바로 그 순간이 지난 일에 대한 해독 과정임은 더 말할 필요도 없다. 좋은 일이든 나쁜 기억이든 웃음 한 방에 날려 버릴 수 있다면 그 또한 멋진 일 아니겠는가?

잘 웃는 이들은 대개 건강하다. 그도 그럴 것이 웃음은 소화를 촉진하고 웃으면서 폐가 활짝 열리기 때문에 산소로 샤워하는 효과를 발휘한다고 한다. 실제로 한바탕 웃는 것이 에어로빅을 5분 한 것과 같은 효과를 갖는다고 말하는 이도 있다. 더구나 임상실험 결과에 따르면 웃음은 백혈구를 증가시키고 고통을 완화하며 뇌에서 알파파를 발생시켜 스트레스를 감소시킨다고 하니 웃으면 건강해지는 것은 틀림없는 사실인 셈이다. 그래서인지 몸과 마음이 건강한 사람일수록 웃음이 실하다. 이렇게 보면 웃음은 마음의 체조에 다름아니다. 웃으면 가슴이 열리고 마음이 펴지며 일들이 순탄해진다. 그래서인지 성공하는 사람들은 대체로 멋진 웃음을 갖고 있다. 산티아고 가는 길을 걸으며 만나는 이들도 대개 멋진 웃음을 갖고 있었다.

걷는 이들을 보면 대개 환하게 웃거나 미소를 머금으며 걷는다. 건강하다는 방증이다. 물론 그 어떤 이도 늘 웃을 수만은 없겠지만 그래도 평소에 많이 웃는 이의 표정은 어디가 달라도 다르다. 웃는 표정이 자연스럽고 건강하다. 하지만 웃지 않던 이가 웃으려고 하면 어딘가 어색하다. 꼭 맞지 않는 옷을 억지로 껴입은 듯한 느낌이다. 어떤 이들을 보면 웃는 건지, 우는 건지 구분이 잘 안 가는 사람이 있다. 웃음이 실實하지 못하고 빈貧한 것이다. 웃음이 실한 사람은 매사에 자신감이 넘친다. 당당하다. 자신감 없는 사람은 웃음도 없다. 자신감 있는 사람이 진짜 웃을 수 있다. 웃음이 빈한 사람은 뭔가 뒤가 있어 보이고 의뭉해 보여 온전히 믿을 수가 없다. 그래서 웃음은 그 사람의 매력 포인트가 되기 마련이고 웃지 않는 것은 그 사람의 실점 원인 중 하나가 되기 쉽다.

'무재칠시無財七施'라는 말이 있다. '돈 없이도 베풀 수 있는 일곱 가지 보시'라는 말이다. 그중 첫번째 덕목이 '화안시和顔施' 즉 '웃는 얼굴로 베풀라'는 것이다. 웃는 얼굴만으로도 남에게 베풀 수 있다. 웃는 얼굴은 남을 즐겁고 편안하게 할 뿐만 아니라 자신에게는 복이 된다. 산티아고 가는 길을 걸으며 나는 '화안시' 즉 웃는 얼굴로 베푼다는 것이 뭔지를 온몸으로 배우고 깨달았다. 그래서 '웃으면 복이 온다'는 말이 결코 틀린 말이 아님도 걸음걸음마다 확인했던 것이다.

개인적인 경험에서 보더라도 웃음은 어떤 난관도 뚫을 수 있는 힘이다. 제아무리 곤란하고 어려운 상황에 봉착해도 웃음은 내 안의 잠든 에너지를 살아나게 한다. 그리고 어느 순간 웃음은 부정적인 것들을 긍정적인 것들로 뒤바꿔놓는다. 더불어 웃음은 아무리 어려운 상황에서도 최선의 결정을 하게 이끈다. 그러니 아무리 힘들고 고달파도 웃을 수 없는 이유를 찾지 말고 웃을 수 있는 이유를 찾으라. 결국 웃음은 인생 역전을 가능하게 만드는 비장의 무기다. 나아가 웃음은 낙관적인 태도를 키워서 삶을 더욱 풍요롭게 만든다. 산티아고 가는 길을 걸으면서 힘들면 웃었다. 더 힘들면 더 크게 웃었다. 정말이지 웃음이 놀라운 파워라는 사실을 매 순간 확인하며 걸은 셈이다.

웃음은 밝다. 웃음은 따뜻하다. 웃음은 활기차다. 웃음으로써 사람이 밝아지면 호르몬과 뇌파의 파동이 좋아져 모든 일이 수월하게 풀려간다. 그 웃음이 인생을 바꾼다. 잘 웃어서 따뜻한 기운이 감도는 사람은 남에게 호감을 주기 마련이다. 그리고 그 호감의 관계가 일을 더욱 수월하게 만든다. 웃음으로써 활기찬 사람은 잠재력을 배가시키고 결국엔 꿈을 이룬다. 그래서 웃음은 인간이 가진 최고의 보석이다. 아울러 웃음 없이 진짜 부자가 된 사람도 없고 웃음을 가지고 정말 가난한 사람도 없다는 말이 사실인 것 같다.

　사실 우리네 삶에는 웃을 이유보다는 웃을 수 없는 이유가 훨씬 더 많다. 하지만 진짜로 웃을 줄 아는 사람은 최악의 조건에서도 웃는다. 아무리 힘든 상황에서도 웃을 이유를 찾기 때문이다. 그러면 끝내 이긴다. 그러니 밝게 웃자. 그러면 삶의 주름도 펴진다. 밝게 웃는 얼굴을 만드는 것 또한 일생 동안의 수행이라고 하지 않는가. 우리가 웃을 때 세상에는 또 한 송이의 꽃이 피는 셈이다. 그리고 우리 모두가 웃을 때 세상은 정말이지 아름다운 화원이 되는 것이다. 그러니 아무리 힘들어도 웃자. 억지로라도 웃자. 그렇게 웃으면서 웃음의 신비한 힘을 확인하자. 세상이 힘들수록 웃음은 더욱 빛나는 보석이 된다. 그것을 나는 산티아고 가는 길을 통해 또다시 확인한다. 웃음, 그것 하나만으로도 인생을 바꿀 수 있는 것이다.

하루의 힘을
기억하라

———

하루를 아끼고 사랑함은
과욕과 집착이 아닌
청빈과 비움에서 더욱 빛난다
모두에게 하루해의 길이는 같다
그 하루에 무엇을 담아내느냐에 따라 삶은 달라진다

로그로뇨에서 나바레테로 가는 길에 마주한 하늘은 정말이지 뭐라 표현하기 힘들 만큼 아름다웠다. 오랜만에 맑게 갠 하늘이라 더욱 좋았다. 그 하늘을 바라보며 "오늘은 또 어떤 하루가 펼쳐질까?" 하고 독백하듯 말하며 스스로 궁금해진다. 궁금함이 있다는 것은 설레는 것이고 설렌다는 것은 살아 있다는 것이다. 그때 문득 '애일愛日'이란 말이 머리를 스쳤다. 사랑 '애愛' 날 '일日', 말 그대로 '하루하루를 아끼고 사랑하라'는 의미가 담긴 말이다. 본래는 늙은 부모가 오래오래 사시길 바라는 마음에서 정말이지 남은 하루하루가 아깝다는 뜻을 담아 '애일'이라 한 것이지만 오늘에 와서는 하루하루 지나는 그 시간이 참으로 아까우니 제대로 시간을 잘 쓰라는 뜻으로 더 많이 통한다.

고등학교 1학년 시절, 솔제니친의 소설 『이반 데니소비치의 하루』를 읽고 스탈린 시대의 강제수용소에서의 단 하루의 일로 한 권의 결코 만만치 않은 소설을 쓸 수도 있다는 사실에 감탄했던 기억이 있다. 단 하루의 삶일지라도 그것은 한 권의 소설 이상을 탄생시킬 만큼 그 뭔가로 농축되어 있는 것이다. 하지만 어디 이반 데니소비치의 하루뿐이겠는가. 제임스 조이스의 소설 『율리시스』는 1904년 6월 16일 오전 8시부터 그다음날 오전 2시 반까지 하루가 채 안 되는 19시간여 동안 아일랜드의 더블린을 무대로 일어난 일들을 장장 800여 쪽에 25만여 단어로 담아낸 것이다. 사실 말이 800여 쪽이지 그것은 영어 원본의 경우이고 『율리시스』의 우리말 번역본은 해설을 포함해서 1300여 쪽이 넘는다. 정작 하루가 채 안 되는 시간 동안의 일을 묘사한 것인데 읽는 데는 몇 날 며칠이 걸릴지 모른다. 아니 몇 달 몇 년이 걸릴 수도 있다. 어쩌면 읽다가 접어둔 채 평생 걸려도 읽어내지 못할지도!

실제로 『율리시스』에 묘사된 그 하루가 누군가에게는 한평생의 숙제요 존재할 이유이며 삶 그 자체가 되기도 했다는 사실 앞에선 묘한 전율마저 느끼게 된다. 김종건 전 고려대 교수는 서울대 대학원 시절 원서강독 시간에 『율리시스』를 처음 만나 자신의 평생을 그 번역을 위해 바쳤다. 1968년 국내 최초로 『율리시스』를 번역한 김 교수는 20년 후인 1988년 다시 개정번역본을 냈고 또 한 해 모자란 20년 후인 지난 2007년에 세번째 번역본을 내놓았다. 번역 원고를 평생 고치고 또 고친 것이다. 어찌 보면 그는 자신의 평생을 소설 『율리시스』에 묘사된 하루와 고스란히 맞바꾼 셈이다. 그 하루도 채 안 되는 시간 동안의 일들을 우리말로 옮기기 위해 각고의 노력으로 평생을 바쳤으니 말이다.

어쨌든 25만여 단어 이상의 사연을 스펀지처럼 빨아들였다가 다시 뿜어낼 수 있는 하루의 힘, 그 하루의 저력은 무섭다못해 위대하지 않은가. 그래서일까? 아일랜드의 더블린에서는 매년 6월 16일을 '블룸스데이'라고 부르며 축제를 벌인다. 『율리시스』의 주인공 레오폴드 블룸의 이름을 딴 '블룸스데이'엔 블룸이 거닌 길을 따라 걷거나 그가 먹은 음식을 똑같이 먹는 이벤트를 펼친다. 그리고 더블린의 공영방송에선 아예 아침부터 서른 시간에 걸쳐 『율리시스』를 낭독한다. 이 모두가 내게는 '하루의 힘'을 웅변하는 것처럼 여겨진다. 이처럼 '하루', 즉 24시간=1440분=86400초는 얼마나 대단하고 위대한 것들의 은밀한 압축이요 함축인가. 그렇다. 하루는 위대함의 은밀한 압축이다!

내 마음의 애일당

그처럼 놀라운 하루하루를 아끼고 사랑한다는 '애일'의 마음가짐은 우리 삶에 깊이 뿌리내린 전통이었다. 실제로 옛날엔 '애일당愛日堂'이란 당호를 가진 집들이 꽤 있었다. 조선 중종 때의 문신이자 학자였던 농암 이현보^{1467~1555}의 별당이나, 조선 중기의 대학자인 고봉 기대승^{1527~1572}의 13세손인 기세훈 초대 사법연수원장 등 후세들이 기거하던 300여 년 된 고택 안에도 어김없이 '애일당'이 있었다. 농암은 꼭 500

년 전인 1512년 당시 이미 94세였던 노부老父를 위해 이 별당을 지었다. 본래는 낙동강 지류인 분강 기슭에 지었던 것이지만 안동댐이 세워지면서 영지산 자락으로 옮겨 지금에 이른다. 사실 90세가 넘은 나이란 당시로서는 상상하기조차 힘든 것이리라. 그럼에도 농암은 늙은 아버지가 나이들어감을 아쉬워하며 '하루하루를 아끼고 사랑한다'는 뜻에서 애일당이란 당호를 지었던 것이다.

그런가 하면 행정구역상으로는 광주광역시 광산구 광산동이지만 실은 전남 장성과 이어지는 국도변 너브실에 있는 기씨 댁 고택 내의 애일당은 비록 고봉이 살지는 않았지만 그의 고고한 기운이 흐르는 곳이다. 고봉이 누구던가. 26세나 연상인 퇴계 이황과 13년에 걸쳐 서신왕래를 하며 사단칠정四端七情을 논했던 조선의 거유巨儒 아닌가. 그 고택 뒤로 이어지는 오솔길을 따라가면 고봉 기대승의 유택幽宅이 있고 그가 젊은 시절 공부에 용맹정진했던 귀전암歸全庵이란 암자 터가 있기에 기씨 댁 고택, 특히 애일당엔 고봉의 기운이 가득하다. 그래서인지 기씨 댁 고택의 애일당 툇마루에 앉아 마당 안 연못에 햇볕이 들었다 사라지는 모습을 보노라면 정말이지 그런 기운 넘치는 하루하루가 그냥 지나가는 듯해 실로 아깝고 아깝다는 생각이 절로 든다.

또 강릉에서 북쪽으로 30리쯤 떨어진 곳에 교산蛟山이란 나지막한 야산이 있다. 그 언저리에 교산 허균1569~1618의 외가 터가 있다. 지금의 강릉시 사천면 사천진리 인근이다. 허균의 호가 교산인 것도 여기서 연유한다. 지금은 흔적 없이 사라졌지만, 『홍길동전』을 쓴 허균의 외가 터에도 애일당이 있었다고 한다. 허균의 외조부로 조선 중종 때

예조참판을 지낸 김광철이 집을 짓고 자신의 호를 따서 애일당이란 당호를 붙였던 것이다. 하지만 400여 년 넘는 풍상 속에 집은 온데간데없고 그 애일당 터에 허균의 호를 딴 교산시비詩碑만이 덩그러니 놓여 있다. 그 시비엔 허균이 임진왜란 때 피란길에서 돌아와 다 허물어진 애일당을 고쳐 짓고 살면서 지은 시 「누실명陋室銘」의 한 구절이 새겨져 있다.

> 반 항아리 차를 거우르고
> 한잡음 향 피우고
> 외딴집에 누워
> 건곤고금을 가늠하노니
> 사람들은 누실이라 하여
> 살지 못하려니 하건만
> 나에게는
> 신선의 세계인저

진정한 '애일', 곧 하루를 아끼고 사랑함은 과욕과 집착이 아닌 청빈과 비움에서 더욱 빛난다. 욕심 많은 이나 욕심 적은 이나 모두에게 하루해의 길이는 같다. 하지만 그 하루에 무엇을 담아내느냐에 따라 삶은 달라진다. 하루를 욕심으로 가득 채우면 삶은 나날이 피곤해지기 마련이다. 반면에 하루하루 욕심을 덜면 삶은 맑아지고 향기를 피우며 아름다워지는 법! 아울러 욕심 없는 하루하루가 되레 삶을 풍요롭게 만든다.

  자고로 시간은 시위 떠난 화살 같다. 제아무리 민첩한 이라도 붙잡기 힘들다. 제아무리 힘센 장사라도 세월 가는 것은 막아설 수도 없다. 그 어떤 절세의 미인도 가는 세월 앞에서는 어쩔 도리가 없잖은가. 그래서 예로부터 사람들은 '애일'을 얘기했는지 모른다. '하루하루를 아끼고 사랑하라'고!

길 위에서 만난
성자들

—

나는 과연 누군가의 찢어진 옷을 꿰매준 적이 있던가
나는 과연 누군가에게 따끈한 수프 한 그릇을 내어준 적이 있던가

산티아고 가는 길은 적어도 내겐 거대한 고독의 시공간이었다. 어떤 날은 하루 종일 묵언수행하듯 걷기만 했다. 하지만 걷는 길 위에서 우연히 만난 누군가로부터 가슴 먹먹해지는 감동과 울림을 받은 경우도 적잖았다. 사람은 만남을 통해 자란다고 했다. 산티아고 가는 길을 걷던 중에 만난 이들을 통해 나는 이 나이에도 또 자랐다.

옷 수선집 아저씨
엘리아스 깔보

나바레테라는 작은 마을 입구에 옷 수선하는 곳이 있었다. 길을 걷

다가 가시덤불에 잘못 들어가 겉옷이 여기저기 찢어졌다. 찢어진 곳은 예닐곱 군데나 되었는데 대부분 진창길을 피해 길가의 풀이 우거진 쪽으로 들어갔다가 사람 키 높이까지 웃자란 가시나무에 찔려 여지없이 찢어진 것들이다. 이를 꿰매려고 그곳 문을 열고 들어섰다. 군데군데 찢어진 겉옷을 벗어 짜깁기식으로 수선을 부탁했다.

키가 190센티미터는 족히 될 것 같아 보이는 옷 수선집 주인은 재봉틀 앞에 구부정하게 앉아 내 옷을 받아 깁기 시작했다. 그는 거기서 그치지 않고 좀 지저분하게 기워졌다고 생각되는 곳엔 이런저런 문양을 덧대주기까지 했다. 작은 일감이지만 정성을 다해주는 모습이 참 고마웠다.

그런데 막상 옷 수선이 끝난 뒤 수선비를 내려고 하자 손사래를 치며 한 푼도 받지 않는 것이었다. 산티아고 가는 길을 걷는 순례자에겐 돈을 받을 수 없다는 것이었다. 그리 넉넉해 보이지도 않는 형편 같은데 말이다. 그러곤 오히려 내게 사과 두 개를 내어주며 배고플 때 먹으라는 것이었다. 정말이지 고마워서 눈물이 날 지경이었다.

고마움과 겸연쩍음마저 뒤엉킨 상태에서 눈엔 눈물이 그렁그렁한 채 서 있던 내게 그는 이런저런 편지와 사진 들을 꺼내 보여줬다. 편지와 사진들은 나처럼 길 가던 순례자들이 옷 수선집에서 공짜로 옷을 기워입고 긴긴 노정을 모두 마친 후 각자의 나라와 고향으로 돌아가서 지난 일들을 돌이켜보다가 고마워서 보내온 것들이었다. 특히 어느 일본인은 일본어로 쓴 편지를 영어와 스페인어로 다중 번역까지 해서 부쳤다. 모두가 이 옷 수선집 키다리 아저씨한테 감동받은 사연이었다.

옷 수선집 키다리 아저씨는 내게 '자폰'이냐고 물었다. 일본 사람이냐는 뜻이었다. 내가 '대한민국, 코리아'에서 왔다고 답하자 가게 구석에 놓인 커다란 책 한 권을 들고 왔다. A,B,C……항목별로 정리된 우표수집책이었다. 그는 그것을 펼쳐 우리나라 우표를 보여줬다. 그 옆 칸에는 북한 우표도 적잖았다. 나는 이것들을 모두 직접 모은 것이냐고 묻자 옷 수선집 키다리 아저씨는 그렇다고 답했다. 그러면서 자신은 평생토록 이 마을을 떠나본 적이 없기에 이렇게 세계 각국의 우표를 수집해보면 비록 그곳을 직접 가보진 못했어도 다녀온 느낌이 든다고 말했다. 평생 옷 수선집 일에 매여 마을 밖으로조차 변변히 나가보지 못한 그에게 우표수집은 또하나의 세계여행이었던 셈이다.

그 옷 수선집 키다리 아저씨의 이름은 훌리안 엘리아스 깔보였다. 스페인말로 '깔보'는 대머리를 뜻한다. 그래서 흔히 '깔보'라고 하면 대머리를 연상하지만 그는 대머리도 아니었고 되레 머리숱이 많은 편이었다. 나는 두고두고 그의 이름을 기억하기로 마음먹었다. 그는 평생을 조그마한 재봉틀 하나 붙들고 살아왔겠지만 내가 보기에 그는 그야말로 '일상 속의 성인聖人'이었다. 그래서 '산 훌리안 엘리아스 깔보'라고 불러야 마땅할 만큼! 그래서인지 더 크게 느껴진 그와 깊은 포옹을 하고 옷 수선집을 나서며 나는 스스로에게 되물었다. '나는 과연 누군가의 찢어진 옷을 아무런 대가를 바라지 않고 꿰매준 적이 있었던가?'

감동은 작은 데서 나오나 세상을 움직일 만큼 커진다.
그 감동은 자기 것을 작든 크든 내어놓는 것에서 나온다.

천국의 수프를 끓여준
로베르토 베라

　다시 나바레테의 골목길을 지나는데 시에스타 탓인지 마을 안 골목길은 쥐 죽은 듯 조용했다. 내 발소리를 내가 들을 만큼! 마을의 한적하다못해 적막하기까지 한 골목길을 걷는데 내 시선에 순례자를 위한 '베드 앤드 브렉퍼스트' 즉 B&B라는 걸개가 걸린 집이 들어왔다. 게다가 문까지 열려 있어 기웃거리다 들어가봤다. 가만 들여다보니 왠지 범상치 않은 '필'이 느껴졌다. 화려하진 않지만 결코 섣부르지도 않은, 그러면서도 삶 속에 녹아난 예술적 감성이 가득한 집이었다.

　그때 2층에서 주인인 듯한 사람이 나타났다. 나는 그에게 단지 구경 좀 할 생각이라고 말했다. 그러자 그 집 주인은 환영한다면서 2층, 3층도 구경하겠느냐고 되물어왔다. 나는 그러겠다고 말한 후 집 구경을 시작했다. 그 집 주인은 화가이자 건축가인 로베르토 베라라는 사람이었다. 그는 베네수엘라에서 태어났지만 독재자 '차베스'가 싫어서 부모의 고향인 스페인으로 건너와 시골마을 나바레테에 정착한 사람이었다. 이 집은 그가 다 허물어지다시피 한 빈집을 구해 자신만의 감각으로 완전히 탈바꿈시켜놓은 것이었다. 2층과 3층까지 집 구경을 하면서 나는 정말이지 그 집에 반해버렸다. 심지어 본래 나바레테에서 머물 생각은 아예 없었는데 문득 그 집에서 하루를 묵고 싶어졌다. 조금 더디게 가더라도 이렇게 예술적 감성이 넘실대는 곳에서 하루쯤 머무는 것도 산티아고 가는 길의 작지만 소중한 경험이고 기쁨이라 생각했기 때문이다. 그도 내 마음을 읽었는지 내게 채광 좋은 방을 권했다. 그러곤 그 집의 거실에서 책을 봐도 좋고 다이닝룸에서 와인을 들어도 좋으니 맘껏 자기 집처럼 쓰라고 하는 것이었다. 물론 공짜는 아니었다. 하지만 세 사람 정도가 쓸 공간을 혼자 쓰도록 배려해준 것이다.

사람들로 쉴새없이 북적대는 알베르게와 혼자만의 영역이긴 했지만 왠지 고립되고 답답했던 오스탈을 전전하던 생활에 다소 이력이 난 내게 그곳은 신선하다못해 목마른 이를 위한 오아시스 같았다. 나는 집처럼 편안한 거실에서 책을 보다가 늦도록 그곳에서 글을 썼다. 그런데 자정이 다 되어가는데 베라 씨가 나에게 수프를 끓여 내주는 것이었다. 사실 이른 저녁을 한 탓에 좀 출출하다 싶었는데 어떻게 내 마음을 알았는지 그 밤에 수프를 끓여서 내주는 것 아니겠나! 하룻밤 지나가는 나그네 같은 손님일 뿐인 내게 그것도 공짜로 말이다. 그는 나를 단지 돈 받고 방을 내준 손님으로만 여긴 게 아니었음이 분명했다. 어쩌면 자기의 예술세계를 알아봐준 친구라고 여긴 게 아니었을까 싶다. 하지만 그럼에도 불구하고 그 늦은 밤에 굳이 수프까지 일부러 끓여 내준다는 게 결코 쉬운 일은 아니지 않은가. 그래서 정말 고마웠다. 그 수프를 한 스푼 뜨면서 나도 모르게 눈물이 날 만큼! 그리고 스스로에게 되물었다. '나는 과연 누군가 허기진 이에게 따끈한 수프 한 그릇 끓여줘본 적이 있었던가?' 하고.

세상을 움직이는
감동의 씨앗

깔보 씨와 베라 씨를 만났던 나바레테에는 마을 규모에 어울리지 않는다 싶게 큰 교회가 마을의 제일 높은 언덕 위에 자리잡고 있었다. 이름하여 '성모승천교회'다. 규모만 크고 웅장한 것이 아니었다. 그 교회 안으로 들어가 보면 온통 금으로 뒤덮여 있다시피 할 만큼 화려함의 극치였다. 하지만 나는 그 성모승천교회를 보면서는 그다지 감동이 없었다. 진짜 감동을 옷 수선집 키다리 아저씨인 깔보 씨와 남들 눈에는 그저 평범한 펜션 운영자로밖에는 보이지 않을 숨은 예술가 베라 씨에게서 받았기 때문이다. 진정으로 나를 감동시킨 것은 나의 찢어진 옷을 대가를 바라지 않고 꿰매준 이였고, 늦은 밤 내게 마음에서 우러난 수프 한 그릇을 끓여 내준 이였다.

과연 나는 누군가의 찢어진 옷을 꿰매준 적이 있었던가. 나는 과연 늦은 밤에 누군가에게 따끈한 수프 한 그릇을 내놔본 적이 있었던가. 누군가를 위해 계산 없이 자기 것을 내놓는다는 것은 참으로 아름다운 일이다. 아니 그 자체로 위대한 것이다. 난 그것을 잊고 살아왔다. 나는 그동안 온통 '나. 나. 나……'뿐이었다. 내가 수프 한 그릇에 울 수밖에 없었던 것은 내가 단지 배고팠기 때문만이 아니었다. 내가 찢어진 옷을 꿰매준 것에 감동할 수밖에 없었던 것은 내가 더이상 갈아입을 옷이 없었기 때문이 아니었다. 언뜻 보면 작다싶은 그 일, 그 사건 속에 감동의 씨앗이 담겼기 때문이었다. 감동은 작은 씨앗이 터지며 나온다. 하지만 그것은 이내 큰 울림이 되어 다가온다. 바로 그것이 나를 속에서부터 울린 것이다. 그것이 나를 부끄럽게 만들고 내 안의 나로 하여금 좁다란 나를 틀 벗고 어제와 다른 나를 새롭게 만들자고 다짐에 다짐을 거듭하게 만든 것이었다. 나는 그날의 감동과 나의 고백을 내 딸에게 보내는 엽서에 고스란히 담았다.

사랑하는 내 딸 지한에게

아빠는 눈보라 치는 피레네도 넘고 태양이 작열하는 길도 지났단다. 때로 폭우 속에 걷고 모래바람 이는 광야를 지나기도 했지. 하지만 그 어떤 난관의 돌파보다도 놀랍고 위대한 것은 누군가를 감동시키는 것이란 점을 깨닫는단다. 감동에는 크고 작음이 없어. 모든 감동은 작은 데서 나오지만 세상을 움직일 만큼 커진다. 사실 사람을 감동시키는 것만큼 아름다운 게 이 세상에 또 있겠니? 사람을 감동시키는 것이야말로 가장 아름다운 것이란다.

내 딸아! 너도 세상을 감동시키는 사람으로 자라거라. 그것이 아빠의 바람이고 또 네가 이 세상에 태어나 가장 멋지게 되는 거야. 언젠가 먼 훗날 네가 아빠 나이 비슷한 때에 이 길을 걷게 된다면 아빠가 경험했던 이 감동을 너의 길에서도 느끼고 배우기를 바란다. 물론 그 감동은 내가 다 전할 수 없는 거란다. 네가 너의 두 발과 가슴으로 이 길을 걸음으로써 스스로 얻게 되고 알게 되고 배우게 되며 그것을 너의 것으로 만들 수 있을 거다. 아빠는 다만 그 진실을 알려줄 뿐이란다. 그때 아빠가 걸었던 발자국은 사라졌겠지만 너를 생각하며 걸었던 마음의 자취만은 이 길에 남아 있을 거야. 사랑한다.

그렇다. 감동은 작은 데서 나오나 세상을 움직일 만큼 커진다. 그리고 사람을 감동시키는 것이야말로 세상에서 가장 아름답고 위대한 것이리라! 그 감동은 자기 것을 작든 크든 내어놓고 남을 돕는 것에서 나온다. 꼭 10년 전에 읽었던 『골퍼와 백만장자』라는 책에서 실패와 좌절로 무기력증에 빠진 어느 골퍼에게 인생을 성공으로 이끈 원리를 터득한 한 백만장자가 이렇게 말했다. "우리가 존재하는 이유는 나아지는 것이고, 남을 도움으로써 우리는 진화하는 것"이라고. 그것이 진정한 나눔이다. 나는 과연 누군가의 찢어진 옷을 대가 없이 꿰매주듯, 허기진 이에게 대가를 바라지 않고 따끈한 수프를 끓여 내주듯 이름 모를 이에게 내 것을 아낌없이 내어준 적이 있었던가. 단지 그러지 못했다는 것을 자책하는 것만으로는 안 된다. 내가 이제는 그렇게 해야 하리라. 그래야 나도 작지만 어느 구석에선가 세상을 감동시키는 사람으로 존재하며 또 나아가지 않겠나.

풀과 바람이
사랑하더라

한쪽에서 또다른 한쪽으로
기울며 흐르는 게 사랑이다
'기우뚱한 균형'을 잡아가는 것
그것이 사랑 아닐까 싶다

 나바레테를 떠나 들길과 도로를 번갈아 7.5킬로미터가량 걷다보면 나헤라로 가는 길에 벤토사라는 작은 마을이 나온다. 너무 작고 보잘 것없어 보여 대개는 그냥 지나쳐 나헤라로 직행하지만 나는 점심도 먹을 겸 벤토사로 들어갔다. 마을 위쪽의 작은 교회는 소박했지만 아름다웠다. 바람과 햇살이 길 걷는 나에게 번갈아 말을 걸어왔다. 나는 햇살보다는 바람의 말에 귀 기울이듯 바람이 이끄는 방향으로 발걸음을 옮겼다. 바람이 잠시 머문 곳에 작은 레스토랑이 반쯤 열린 문으로 나를 반겼다. 머뭇거릴 틈새도 없이 다시 바람이 이끄는 대로 안으로 들어가 레스토랑의 창가 옆자리에 짐을 풀고 앉았다. 레스토랑 안에 손님이라곤 나 혼자뿐이었다. 고요하다못해 적막하기까지 한 탓인지 바람 소리가 더 크게 느껴졌다. 그 바람 부는 언덕 위의 작은 시골 레스토랑에서 점심을 먹었다. 오늘따라 유난히 바람이 거세다. 풀이 바람보다 빨리 눕는다고 어느 시인이 말했던 것이 떠올라 창밖으로 바람에 흩날리는 풀들을 유심히 봤다. 하기야 바람이 불고 나서 풀이 눕는 것이 자연의 이치겠지만 정말이지 내 눈에도 풀이 먼저 눕는 것 같았다. 아니 풀이 먼저 누웠다!

풀이 눕는다
비를 몰아오는 동풍에 나부껴
풀은 눕고
드디어 울었다
날이 흐려서 더 울다가
다시 누웠다

풀이 눕는다
바람보다도 더 빨리 눕는다
바람보다도 더 빨리 울고
바람보다 먼저 일어난다

날이 흐리고 풀이 눕는다
발목까지

발밑까지 눕는다

바람보다 늦게 누워도

바람보다 먼저 일어나고

바람보다 늦게 울어도

바람보다 먼저 웃는다

날이 흐리고 풀뿌리가 눕는다

　김수영의 시 「풀」 전문이다. 사람들은 흔히 김수영의 시를 저항시라 하여 '풀'을 민초로, '바람'을 권력으로, 다시 말해 대립적인 관계구도 속에서 해석한다. 하지만 군이 그렇게 거창한 의미부여를 하거나 대립적인 관계에서 읽지 않아도 김수영의 시 「풀」은 읽는 이의 마음 따라 얼마든지 새롭게 읽힐 수 있다. 그래서 시다. 아니 시란 본래 그래야 한다. 나는 왠지 김수영의 시 「풀」을 이제는 민초와 권력의 대립이란 단선적인 구도에서 해방시켜 애증 혹은 사랑이란 주제로 읽어도 좋겠다는 생각을 갖는다. 설사 그것이 작가의 본래적인 의도에는 없던 생각일지라도, 아니 그에 반하는 것일지라도 풀과 바람을 민초와 권력의 대립구도에서가 아니라 서로 애증의 관계 속에서 줄다리기하는 사랑의 테마로 읽을 수도 있는 것이 살아 있는 시의 생명력이 아닐까 싶다.

　애증 혹은 사랑이란 주제의 관점에서 보면 김수영의 시 「풀」에 등장하는 풀과 바람은 연인일 수도, 부부일 수도, 부모 자식 간의 사랑의 관계일 수도 있다. 본래 사랑은 평등하지 않다. 꼭 균형이 맞지도 않다. 왠지 기우뚱한 것처럼 보이기 일쑤인 것이 사랑이다. 서로가 서로에게 하나도 밑질 것 없어 보이는 사이는 사랑이 아니다. 그건 자칫 거래다. 둘 사이가 어느 쪽으론가 기울어야 사랑이다. 기우는 쪽으로 사랑은 흐른다. 부모에게서 자식으로, 사랑하는 쪽에서 사랑받는 쪽으로, 한쪽에서 또다른 한쪽으로 그렇게 기울며 흐르는 게 사랑이다. 하지만 항상 한쪽으로만 기울지 않는다. 살다보면 기우는 방향이 정반대로 바뀌기도 한다. 마치 바람이 이리저리 불듯이 말이다! 그러면서 '기우뚱한 균형'을 잡아가는 것! 그것이 사랑 아닐까 싶다.

기울어야 사랑이다

풀이 눕는 것은 바람 때문이다. 하지만 그 풀이 누우면서 일으키는 작고 미세한 떨림과 진동이 되레 어느 순간 또다른 바람이 되고 태풍이 될 수도 있다. 뉴욕에서 나비가 날갯짓한 것이 태평양에서 태풍을 일으킬 수 있다는 에드워드 로렌츠의 '나비효과'가 진실이라면 풀잎의 미세한 떨림 역시 종국에는 태풍 이상의 것을 만들 수 있다는 것 또한 사실 아니겠는가. 그렇다면 일방적인 것은 없다. 이쪽으로 흐르면 반드시 그 반대로도 흐르는 게 사랑이고, 바람이 풀을 떨리게 했다면 언젠가는 그 풀의 떨림이 더 큰 바람의 근원지일 수도 있는 것이리라. 이처럼 모든 것, 모든 관계는 서로 이어져 있고 서로 연관돼 있다. 그렇게 얽혀 있는 가운데 사랑은 그 연쇄적인 관계의 충돌 위에서 기우뚱한 균형을 잡으며 존재한다. 아니 그렇게 기우뚱하며 나아간다. 사랑은 한쪽으로만 기우는 것이 아니라 끊임없이 이리로 또 저리로 기울면서 움직이고 나아간다.

　바람은 때로 제멋대로다. 하지만 풀은 그 제멋대로 부는 바람을 온몸으로 맞으면서 눕고 또다시 일어선다. 그러면서 운다. 때로는 바람에 앞서 운다. 우는 바람 소리보다 더 빨리 풀들이 운다. 그리고 바람보다 더 빨리 일어선다. 풀은 적당히 눕지 않는다. 때로 발목까지 아니 발밑까지 눕는다. 하지만 바람은 풀을 꺾지 않는다. 이내 방향을 바꿔 다시 일으킨다. 풀도 바람이 자신을 분질러버리지 않는다는 것을 안다. 풀과 바람은 그렇게 서로를 울리면서 온 세계 온 우주를 떨리게 만든다. 그러고 보니 '떨림!' 그것이 사랑이지 않은가.

　벤토사의 한적한 시골 레스토랑에서 풀과 바람이 서로를 보듬다가 내치고, 다시 속삭이듯 살랑이다 갈라서고, 누웠다가 또다시 일어서는 것을 쉼 없이 반복하는 모습에 푹 빠져 있던 나는 바람 부는 레스토랑을 나와서 다시 걷는다. 길가의 풀들이 바람 속에 누웠다 섰다를 반복하며 내게 말을 걸어온다. 풀들의 목소리는 한결같았다.

우리는 바람과 다툰 적 없어요. 우리는 바람과 싸운 적 없어요. 바람은 우리의 적이 아니에요. 우리는 바람을 사랑해요. 바람이 없다면 우리가 어떻게 하늘거리며 춤출 수 있겠어요. 사람들은 꼼짝도 않는 우리를 죽었는 줄 알 거예요. 그래서 뿌리째 뽑아버릴지도 모르죠. 하지만 바람 덕분에 사람들은 우리가 살아 있다는 걸 알잖아요. 그러니 바람 없이는

밑질 것 없어 보이는 사이는 사랑이 아니다.
그건 자칫 거래다.
어느 쪽으론가 기울어야 사랑이다.

살 수 없어요. 단 하루도! 그렇다고 바람을 단지 필요 때문에만 사랑하
는 게 아니에요. 사랑은 필요 이상이죠. 사랑은 대가를 바라지도 않죠.
바람도 풀에게 그래요. 어떤 필요 때문도 아니고 대가를 바라지도 않아
요. 그저 살랑거리는 바람이 불면 풀은 춤을 추죠. 그 떨림이 우주를 만
들잖아요. 그 떨림이 사랑이잖아요. 그러니 당신도 떨리는 마음으로 사
랑하세요. 당신이 다툰다고 생각하던 그것들과 사랑하세요.

바람의 목소리도 마찬가지다.

우리는 풀 위에 군림하지 않아요. 내리누르지도 않고 풀을 꺾으려 하지
도 않아요. 우리는 풀을 좋아하고 사랑해요. 보이지 않는 바람이 세상
속에 실존하는 것으로 드러날 수 있고 사람들 눈에도 보일 수 있는 건
순전히 풀 덕분이죠. 바람을 볼 수는 없지만 바람에 살랑이는 풀은 볼
수 있는 것 아니겠어요. 그렇게 풀은 바람이 실제로 있음을 보여줘요.
풀은 바람의 현존재죠. 바람이 어디서 불어 어디로 가는지 일러주는 것
도 풀이잖아요. 때로 폭우가 내려 풀들이 땅바닥에 누워버려도 그것을
다시 일으켜 세워주는 것은 바람이에요. 그런데도 사람들은 몰라요. 풀
과 바람이 서로 사랑한다는 것을!

아~ 나도 풀처럼, 바람처럼 사랑하고 싶다.

나는 이렇게 걸었다!

산티아고 가는 길은 나 되기 위해 걷는 길이다
느리게 홀로 고독하게 걷는 길이다
걸을수록 비워지고 걸을수록 채워지는 묘한 길이다

산티아고 가는 길이 동에서 서로 길게 뻗어 있는 이베리아반도를 인공위성에서 내려다보며 실시간으로 촬영해보면 정말 재미있을 것이다. 마을마다 아침이면 작게는 몇 명에서 많게는 수십 명씩 어젯밤 묵었던 알베르게를 떠나 걷기 시작하는 장면이 거의 똑같이 연출될 것이기 때문이다. 그런데 이 길을 걷는 사람들은 나라별, 성별, 나이별, 직업별로 천차만별이겠지만 묘하게도 걷고 쉬는 방식엔 거의 차이가 없어 보였다. 이를테면 대개 이르면 오전 5시, 늦어도 오전 7시엔 일어나 빠르면 오전 6시 전에, 아무리 늦어도 알베르게가 문을 닫는 오전 8시 전에는 모두가 알베르게를 떠나 걷기 시작한다. 그러곤 오후 2,3시경에 대부분 걷는 것을 끝낸다. 평균 시속 4,5킬로미터의 속도로

20~30킬로미터 전후의 거리를 하루 동안 걷게 되는 셈이다. 그러곤 새로 도착한 알베르게에서 씻고 빨래를 한 후 휴식을 취하고 오후 7,8시 전후에 저녁을 먹고는 대부분 오후 10시면 잠자리에 든다.

하지만 나는 좀 다르게 걸었다. 물론 아침 출발 시간은 엇비슷하다. 하지만 나는 오후 2,3시에 걷는 것을 끝낸 적이 거의 없다. 내가 걷는 것을 끝낸 시간은 대개 오후 9시가 넘어서였다. 그렇다고 남들보다 더 많이 걷겠다고 기를 쓴 것은 물론 아니다. 그저 하루에 걷는 거리는 남들 걷는 거리와 비슷하거나 오히려 적었다. 아니 그런데 왜 하루 종일 걸었느냐고 되물을지 모르겠다. 이유는 간단하다. 천천히 느리게 걸었기 때문이다. 그리고 중간에 쉬면서 글도 쓰고 여유롭게 쉬기도 했기 때문이다. 나는 속도를 내며 걷는 일이 좀처럼 드물었다. 가급적 천천히 걸었다. 배낭이 무거워 속도를 내기도 힘들었다. 게다가 어차피 산티아고로 가는 길은 속도를 경쟁하는 길이 아니지 않은가. 뿐만 아니라 천천히 걸어야 그 길을 온전히 느낄 수 있음도 물론이다. 그렇게 조금은 느리게 걷다보면 어느새 내 주변엔 아무도 없게 된다. 그때 홀로 있음을 만끽하며 내 마음의 카메라에 풍광을 담고 내 마음의 칠판에 글을 적으며 좀더 여유롭게 걷는다. 그렇게 걷다가 1시 반에서 2시쯤에 만나는 마을에서 점심을 해결한다. 대개 5,6킬로미터 간격으로 마을이 있기는 하지만 점심식사를 파는 곳은 그리 많지 않다. 게다가 시에스타를 지키는 상점이 적잖아 시간대에 맞춰 밥 먹기도 쉽지 않다. 그래서 나는 산티아고 가는 길에서 다소 벗어나는 한이 있어도 점심을 챙겨 먹을 수 있는 곳이라면 마다하지 않고 1,2킬로미터를 덤으로 더 걸어가곤 했다.

그렇게 점심식사를 한 뒤 식사를 한 카페에서 한두 시간 정도 더 머물며 글을 썼다. 어차피 오후 2~4시 사이에는 해가 너무 뜨거워서 꼼짝달싹하기 어렵다. 그 시간에 해가 쨍쨍하게 떠 있는데 무리해서 걷다가는 피부가 타는 것 정도가 아니라 아예 익어버린다. 한번은 메세타 지역을 걷다가 좀 더워져서 아웃도어 긴바지를 반바지로 갈아입고 걷는데 노출된 종아리 부위가 두 시간도 안 돼 익어버리다시피 했다. 스페인의 태양은 그만큼 특별나다. 내가 걸었던 길이 대개 북위 40도 전후에 걸려 있었는데 지구의 자전축이 약간 기울어져서인지는 몰라도 스페인의 대지 위에 쏟아지듯 내리꽂히는 햇볕은 열정적이다못해 무서울 정도다. 그래서 나는 차라리 눈비가 올 때라면 몰라도 여간해선 태양 작열하는 시간엔 걷지 않았다.

그 때문인지 나는 스페인 사람들이 갖는 시에스타가 불합리한 것이 아니라 오히려 일의 능률 면에서 보면 정말 합리적이라는 생각까지 하게 됐다. 시에스타를 갖는다고 해서 그들의 일하는 시간이 그만큼 적다고 생각하면 그 또한 오해요 편견이다. 그들은 결코 게으르지 않다. 스페인 사람들은 오후에 낮잠 잔 시간만큼 늦게까지 움직이며 일한다. 산티아고 가는 길을 걸으면서 오후 9시가 넘었는데도 농사일을 하는 스페인 농부들을 적잖게 보았다. 그들이 오후 9시가 넘어서야 레스토랑 문을 여는 까닭도 이와 무관치 않을 것이라고 생각한다.

걸을수록 비워지고
걸을수록 채워지는 길

산티아고 가는 길을 걸으며 나는 그들이 생활하는 방식을 그대로 따라서 걸었다. 대개는 오후 1시 반에서 4시 반까지는 점심을 먹은 후 쉬면서 낮잠도 자고 글도 쓰면서 지내다 오후 4시 반 이후부터 다시 걷기 시작해서 오후 7,8시까지 걸었다. 그리고 그 시간에 순례자 메뉴를 저녁식사로 먹고 나서 곧장 숙소에 들기보다는 다시 5,6킬로미터를 더 걸어서 다음 마을에 도착해 알베르게에 들곤 했다. 그러면 대개 오후 9시 반에서 10시 전후가 된다. 알베르게가 오후 10,11시에 문을 닫기에 가장 마지막에 슬라이딩하듯 들어가는 것이다. 한마디로 알베르게에서 머무는 시간을 최소화하고 길 위에서 있는 시간을 최대화한 셈이다. 물론 초저녁에 알베르게에 도착해 그곳의 순례객들과 함께 저녁식사를 하는 경우도 종종 있었다. 하지만 그것은 너무 지쳐서 더이상 나아갈 수 없거나 다음날 큰 산을 넘어야 하는데 체력을 비축해놓을 필요가 있을 때에만 그랬다.

생장에서 출발해 산티아고 데 콤포스텔라까지 약 800킬로미터를 걷는 데 어떤 가이드북은 29일 만에 또 어떤 가이드북은 33일 만에 걷도록 구성돼 있다. 나는 그 800킬로미터에, 다시 산티아고에서 피니스테레까지 약 95킬로미터를 더해서 그 길을 47일 동안 걸었다. 느리게 걸었다. 하지만 멈추지 않았고 포기하지 않았으며 건너뛰지도 택시를 타지도 않았다. 오로지 나의 페이스대로 걸었다. 나의 가이드북은 따로 없었다. 나의 발걸음이 곧 나의 가이드였다. 산티아고 가는 길은 그저 걷기를 위한 길, 극기훈련의 길이 아니다. 그 길은 단지 사람들을 만나기 위한 길도, 좋은 숙소를 찾아다니는 길도 물론 아니다. 그 길은 진정으로 나 되기 위해 걷는 길이다. 그러니 빨리 걷는 길이기보다 느리게 걷는 길이고 여럿이 더불어 걷는 길이기보다 홀로 고독하게 걷는 길이다. 물론 느리지만 멈추지 않고 고독하지만 쓸쓸하지 않게 말이다. 그래서 걸을수록 비워지고 걸을수록 채워지는 묘한 길이다.

3부

변화 變化
바람이 아니라 바닥의 흐름을 주시하라

묵히고
숙성하라

—

슬로푸드만큼이나 오래 숙성된 길을 걸으며
오늘도 나는 스스로를 삭히고 또 묵힌다
그것이 언젠가는 고유의 멋과 맛을 내줄 것이라 믿는다

벨로라도의 알베르게를 나와 걷기 시작해 한 시간 30분 만에 6.7킬로미터를 걸어 빌람비스티아에 도착했다. 바르에서 카페콘레체 즉 우유에 탄 커피 한 잔을 마신 후 어제 레스토랑에서 싸온 하몽을 바게트에 얹어 비노와 함께 아침식사로 대신했다. 아침부터 와인을? 그렇다. 이곳에선 와인이 물이나 마찬가지다. 오죽하면 비노의 힘으로 걷는다고 하겠는가. 다시 걷기에 나서 한참을 걷고 있는데 비야프랑카 몬테스 데 오카에 채 못 미처 폭우가 쏟아졌다. 일단 비를 피하려고 길거리의 바르 겸 레스토랑으로 급히 몸을 숨겼다. 그리고 그 바르 겸 레스토랑에서 늦은 점심을 먹으려던 차에 주인이 순례자 메뉴를 권해와서 좋다고 했다. 20분 정도 기다리니 치킨 요리가 나왔는데 이제껏

다른 곳에서 먹은 것과는 맛이 한 차원 달랐다.

그도 그럴 것이 그곳의 천장과 벽에 내걸린 하몽이 범상치 않았던 터다. 내온 빵도 훨씬 부드럽고 맛이 있었다. 주인은 넥타이를 맨 셔츠 위에 낡은 카디건을 걸친 채 열심히 요리도 하고 틈틈이 맥주와 와인도 팔면서 식사하는 손님들 시중도 들었다. 정말이지 일인삼역 이상이었다. 맛있게 식사를 한 후 정신없을 정도로 바쁜 주인에게 닭요리가 최고라고 엄지손가락을 치켜들자 그도 기분이 좋았던지 크게 웃으면서 매장 안에 달린 종을 쳐서 울렸다. 그 순간 레스토랑 안의 모든 이들이 갖고 있던 잔으로 건배했다. 그만큼 음식은 사람과 사람을 자연스럽게 이어주고 통하게 만든다. 비를 피해 우연찮게 찾아든 레스토랑에서의 정말 기분좋은 점심식사였다.

그런데 스페인을 동에서 서로 횡단하듯 걸으면서 정작 나는 배고픈 적이 한두 번이 아니었다. 아침식사라고 해봐야 카페콘레체에 바게트와 흡사한 빵('빵pan'은 본래 포르투갈어인데 16세기경 일본에 전해진 후 우리도 똑같이 '빵'이라고 부른다) 두세 쪽을 버터와 함께 내놓는 게 전부다. 오후 1~3시경에만 파는 점심은 걷다보면 시간 맞춰 제때 챙겨 먹기가 쉽지 않다. 3시가 넘으면 대개 시에스타를 즐기기 때문이기도 하거니와 카페나 레스토랑 문이 열려 있다 해도 일단 "주방이 문 닫았다"는 말 한마디면 더이상 식사 될 만한 점심은 없다고 보면 된다. 대신 '타파스'라는 일종의 전채 내지 간식거리만 있다.

타파스란 작은 빵 위에 하몽, 살라미, 앤초비, 연어, 올리브 혹은 마요네즈에 버무린 계란이나 감자 등을 얹어놓은 것인데 그 종류가 헤아리기 힘들 만큼 많다. 스페인 사람들은 삼삼오오 모여서 타파스에 와인 혹은 맥주를 곁들여 담소하면서 점심을 때운다. 하지만 매일 20~30킬로미터씩 걷는 순례자에게 타파스로 점심을 대신하라는 것은 참으로 남모를 고통이 아닐 수 없다. 아침식사도 식사라고 할 것도 없을 만큼 변변치 않은데 점심마저 타파스라면 걷고 싶어도 배가 고파서 못 걷는 상태가 되어버리기 일쑤다.

그래서 순례자들은 주로 큰 도시에 있는 수퍼마카도(슈퍼마켓)에서 먹거리들을 따로 사서 걷는 도중에 먹곤 한다. 물론 그런 먹거리라고 해봐야 오렌지나 바나나 같은 과일이나 요구르트 혹은 바게트와 포장된 하몽이 거의 전부이지만…… 그런데 솔직히 배낭이 너무 무겁다보니 배낭에 먹거리를 넣어서 다니지 않는 게 나의 산티아고에서의 습관이었다. 설령 오렌지 같은 과일을 사더라도 사는 즉시 모두 먹어치웠다. 배낭 부피와 무게를 늘리지 않기 위해서다. 물도 가급적 따로 배낭에 넣지 않고 길가의 음용수를 그대로 마셨다. 그나마 다행히 산티아고 가는 길에는 5,6킬로미터마다 마을이 나오고 그곳에서는 대개 음식과 음료를 팔기에 굳이 무거운 배낭에 먹거리를 더해서 짐을 더 키우지 않아도 되었던 것이다.

하지만 아침과 점심 식사를 간단히 해서 그런지 스페인 사람들은 저녁식사만큼은 아주 푸짐하게 먹는다. 그것도 아주 늦은 시간에! 보통 스페인의 레스토랑은 오후 9시가 돼야 문을 연다. 그나마 즉 순례자 메뉴만큼은 오후 7시경이면 팔기 시작한다. 순례자들은 일찍 먹고 자야 한다는 현실을 배려한 까닭이다. 순례자 메뉴로 통칭되는 이 저녁

잘 숙성된 와인을 오래된 하몽에 곁들여 먹으며 생각해본다.

나는 과연 얼마나 숙성되고 있는지.

식사는 일종의 정식으로 첫번째 접시요리는 다양한 샐러드 종류나 여러 가지 수프를 주문할 수 있다.

두번째 접시는 각종 고기류와 생선류를 선택할 수 있다. 마지막으로는 카페콘레체나 단맛 나는 케이크 혹은 아이스크림이나 요구르트가 제공된다. 이런 순례자 메뉴의 가격은 10유로 안팎인데 일반 레스토랑에서 이 정도를 시켜서 먹으려면 20~25유로 이상은 줘야 한다. 그만큼 순례자들을 배려한 음식이 '메뉴 델 페리그리노'다. 게다가 여기에 빵과 와인 한 병(한 잔이 아니다!)이 곁들여진다. 그 덕분에 산티아고 가는 길을 걷는 내내 마신 물의 양과 와인의 양을 비교하면 막상막하라고 해야 할 만큼 와인을 많이 마시게 된다. 그래서 어쩌면 900여 킬로미터에 달했던 산티아고 가는 길을 걸어낸 힘은 '비노 틴토'(레드와인)에서 나왔다고 말해도 과언이 아닐 것이다.

하몽의 기억

스페인에서 간편하게 먹을 패스트푸드를 기대하는 것은 아예 접어야 한다. 거의 없기 때문이다. 큰 도시에 들어서면 모를까 시골마을을 이어가는 산티아고 가는 길에서는 전무하다고 말해도 틀리지 않는다. 간혹 큰 도시에 버거킹이나 맥도널드 간판이 보이긴 하지만 정작 들어가보면 외국인 관광객 몇몇이 앉아 있을 뿐이다. 그만큼 스페인 사람들은 패스트푸드와는 거리가 멀다. 대신 슬로푸드 먹거리에 대한 자부심이 대단하다. 패스트푸드나 우리가 알 만한 브랜드의 커피 같은 것이 아예 발을 붙이지 못할 만큼 말이다.

사실 스페인은 훌륭한 먹거리 전통을 가진 나라다. 세계 최고의 셰프라고 자타가 공인하는 페란 아드리아가 스페인 출신이고 그의 독창적인 레스토랑 '엘 불리' 역시 스페인의 자랑거리다. 특히 스페인은 발효와 숙성이 기본인 슬로푸드의 천국이다. 그중 가장 대표적인 게 하몽이다. 스페인의 레스토랑에 들어가면 천장이나 벽에 잔뜩 먼지를 뒤집어쓴 채 때론 흉물스럽게까지 보이는 것들이 걸려 있기 십상이다. 비야프랑카 몬테스 데 오카의 길거리 바르 겸 레스토랑에서도 예외가 아니었다. 처음에는 식당의 위생 상태를 의심하게 만들 정도지만 알고 보면 그런 게 걸려 있어야 진짜 제대로 된 레스토랑이다. 뽀얀 먼지 뒤집어쓰고 매달려 있는 것은 다름아닌 돼지 뒷다리를 천연 소금으로 간을 해서 건조 숙성시키는 하몽이다.

통상 15~20도의 온도와 60~80퍼센트의 습도를 유지한 상태에서 보통 6개월에서 18개월, 최상품은 2년 이상 36개월 정도 숙성시켜낸 것을 얇게 포를 떠서 먹는데 정말이지 입에서 녹는다는 표현이 딱 맞는다. 특히 와인을 곁들여 먹으면 아무 생각이 없어질 정도가 된다. 하몽은 크게 두 가지로 나뉜다. 자연 방목한 흰 돼지의 뒷다리로 만든 하몽 세라노Jamón Serrano와 흑돼지의 뒷다리로 만든 하몽 이베리코 Jamón Iberico가 그것이다. 둘 중에서는 하몽 이베리코를 더 쳐준다. 특히 도토리만 먹여서 키운 흑돼지의 뒷다리로 만든 것을 '하몽 이베리코 베요타'라고 하는데 예로부터 이것을 최상급 하몽으로 쳤다.

산티아고 가는 길을 걸으면서 나는 하몽을 즐겨 먹었다. 물론 값이 만만치는 않다. 시골마을에서도 한 접시에 10유로에서 15유로씩은 줘야 한다. 고급 레스토랑에 가면 훨씬 더 비싸다. 게다가 혼자 먹기엔 양도 많다. 하지만 먹다 남으면 빵과 함께 싸달라고 부탁해 다음날 와인을 곁들여 식사 대용으로 먹으면 아주 그만이다. 어쩌면 나의 산티아고 가는 길에서 하몽은 아주 친숙한 동반자였다고 해도 과언이 아니다.

언젠가 방랑식객으로 더 잘 알려진 자연요리연구가 산당 임지호 선생이 이런 말을 했다. "음식은 생명이고 인간의 위는 무덤이다. 결국 인간은 그 죽음을 품어 생명 곧 삶을 얻는다." 이 얼마나 정확하고 멋진 얘기인가. 사람과 음식의 관계가 이러할진대 어찌 음식을 함부로 만들고 함부로 먹어치우랴! 잘 숙성된 와인을 역시 오래 숙성된 하몽에 곁들여 먹으면서 생각해본다. 나는 과연 얼마나 숙성되고 있는지. 느리게 느리게 슬로푸드만큼이나 오래 숙성된 산티아고 가는 길을 걸으며 오늘도 나는 패스트푸드가 아닌 슬로푸드의 그것처럼 스스로를 삭히고 또 묵힌다. 그것이 언젠가는 자기만의 고유한 멋과 맛을 내줄 것이라 믿으면서!

홀로 걸으며
나쓰메 소세키를 읽다

다만 나는 걷는다
도중에 멈추지 않겠다는 의지와 함께

시골마을과 마을을 이어서 걷다가 큰 도시에 들어서면 항상 낯설다. 평생을 도시에서 산 사람이 시골길을 걷다가 잠시 도시에 들어섰다고 낯섦을 느낀다는 것이 괜한 엄살처럼 여겨질 수도 있을 것이다. 하지만 그것은 적어도 엄살은 아니다. 도시의 안락함에 빠져들고 싶은 유혹과 거리낄 것 없이 광막한 대자연으로 다시 튕겨나가고 싶은 반발심이 묘하게 싸우기 때문에 더욱 낯설게 느껴지는 것이리라. 그 낯섦을 해소하는 나의 방법 중 하나는 그 도시의 서점엘 가는 것이다. 모든 도시의 서점은 크든 작든 또하나의 문화적 진지다. 그 서점에 진열된 책만 봐도 흐름과 시류를 읽을 수 있다. 하지만 도심 속 서점의 더 중요한 역할은 그 자체가 도시의 서두름과 환락에 저항하며 또하나의 거대한 영혼의 숲, 인문의 숲을 만드는 것이리라. 도심의 서점은 그런 숲을 이룸으로써 도시의 환락을 정화하고, 숨 가쁘게 서두르지만 정작 알맹이는 어디론가 흩어져버린 어지러운 일상을 탈출해 본래 있어야 할 느리고 넉넉한 품으로 안기고 싶은 이들에게 또다른 경험의 세계를 선물해준다.

천 년 전 카스티야 왕국의 수도였고 그로부터 천 년 후 스페인 내전 1936~1939 당시 프랑코 총통의 본거지이기도 했던 부르고스 시내를 지나다 길가의 서점에 진열된 책들에 눈길이 갔다. 거기엔 내 눈을 번쩍 뜨이게 만드는 것이 있었다. 다름 아닌 일본 작가 나쓰메 소세키의 소설『행인』의 스페인어판 *El caminante*이 비중 있게 진열돼 있는 것이 아닌가. 뭔가에 이끌리듯 서점 안으로 들어갔다. 그런데 서점 안 진열대를 보니 비단 나쓰메 소세키만이 아니었다. 나쓰메 소세키의『행인』외에도 '일본문학의 마스터들'이란 타이틀 아래 일본의 셰익스피어라고 불리는 에도시대의 극작가 치카마츠 몬자에몬의『소네자키 동반자살 외』, 일본 환상문학의 대가 이즈미 교카의『고야산 스님 외』, 일본의 자연주의 작가 시마자키 도손의『파계』, 그리고 아쿠타가와 류노스케의 단편모음집 등이 함께 진열되어 있었다.

책들을 한 권 한 권 들추며 서지사항들을 눈여겨보았다. 내가 그 책들을 열심히 뒤적이자 서점 주인이 내게 '자폰'이냐고 물어왔다. 나는 '코리안'이라고 응수한 후 한참을 그 책들 앞에 서 있었다. 솔직히 부러웠다. 그것은 단지 일본이 경제력을 앞세워 그들의 문학작품을 스페인에서 번역, 출간하도록 지원하고 독려했기 때문에 가능한 것 이상이었다. 그들의 문학작품은 단지 번역되었다는 사실에 방점이 찍힌

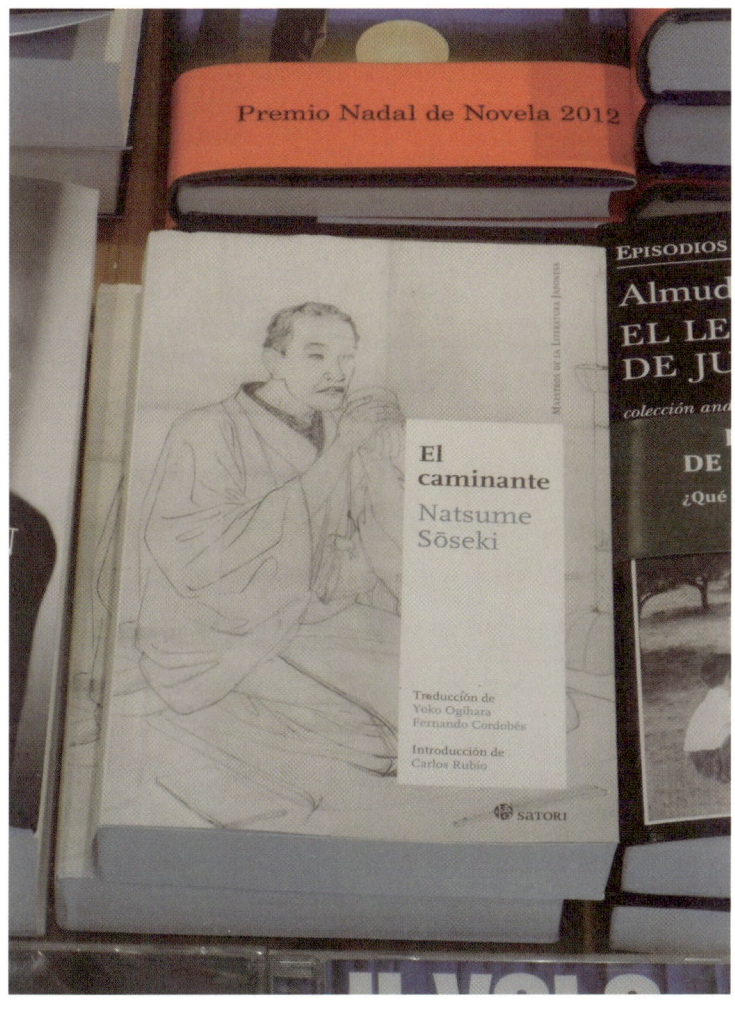

부르고스 시내 서점에서 나쓰메 소세키를 만나다.
'인간은 어떻게 살아야 할 것인가'에 대한 천착!
백 년이 지나도록 그의 소설이 여전한 생명력을 갖는 이유다.

박제된 기념물이 아니라 실제로 스페인 독자들에게 읽히는 살아 있는 작품이었다. 그 대목에서 정말이지 인정하지 않을 수 없었다. 일본의 문화적 저력을!

　더구나 그 일본의 문화적 저력을 대변할 만한 인물인 나쓰메 소세키의 소설이 스페인어로 번역돼 서점 맨 앞자리에, 그것도 스티브 잡스의 자서전과 어깨를 나란히 해 자리잡고 있는 것을 보면서 솔직히 나는 묘한 질투심 같은 것을 느꼈다. 물론 우리도 이문열 같은 작가의 작품이 스페인어뿐 아니라 서구의 여러 나라 언어로 번역되었다는 것을 모르는 바는 아니다. 실제로 작가 이문열의『우리들의 일그러진 영웅』은 스페인어뿐만 아니라 프랑스어, 이탈리아어 등으로도 번역된 바 있다. 하지만 꼭 백 년 전인 1912년에 아사히신문에 연재되었던 나쓰메 소세키의 소설『행인』이 스페인어로 번역돼 서점 진열대의 전면에 오롯이 서 있는 것을 보고 이문열의 스페인어 번역서도 애써 찾아보았지만 찾을 길이 없었다.

　어쩌면 우리는 그 책이 번역되었다는 것에 강조의 방점을 찍고 그만이었던 것인지 모른다. 하지만 나쓰메 소세키의 백 년 전 작품은 놀랍게도 여전히 초베스트셀러의 위력을 발휘하고 있는 스티브 잡스의 자서전과 대등하게 서점 전면에 나와 앉아 있었다. 한마디로 살아 있었던 것이다.

일본의 정신적 저류
나쓰메 소세키

나쓰메 소세키는 메이지유신(1868) 직전에 태어나 메이지시대가 끝난 후 얼마 안 있어 생을 마친, 말 그대로 '온전한' 메이지인明治人이다. 우리에겐 흔히 일본을 대표하는 국민작가 정도로 알려져 있지만 그가 끼친 영향의 문화적 심층은 실은 그 이상이다. 메이지시대를 지나 다이쇼大正와 쇼와昭和 그리고 헤이세이平成 시대에 이르기까지 일본의 작가들은 물론 지식인과 대중을 막론하고 나쓰메 소세키의 문학적·정신적 세례를 받지 않은 이가 드물다 해도 과언이 아니다. 그래서 그는 메이지시대 이후 150여 년이 다 되어가는 지금에 이르기까지 근대와 현대를 통틀어 일본의 정신적 모태와도 같은 존재다. 그런 점이 인정되어서인지 몰라도 최근까지도 일본 지폐 천 엔 권에는 20여 년(1984~2004) 동안이나 그의 초상화가 자리하고 있었다. 그만큼 나쓰메 소세키는 그 자체가 일본의 정서와 정신의 저류를 대변하는 문화력의 화신이라고 말해야 할 정도의 인물인 것이다. 아울러 현재도 일본인들의 심층 깊숙이 자리잡고 살아서 숨 쉬는 활화산의 작가다.

비단 일본만이 아니라 식민지시대 우리 근대문학의 선두였던 이광수와 염상섭 등 수많은 작가들이 나쓰메 소세키의 문학에 심취했었다. 중국의 경우에도 본래 의학 공부를 하기 위해 일본으로 건너갔던 루쉰魯迅이 나쓰메 소세키의 영향을 받아 문학으로 진로를 바꿨다고 할 만큼 나쓰메 소세키가 펼친 정신적 우산은 크고도 넓다.

사실 일본의 근대와 현대를 통틀어 나쓰메 소세키만큼 일본인들의 내면 풍경을 정밀하게 그려낸 이도 드물 것이다. 메이지유신 이후 봇물처럼 밀려든 서구문명의 홍수 속에서 일본적 정체성을 놓치지 않으려는 몸부림의 한 정점에 그가 서 있었다고 해도 과언이 아니다.

　　나쓰메 소세키는『나는 고양이로소이다』『도련님』같은 유머감각 넘치는 작품에서 시작해 점차 인간의 심층심리를 예리하게 관찰하고 그 움직임을 묘사해내는 데 집중했다. 스페인어로 번역돼 부르고스의 한 서점 진열대의 중앙을 장식한『행인』역시 그러하다. 이 소설은 소설 속의 화자인 지로와 그의 형 이치로 그리고 형수 오나오 사이에 오가는 미묘한 인간 심리와 감정선의 추이를 예리하고 섬세하게 묘사하며 전개된다. 특히 형 이치로가 동생 지로와 자신의 아내 오나오의 관계를 의심하며 아내의 정절을 시험하기 위해 동생에게 형수와의 여행을 종용하는 데서 정점으로 치닫는다. 그 대목을 옮겨보면 이렇다.

　　"형수의 정조를 시험하다니…… 관두는 게 좋겠습니다."
　　(…)
　　"그렇다면 부탁하지 않겠다. 대신 난 평생 널 의심하겠다."

　　건조해 메마르게 느껴질 만큼 툭툭 내던지는 대화 속에는 왠지 모를 날 선 칼이 도사리고 있다. 그것은 다름아닌 '마음의 칼'이었다. 나쓰메 소세키는 우리에게 끊임없이 되묻는다. "과연 우리는 사람의 마음을 알고 있다고 말할 수 있을까?" 그는 이 물음에 회의적이다. 아니

회의적이다못해 절망한다. 그래서 스스로 이렇게 답한다. "자신이 '그 사람'이 아니며 '그 사람'이 될 수 없는 한 아무도 '그 사람'의 마음은 알 수 없다. 아무리 가깝고 사랑하는 관계라 하더라도 단지 이해한다고 믿고 있는 데 불과할 뿐이다"라고! 이렇게 보면 나쓰메 소세키는 그 누구도 그 사람이 아닌 한 그 사람이 될 수 없고 그 사람을 알 수 없다고 얘기하는 것이다. 하지만 정작 그 사람인들 그 자신을 알까? 과연 그 사람은 자기 자신을 알고 있을까? 아마도 모를 것이다. 아니 모른다. 산티아고 가는 길을 걸으면서 나는 나를 들여다보려고 애썼다. 하지만 여간해서 보이지 않았다. 가장 알 수 없는 게 바로 나였다. 그렇지 않은가? 그런데 어찌 남을 알겠는가. 또 남이 어찌 나를 알겠는가? 옛말에 열 길 물속은 알아도 한 길 사람 속은 알기 어렵다고 했다. 이처럼 사람의 마음 곧 인심^{人心}은 깊은 것이다. 인심이 가장 깊다.

나는 여전히
길 위에 있다

  빈센트 반 고흐가 37세의 아까운 나이에 권총자살로 생을 마감하기 전 10년 동안만 화가로 살았던 것처럼 나쓰메 소세키 역시 작가로서 산 것은 생의 마지막 10여 년에 불과했다. 하지만 그 생의 마지막 10년 동안 빈센트 반 고흐가 미술사를 넘어선 문화사를 고쳐 쓰게 만든 것처럼 나쓰메 소세키 또한 그 마지막 10여 년 동안 일본 근대문학사를 넘어 일본의 문화사와 정신사를 새로 쓰게 만든 장본인이다.

나쓰메 소세키가 소설을 통해 추구한 것은 '인간은 어떻게 살아야 할 것인가?'의 문제로 압축된다. 그것에 대한 집요한 천착 덕분에 그의 소설은 백 년이 지나도록 여전히 생생한 생명력을 지니고 사람들의 깊은 속내를 건드린다. 그것도 아주 섬세하고 미묘하게! 나쓰메 소세키가 49세의 나이로 죽기 두 해 전인 1914년에 쓴 작품 『마음』에 이런 구절이 있다.

나는 지금보다 더 외로울 미래의 나를 견디기보다 외로운 현재의 나를 견뎌내고 싶은 겁니다. 자유와 자립과 자아로 가득한 현대를 살아가는 현대인은 모두 그 대가로서 이 고독을 맛보지 않으면 안 될 겁니다.
(박유하 옮김, 웅진지식하우스, 2002, 84쪽)

그렇다. 우리는 모두가 고독한 존재다. 그 누구도 나를 알 수 없고 나 역시 그 누구를 안다고 할 수 없는 존재이기에 더욱 그렇다. 그래서 아무리 많은 이들 가운데 둘러싸여 있어도, 아니 그렇게 둘러싸여 있으면 있을수록 더욱더 고독한지 모른다. 그들은 결코 나를 알 수 없을 테고 나 또한 그들을 알 수 없을 테니 말이다.

사실 홀로 걷는다는 행위는 그 고독의 심부深部로 들어가는 일이다. 스스로도 알 수 없는 자신을 더듬기라도 하려고! 나쓰메 소세키는 결과적으로 자서전이 되어버린 소설 『한눈팔기道草』에서 이렇게 말한다. "너는 결국 무엇을 하러 이 세상에 태어났는가?" 그러고는 다시 이렇게 자문자답하듯 말한다. "모르겠어. (⋯) 모르는 게 아니지. 알아도 그곳에 도달할 수 없는 거겠지. 도중에 멈춰 있는 거겠지."(조영석 옮김, 문학동네, 2011, 262쪽) 그렇다. 우리는 그 알 수 없는 도중, 즉 미지의 길 위에 있는 것이다. 다만 나는 걷는다. 도중에 멈추지 않겠다는 의지와 함께. 그럼에도 불구하고 나는 여전히 그 알 수 없는 도중에 있다. 미지의 길 위에 있다. 아마도 영원히 그럴 것이다. 길은 끝나지 않고 도道는 영원할 터이니.

서푼짜리 노여움일랑 버려라

—

분한 마음으로 하루해를 넘기지 말라
노여움은 분토처럼 버려야
그 자리에 새 생명이 움튼다

또다시 비가 뿌리다 폭우로 변했다. 홀딱 젖은 상태에서 이테로 데라 베가에 도착했다. 비에 젖은 채 마을 입구의 하나뿐인 오스탈 겸 알베르게에 들어선 시각은 오후 7시가 넘어서였다. 우비를 벗어 스틱 위에 걸쳐놓고 몸과 하나였던 배낭을 몸에서 벗어내자 좀 살 것 같았다. 잠시 후 오스탈 겸 알베르게 주인이 카운터로 나왔다. 그 주인은 나를 흘깃 보더니 '코리안'이냐고 외마디로 묻더니 그렇다고 하자, 인사 한마디 없이 매우 신경질적인 반응을 보이며 여권부터 내놓으라고 손짓했다. 온통 비에 젖어 비닐봉투에 겹겹이 넣어두었던 순례자 여권을 어렵사리 꺼내놓자, 이번에는 짜증을 내면서 진짜 여권을 내놓으라며 굳은 표정으로 호통을 치듯 말하는 게 아닌가.

솔직히 너무 어이가 없었다. 알베르게든 오스탈(작은 호텔)이든 그 어느 곳, 그 어떤 숙소에서도 이렇게 경우 없는 일을 겪어보지 못했다. 실제로 거의 모든 알베르게의 오스피탈레로들은 친절할 뿐만 아니라 헌신적이다. 게다가 대개는 순례자 여권만 보지 일반 여권은 여간해서 보자고 하지 않는다. 심지어 온종일 비를 맞아 배낭이며 뭐며 모두 젖은 상태라 지갑 하나 꺼내기도 쉽지 않은 터에 굳이 일반 여권을 보자고 한다면 상대방 입장 생각해서 시간적 여유를 갖고 기분 나쁘지 않게 할 수 있는 문제 아닌가. 그런데 이곳 오스탈 겸 알베르게 주인의 그런 고압적인 자세는 정말이지 이상하다못해 도저히 이해가 가지 않는 일이었다.

어렵사리 비닐봉투에 겹겹이 싸놓았지만 역시 비에 젖은 일반 여권을 조심스럽게 펴서 주인에게 보여주었다. 그리고 "왜 그렇게 화난 표정을 짓고 언성을 높이느냐?"고 되물었다. 그러자 그는 마치 기다리기라도 했다는 듯 내 일반 여권을 집어던지듯 하곤 순례자 숙박명부를 '탁' 소리나게 접더니 내게 나가라는 손짓을 하는 게 아닌가.

나는 하도 어이가 없어서 세상에 이런 경우가 어디 있느냐고 따졌다. 알베르게는 순례자에게 쉴 곳을 내줄 의무가 있음을 상기시키면서까지 말했지만 그는 들으려고도 하지 않았다. 너무나 일방적이고 어이없는 일이 아닐 수 없었다. 나도 어찌나 화가 나던지 서툰 외국어를 접고 우리말로 조목조목 부당한 처사에 대해 응수해줬다. 다른 나라에서 싸우거나 다툴 때 되지도 않는 그 나라 말이나 영어로 하면 백전백패다. 싸우고 다툴 땐 무조건 모국어의 힘으로 밀어붙여야 한다.

그러면 신기하게도 내 말뜻을 알아듣게 된다. 일종의 감정이입인 셈이다. 결국 한바탕 소란이 일었다. 그가 경찰에 신고하겠다며 수화기를 드는 시늉을 하기에 나는 제발 경찰을 불러달라고 더 강력하게 응대했다. 그러자 그는 슬그머니 꼬리를 내렸다. 화가 머리끝까지 나고 분도 풀리지 않았지만 더이상 거기서 실랑이를 벌일 가치조차 없는 사람이란 판단이 들어 다시 우비를 걸치고 배낭을 메고서 그곳을 나와 쏟아지는 우중을 걷고 또 걸었다.

그 오스탈 겸 알베르게 주인은 어떤 계기에서인지는 몰라도 처음부터 한국인 순례객에 대한 반감이 있었다. 외국여행을 하다보면 이유 없이 동양 사람, 특히 일본인을 제외한 한국과 중국인을 무시하는 경우를 왕왕 목도하게 된다. 물론 포괄적인 의미에서 볼 때 오리엔탈리즘적인 편견과 통념 때문인데 종종 도가 지나친 경우가 없지 않다. 이럴 때는 당당하게 맞서 따질 건 따져야 한다. 그렇게라도 하지 않으면 자신들의 편견과 통념이 당연하고 정당한 것이라는 생각을 더 굳히게 된다. 물론 따진다고 해서 그런 이들이 곧장 생각을 고쳐먹지는 않는다. 하지만 그런 오리엔탈리즘적인 편견과 통념에 가득 찬 몰상식한 행동을 재연하는 데 최소한의 부담이라도 줘야 하지 않겠나.

그런데 입장 바꿔 생각해보자면, 사실 우리도 일부 동남아시아나 서아시아 사람들에게, 심지어 같은 핏줄인 탈북자나 조선족 출신 중국 동포들에게 그런 못된 편견과 통념으로 똘똘 뭉친 태도와 행동을 적잖게 표출해왔다. 정말이지 깊이 반성해야 할 대목이 아닐 수 없다.

다음날 아침 일찍 나는 다시 길을 나섰다. 하지만 어제의 분이 채 풀리지 않았는지 걷는 내내 먼 길을 돌아서라도 그 문제의 오스탈 겸 알베르게를 다시 찾아가 공개적으로 성토할 사진도 찍고 주인에게 정식으로 사과를 받아낼 생각이었다. 그러나 그만 발길을 되돌렸다. 마음에 분을 품고 있는 것이 부질없는 일일 뿐만 아니라, 순간 그 오스탈 주인의 어처구니없는 태도와 자세가 그 언젠가 나의 그것과 닮았다는 생각이 들었기 때문이다. 나 역시 조금만 수틀린다 싶으면 '버럭' 화부터 내지 않았던가.

그래서 다시 산티아고 가는 길로 방향을 잡아 수로를 따라 걸으면서 응어리진 마음을 풀었다. 아니, 되레 어제의 나를, 과거의 내 모습을 반성하고 부끄러워했다. 그리고 한적한 탁자와 벤치가 있는 곳에 홀로 앉아 아침 겸 점심을 근사하게 했다. 와인과 오렌지, 바나나, 바게트, 그리고 하몽까지 곁들여 먹었다. 바람이 몹시 불어 옷을 겹겹이 껴입고 우비까지 챙겨 입은 채 오락가락하는 비를 맞으며 나만의 식사를 했던 것이다. 그런데 얼마 안 지나 다시 거짓말처럼 날이 개었다. 세상사도 그와 다르지 않다는 것을 보여주기라도 하려는 듯 말이다.

그래서일까? 예로부터 어른들이 하신 말씀이 있다. 분한 마음으로 하루해를 넘기지 말라고! 나는 그 말을 곱씹으며 걷고 또 걸었다. 내 속이 웃을 때까지. 내 안에서 '버럭'하던 못난 습관을 버려버릴 수 있을 때까지!

쓸데없는 노여움은
자기 명줄 끊는 칼

예로부터 동양의학에서는 본래 인간의 수명이 4만 3200여 일, 약
120세라고 얘기해왔다. 게다가 요즘 현대의학에서도 인간 수명을
120세까지 연장시킬 수 있다는 얘기가 심심치 않게 나온다. 다만 차
이라면 한쪽은 본래 타고난 수명이 120세인데 제대로 양생養生을 못해
서 수명이 짧아졌다는 것이고, 다른 한쪽은 나날이 발전하는 유전공
학과 의학의 기술력을 바탕으로 적절한 맞춤형 치료를 통해 120세까
지 수명을 연장할 수 있다는 점이다. 개인적으론 앞의 의견에 마음이
쏠린다. 인간 수명은 '늘려가는 것'이 아니라 '찾아 먹는 것'이라고 생
각 되기 때문이다.

그렇다면 과연 무엇이 인간 수명을 단축해왔는가. 한마디로 '노여
움'이다. 노여움은 분함에서 오고 그것이 분노를 낳는다. 쓸데없는 노
여움은 자기 명줄을 끊는 칼이 되고 날 선 분노는 결국 내게 되돌아오
는 부메랑이다. 그것들이 내 안에 암의 씨앗을 뿌린다. 따라서 마음에
노여움을 품어 그것을 쌓아가면 스스로 명줄을 끊는 것이 된다. 분함
을 품지 않고 노여움을 없애는 것이 자기 명을 제대로 사는 지름길이
다. 가만 보면 뭐 하나 넘어가주는 게 없는 사람이 있다. 나도 그랬다.
정말 피곤하다. 주변을 피곤하게 하고 세상을 피곤하게 하는 데 그치
는 것이 아니라 결국엔 그 피곤함이 자신을 죽인다. 사는 데 너무 날
세워 팩팩거리면 어느 날 '팩' 하고 쓰러진다. 팩팩거리는 사람치고 오

래 사는 사람 드물다고 하지 않던가. 그 말도 틀리지 않는 것이 팩팩거리고 날 세우다 결국 자기가 먼저 가는 거다. 그러니 웬만하면 '그럴 수도 있지' 하고 대범하게 넘어가주는 게 자기 명줄 유지하는 데도 중요하다. 그런다고 대세에 지장 없다. 오히려 내버려두고, 기다려주고, 때로 무관심한 게 더 잘될 수 있다. 자고로 노여움은 불이다. 자기 몸을 바싹바싹 태운다. 초조하게 만들고 바둥거리게 만든다. 그러지 말자. 단지 오래 살고 싶은 욕심에서만이 아니라 그렇게 하는 게 백해무익하기 때문이다.

한쪽에서는 못 고치는 병이 없는 현대판 화타로, 또다른 한쪽에서는 무면허 사이비 돌팔이로 몰려 법정에까지 서야 했던 106세의 장병두 옹이 한때 반독재 민주화운동 때문에 쫓기며 옥고를 치르고 결국엔 심신이 피폐해져 폐인의 지경에까지 몰렸던 김지하 시인에게 한 말이 있다. "살고 싶거든 서푼짜리 노여움을 버리라"고!

그렇다. 서푼 아니라 반 푼어치도 안 되는, 아무짝에도 쓸모없는 노여움을 끌어안고 스스로의 명줄을 조이는 미련한 짓거릴랑 이제는 그만두자. 노여움은 버려야 마땅하다. 분토처럼 버려라. 그러면 그 자리에 새 생명이 움트리라.

폭우 속으로
들어가라

머물며 피한다고 그치지 않는다
차라리 쏟아지는 빗속으로 들어가라
그래야 종국에 맑은 하늘도 본다

산티아고 가는 길을 40일 넘게 걸으며 눈이나 비 혹은 우박을 맞지 않은 날이 손으로 꼽힌다. 산티아고 가는 길을 걷기 시작한 첫날부터 세찬 눈보라 속에 피레네산맥을 넘나들더니 기어코 4월의 폭설도 경험하고 하늘이 구멍 나 쏟아붓듯 하는 장대비도 숱하게 맞았다. 특히 비야프랑카 몬테스 데 오카에서 오카 산을 넘어 한밤중에 아헤스에 닿을 때는 쏟아지는 우박 때문에 정말이지 난리도 아니었다. 그런가 하면 날이 멀쩡하게 화창하다가도 갑작스럽게 비가 쏟아지는 변덕스러움이 스페인의 날씨다. 아마도 스페인은 기상예보가 가장 어려운 곳일지 모르겠다. 하지만 "하루 종일 비가 오락가락하겠다"는 식으로 말하면 되레 딱 들어맞을지 모를 그런 곳이다. 그런데 이런 날씨에서 지내면서 한 가지 깨달은 역설이 있다. 비를 맞거든 더 큰 "폭우 속으로 들어가라"는 것이다.

비가 오락가락하는 가운데 이테로 데 라 베가에서 8킬로미터 정도를 파워워킹하듯 걸어 보아디아 델 카미노라는 곳까지 왔을 때다. 마을을 둘러보던 중에 예쁘고 특이하게 꾸민 알베르게가 있어 구경도 하고 글도 쓸 겸해서 안으로 들어갔다. 알베르게 이곳저곳을 살펴본 후 그곳에 딸린 작은 레스토랑에서 맥주를 한잔 하면서 일지 형식의 글을 쓰고 나자 두 시간 정도가 훌쩍 지났다. 서둘러 다시 길을 나서려고 하자 때마침 공교롭게도 제법 굵은 비가 내리기 시작했다. 옆에 있던 네덜란드에서 왔다는 중후한 풍채의 아저씨가 이렇게 비가 오는데 어딜 가느냐며 떠나려는 나를 말렸다. 그 옆 테이블에 있던 미국인 처녀 둘도 덩달아 여기 머물라고 말했다. 나는 웃으면서 빗길 걷는 것을 정말 좋아한다고 말하며 우비를 챙겨 입고 길 떠날 채비를 끝냈다.

솔직히 서둘 이유는 없었다. 다만 나는 그곳 알베르게의 왠지 너무 즐겁고 마치 대학시절에 엠티 나온 분위기 같은 것이 썩 내키지 않았다. 혼자 있고 싶었다. 그것은 마치 그 전날 어느 독일인 부부가 아무도 없는 폐허나 다름없는 산안톤 수도원의 유령이라도 나올 것 같은 텅 빈 알베르게에 묵겠다고 했을 때 내가 가졌던 마음속의 호응과는 정반대의 상황이었다. 나는 빗줄기가 점점 굵어지는 길을 다시 걸었다. 조금 더 나아가자 아예 양동이로 물을 퍼붓듯이 비가 내렸다. 정말이지 폭우 속으로 자진해서 걸어 들어간 셈이었다.

그런데 보아디아 델 카미노의 알베르게를 떠난 후 채 한 시간도 안

돼 내가 걷는 길에서 빗줄기는 사라진 반면, 비를 피해 머물라고 권유받았던 보아디아 델 카미노 부근의 하늘은 먹구름에 완전히 뒤덮여 멀리서도 그곳에 폭우가 쏟아지는 모습이 확연하게 보일 정도였다. 정말이지 만약 보아디아 델 카미노의 알베르게에 그대로 머물렀다면 비 피하려다 물 퍼붓는 독 안에 갇힌 꼴이 되었을 것이다.

흔히 폭우가 쏟아지면 사람들은 걸음을 멈춘 채 더 나아가지 않는다. 비를 피하기 위해서다. 하지만 지금 내리는 비는 여기 머물며 피한다고 그치지 않는다. 오히려 앉아서 비 피하려다가 더 많은 비를 만나고 만다. 아니 스스로 폭풍우의 한복판에 갇힐 수도 있다. 그러니 차라리 쏟아지는 빗속으로 들어가라! 그래야 종국에 맑은 하늘도 본다.

그렇다. 큰일이든 작은 일이든 애써 피하려고 들면 더 마주치게 되는 법이다. 역으로 회피하지 않고 부닥치겠다는 각오로 나아가면 그쪽이 먼저 피하기 마련이다. 그러니 과감하게 치고 나가야 한다. 매사가 그렇지 않겠는가. 이제 비 같은 건 두렵지 않다. 눈보라도 맞았고 심지어 우박을 맞기도 했다. 그런 것은 얼마든지 더 맞을 각오가 돼 있다. 작은 난관과 고난은 각오 앞에 무릎 꿇기 마련이다. 내가 이 길을 걸으며 체험적으로 얻은 교훈 중 하나는 쏟아질수록 그 빗속으로 걸어가라는 것이다. 잔뜩 비를 머금은 먹구름도 움직이기 마련이다. 가만히 햇볕 든다고 마음 놓고 있으면 어느새 검은 먹구름이 하늘을 뒤덮고 비를 쏟아낸다. 오히려 비 맞을 각오를 하고 그 빗속으로 들어가 전진하면 어느 새 먹구름은 내 뒤로 사라져간다. 정말이지 변화는 기다림이 아니라 행동이다.

빗속으로 들어가 전진하면 먹구름은 내 뒤로 사라진다.
변화는 기다림이 아니라 행동이다.

바람이 아니라
바닥의 흐름을 주시하라

—

겉으로 보이는 것에 현혹당하지 마라
진정한 흐름은 바람이 아니라 바닥에 있다

산티아고 가는 길을 걸으며 가장 아름다운 길 중 하나는 단연코 프로미스타로 향하는 카스티야 수로를 따라 길게 이어진 길이 아닐까 싶다. 수로를 따라 난 길이 뭐가 그리 아름답다고 그러냐고 누군가 되묻는다면 이 한마디를 꼭 해주고 싶다. 바람과 물결 그리고 춤추는 갈대숲의 묘한 삼각관계 때문이라고!

실제로 그 길을 걸을 때 바람이 몹시 심했다. 새들이 아무리 날갯짓을 해도 앞으로 나아가지 못하고 공중에 정지한 채 매달려 있다시피 할 만큼 거셌다. 물론 나도 그 바람 때문에 한 걸음 한 걸음 내딛기가 힘들 정도였다. 그런데 그 거센 바람이 연출한 갈대숲의 출렁임과 물결의 격랑이 어우러져 그 어디서도 보기 힘든 장관을 만들었다. 정말이지 시련 없는 아름다움은 진짜 아름다운 게 아님을 그때 느꼈다. 아니 깨달았다.

　그 길이가 207킬로미터에 달하는 카스티야 수로는 18세기 중반에 백 년여에 걸쳐 만들어졌다. 1753년 공사가 시작돼 1859년에 완공된 것으로 기록돼 있다. 그런데 1859년은 매우 특기할 만한 해다. 인류의 사회과학적 의미에서의 전개 과정을 설파한 카를 마르크스의『정치경제학 비판 서문』(훗날 마르크스의『자본 *Das Kapital*』의 모태요 최초적 응결이라고 할 만한 저작이다!)이 세상에 얼굴을 내민 해이면서 동시에 인류의 자연과학적 진화과정을 설명한 찰스 다윈의『종의 기원』이 출간된 해이기도 하다. 한마디로 그해는 인류의 형성과 전지구적인 전개 양태가 어떠했는지를 인류 스스로가 자기진단한 최초의 해라고 말해도 과언이 아니다. 바로 그런 의미 있는 해에 완공된 카스티야 수로는 스페인 내륙에서 재배된 곡물을 당시 세계사의 주무대였던 대서양까지 실어 날랐고 수로 중간중간의 낙차를 이용해 얻은 수력으로 제분기를 돌려 밀을 빻아냈다. 하지만 물길이 열린 지 꼭 백 년째 되던 지난 1959년 이후에는 이런 기능을 상실한 채 경작지에 물을 공급하는 관개용과 사람들이 아름다운 풍광 속에 거니는 관광용으로만 기능하게 됐던 것이다.

　지금 내가 걷고 있는 이 길은 150년 전 노새가 수로 양쪽에서 곡물 운반용 배를 끌던 바로 그 길이다. 한때는 하루에만 400여 척의 배가 이 수로를 통과했다고 한다. 하지만 지금은 배도 노새도 없다. 그저 황량하고 거친 바람과 그 바람에 이는 물결, 그리고 그 바람결 따라 하늘거리며 춤추는 갈대숲만이 더 깊은 정적을 만들고 있다. 나는 바로 그 깊은 정적의 길을 걷고 있었던 것이다.

그런데 카스티야 수로의 물결은 내가 걸어가는 방향과 정반대로 일렁거렸다. 적어도 그렇게 보였다. 하지만 이게 웬일인가. 한 무더기의 수초 더미가 떠내려가는 방향은 물결과는 정반대 아닌가. 도대체 어찌 된 일일까? 왜 수초 더미가 수로의 물결 방향과 반대로 흘러간단 말인가. 나는 그 혼돈스러움을 참지 못해 걸음을 멈추고 한참 동안 수로를 응시했다. 아니 관조했다. 가만 보니 그게 아니었다. 이 수로는 프로미스타를 향해 흐르는 수로 아닌가? 나 역시 그 방향으로 나아가고 있고! 더구나 수초 더미가 물결을 거슬러 갈 순 없다. 그렇다면 저 물결, 저 물살이 가짜다. 바람이 워낙 거세 물결이 내가 걸어가는 반대 방향을 향한 것처럼 보일 뿐이었다. 그리고 정작 수로의 바닥을 흐르는 물결, 즉 저류低流는 도도하게 제 방향으로 흘러가고 있었던 것이다.

삶의 저류를
직시해야 한다

수로를 걷다 말고 나는 카카오톡을 열어 지인들에게 이렇게 알렸다.

저는 지금 24일째 산티아고 가는 길을 걷고 있습니다. (⋯) '메세타'라 불리는 높고 평탄한 고원지대를 며칠째 걷고 있지요. 한마디로 끝도 없어 보이는 광막함이 저를 이끄는 유일한 친구랍니다. 그 광막함을 뭐라 표현할 길이 없습니다. (⋯) 거의 연일 비가 쏟아지듯 내리지만 저는 걷고 또 걷습니다. 그 와중에도 거짓말처럼 간혹 고개를 내밀다 사라지곤 하는 햇살이 차라리 고맙습니다. 프로미스타로 향하던 중 카스티야 수로를 따라 걸으면서 느낀 건데 겉으로 보이는 물결의 방향과 정작 물이 흐르던 방향이 다르더군요. 바람이 워낙 거세게 일어 마치 그 방향으로 물이 흐르는 것 같아 보이는데 정작 수초 더미가 떠내려가는 건 정반대더라고요. 수로 바닥에 흐르는 도도한 저류는 바람결과 다른 거였습니다. 저 역시 바람결에 현혹되는 겉으로 보이는 물살이 아니라 도도히 흐르는 삶의 저류를 직시해야겠다는 생각을 다시 한번 가져봤습니다.

그렇다. 우리는 늘 착각한다. 바람이 만든 표면의 물결만 보고 도도한 저류는 보지 않는다. 아니 아예 보려고도 하지 않는다. 바람 부는 대로, 물결 이는 대로 그것이 진짜 방향이라고 애써 믿어버리고 그것을 따르곤 한다. 그래서 세상이 온통 바람 부는 대로 출렁이는 갈대밭이 되지 않았나 싶다. 진정한 흐름은 바람이 아니라 바닥에 있었다. 바람에 나부끼는 표피적이고 피상적인 것에 눈멀어 도도히 흐르는 저류를 망각하지 말라. 그 나지막한 경고가 프로미스타로 향하는 카스티야 수로를 따라 걷는 나를 내딛는 발걸음마다 죽비처럼 내려쳤다. "겉으로 보이는 것에 현혹당하지 마라! 바람에 휩쓸리지 말고 바다의 흐름을 주시하라!"면서……

가장 안전하다 생각한 곳이
가장 위험하다

스스로 잘나가고 있다고 자만할 때
삶의 위기는 자객처럼 엄습한다
살고자 한다면 좀더 긴장하고
이기려 한다면 더욱 겸손해야 한다

　산티아고 가는 길을 힘들게 걷다가 쉬어 가는 알베르게에서 잘 때 제일 힘든 것은 누군가 방 전체가 울릴 만큼 코를 골 때다. 귀마개를 해도 소용없을 정도로 소음 수준의 코골이들이 적잖다. 정작 자신들은 코 고는 줄조차 모르는지 잘만 자지만 다른 이들은 잠을 설치기 마련이다. 비야시르가(비야카사르 데 시르가)의 알베르게에서도 그랬다. 포블라시온 데 캄포스에서 우시에사 강을 끼고 길게 나 있는 카미노를 따라가면 비야시르가에 닿는다. 그곳 마을 초입의 알베르게는 순례자들의 기부로 운영되는 곳으로 시설이나 여건이 여타의 알베르게보다 열악했다. 온수도 제대로 나오질 않아 찬물로 대충 씻고 잠자리에 들어야 했다. 특히 이층침대인데도 추락 방지용 난간이 아예 없었다. 하지만 시간도 늦고 자리도 그것뿐이라 어쩔 도리 없이 하룻밤을 머물기로 했다.

침낭 안에 몸을 넣고 잠을 청했지만 이층침대의 아래 칸에서 자는 미국인의 코 고는 소리에 도저히 잠을 이룰 수가 없었다. 한참을 뒤척이다가 침대에서 내려와 알베르게 내의 간이식당으로 갔다. 더 피곤해져서 잠이 쏟아질 때까지 식당에 있을 요량으로 간 것이었다.

한 시간가량을 간이식당에서 보냈다. 그러자 잠이 쏟아질 정도로 피곤해졌다. 나는 다시 침대로 돌아왔다. 도둑고양이처럼 발뒤꿈치를 들고 다른 이들에게 방해가 되지 않도록 이층침대 위로 살포시 올라가 다시 침낭 속에 몸을 넣었다. 그러곤 애써 또다시 잠을 청해 어느 순간 잠이 들었다. 그런데 새벽녘이었다. '쿵' 하는 소리와 함께 뭐가 번쩍했다. 내가 이층침대에서 바닥으로 곧장 추락한 거다. 손발이 모두 침낭 안에 들어가 있는 상태에서 맨바닥에, 그것도 나무 바닥이 아닌 돌바닥 위에 떨어진 것이었다. 돌바닥에 꽝 하고 닿은 것은 내 이마와 두 무릎이었다. 정말이지 아찔했다.

내 아래 침대에서 그렇게 크게 코를 골며 자던 미국인 펠리그리노도 화들짝 놀라 잠에서 깨어나 괜찮냐고 물었다. 나는 얼른 일어나 침낭에서 몸을 빼내며 괜찮다고 말했지만 실은 전혀 괜찮지 않았다. 그나마 머리에 챙 없는 도톰한 모자를 쓴 상태로 잤던지라 이마가 바닥에 부딪혔을 때 피가 나는 찰과상은 면했지만 이마가 크게 부풀어 올랐다. 몇 해 전 자전거를 타고 언덕길을 내려가다가 굴렀을 때나 진배없었다. 양쪽 무릎도 마찬가지였다. 바닥에 직접 부딪힌 양 무릎 중 특히 오른쪽 무릎이 톡 불거지듯 부풀어 올랐다. 급한 대로 머리맡에 놓고 자던 약품통에서 안티푸라민을 꺼내 이마와 양 무릎에 듬뿍 발라줬다. 다시 침낭 안에 몸을 넣고 그제야 놀란 가슴을 쓸어내리며 생각했다. 정말이지 이러다가 '한 방에 훅' 하고 갈 수도 있겠구나 싶었다.

위기는
자만할 때 덮친다

『위험사회』의 저자 울리히 벡은 근대 이후 위험의 생산은 부의 생산과 서로 맞물려 폭발적으로 증가했다고 말했다. 그에 따르면 위험이야말로 근대성의 또다른 징표다. 물론 부의 생산은 빈부의 차이를 만들고 불평등을 심화시켰다지만, 위험의 생산은 특정 지역이나 특정 집단에 편향되지 않고 무차별적이며 전지구적으로 상시상존화되었다는 점에서 그 무엇보다 평등하다. 그렇다. 위험 앞에서는 모두가 평등하다. 아니 우리는 삶의 모든 상황에서 위험과 동거하고 있는 셈이다. 다시 말해 돈이나 권력은 있고 없음에 따라 항상 사람들을 불평등하게 서열화하지만 위험 앞에서는 모든 이가 예외 없이 평등하며 그만큼 위험과 위기는 상존한다. 특히 위험은 자기 스스로 가장 안전하다고 생각하는 틈새를 노리고 위기는 스스로 자만할 때 덮친다. 그래서 가장 안전하다고 마음 놓고 있을 때가 가장 위험할 수 있고 가장 잘나가고 있다고 생각할 때가 가장 많이 추락할 위기인 것이다.

산티아고 가는 길을 걸으면서 정말이지 내가 죽을 뻔한 곳은 눈보라 치는 피레네산맥도, 우박이 쏟아지던 오카 산도, 태양이 작열하는 메세타의 고원도, 가도가도 끝없던 험준한 칸타브리아산맥도 아니었다. 진짜 죽음의 그림자가 어른거린 것은 다름아닌 침대 위였다. 침대는 가장 안전하고 아늑한 곳으로 생각되기 마련이다. 하지만 나는 그곳에서 잠자다가 하마터면 죽을 뻔했다. 눈보라 속에 피레네를 넘을 때도, 어둠 속에 우박을 맞으며 산길을 헤치고 나와 아헤스에 닿을 때도 죽음이 손짓함을 느꼈지만 나는 건재했다. 그런데 가장 안온한 침대 위에서, 그것도 침낭 속에 나를 넣고 있다가 그 침대에서 떨어져 죽을 뻔한 것이다.

그렇다. 삶도 이와 다르지 않다. 가장 안전하다고 생각되는 곳이 가장 위험할 수 있다. 아니 실제로 가장 위험하다. 또 가장 잘나가고 있다고 자만하고 있을 때 삶의 위기는 자객처럼 엄습한다. 어쩌면 이것을 새삼 깨닫기 위해, 아니 몸에 각인하려고 나는 이층침대에서 떨어졌던 것인지도 모른다. 물론 나는 아직 건재하다. 살아 있다. 하지만 진정 살고자 한다면 좀더 긴장하고, 끝내 이기려 한다면 더욱 겸손해야 함을 뼛속 깊이 느끼며 새겨본다.

느리게
그러나 포기하지 말고!

———

애써 서두르지 마라
자기만의 속도를 유지하라
멈출지언정 결코 포기하지는 마라

비야시르가의 알베르게에서 새벽녘에 침대 위에서 떨어진 후유증 때문인지 아침에 길을 나서려고 하니 양 무릎이 시큰거렸다. 특히 오른쪽 무릎이 부어 있었다. 하지만 이 정도 일로 걷기를 쉬거나 중단할 수는 없는 일! 안티푸라민을 듬뿍 발라준 후 걷기 시작했다. 물론 다른 날보다 걷는 데는 적잖게 힘이 들었다. 특히 27킬로미터 정도를 걸은 후인 레디고스를 지날 즈음에는 너무 힘들어 이러다 무릎이 절단나는 거 아닌가 하는 생각마저 들었다. 하지만 머물 숙소도 이미 차버렸고 비바크를 할 만한 곳도 찾지 못해 어쩔 수 없이 계속 걸어야 했다. 마침내 비야시르가에서 33킬로미터 지점인 테라디요스 데 로스 템플라리오스까지 걸은 후 마을 초입에 있는 알베르게에서 짐을 풀었다. 샤워를 하고 난 후에도 무릎과 발목이 다른 날보다 많이 시큰거렸다. 정말이지 하루에 30킬로미터 이상 걷는 건 자제해야겠다고 생각했다. 하지만 어디 그게 내 마음처럼 되던가?

내가 머물게 된 테라디요스 데 로스 템플라리오스라는 마을은 생장과 산티아고 데 콤포스텔라 사이의 거의 중간 지점으로 알려진 곳이다. 이제 비로소 절반을 온 거다! 25일 동안 걸어 절반을 왔으니 나머지 절반을 가는 데도 족히 그만큼의 시간이 걸릴 것이다. 사실 빨리 걷는 이들은 33일 정도 걸으면 산티아고 데 콤포스텔라에 도착한다. 그것에 비하면 나는 느려도 한참 느린 것이다. 물론 걷는 틈틈이 글을 쓰고 칼럼을 쓰며 나아가기에 어쩔 수 없다지만 그래도 느린 것임에 틀림없다. 하지만 나는 그 어떤 상황에서도 걷는 것을 포기하지는 않았다. 비록 느리지만 포기하지 않는 것! 그것이 내게는 더 의미가 있었다.

물론 좀 속도를 내볼까 하는 시도도 해봤다. 하지만 이 걸음이 내가 할 수 있는 최적치임을 절감하며 여기까지 왔다. 그래, 까짓것 두 달이 걸리면 어떠냐. 어차피 산티아고 가는 길을 걷는 것이 속도 경쟁하는 것은 아니지 않은가. 오히려 너무 빨리 걸은 이들이 "왜 그렇게 빨리 걸었나 후회된다"고 하는 얘기를 이런저런 블로그와 카페에서 읽은 기억이 있기에 나는 조급해하지도 서둘지도 않으면서 앞으로도 차근차근 한 발 한 발 내디디며 나아가기로 마음을 재차 다잡았다. 나만의 페이스를 유지하면서!

인생 레이스는 속도 경쟁이 아니다.
가장 중요한 것은 자기 페이스를 잃지 않는 것이다.

인생 레이스의 7가지 원칙

누구에게나 삶은 그 자체가 레이스다. 물론 단순 속도 경쟁이 아닌, 그 이상의 의미를 지닌 레이스다. 바로 그 인생 레이스의 제1원칙은 '자기 페이스를 잃지 말라'는 것이다. 살아오면서 그 누구나 인생 레이스에 임하는 나름의 주법^{走法} 혹은 보법^{步法}이 있다는 걸 알게 되었다. 어떤 이는 보폭을 크게 하며 초반부터 전력 질주를 한다. 옆에 있던 사람들도 덩달아 속도를 낸다. 하지만 그중 8할은 중도에서 주저앉는다. 자기 페이스를 잃었기 때문이다. 주법 혹은 보법은 사람마다 다를 수 있다. 하지만 어떤 주법 혹은 보법이든 최고의 인생 레이스를 펼치기 위해서 가장 중요한 것은 '자기 페이스를 잃지 않는 것'이다. 자기 페이스를 잃지 않는다는 것은 오버 페이스를 하지 않는 것이다. 그런데 정작 대부분의 사람들은 자기 페이스가 뭔지조차 모르고 인생 레이스에 임한다. 자기 강점이 뭔지, 자신의 최고 속도는 얼마인지, 자신의 지구력은 어느 정도인지 알지 못한다. 그런 가운데 옆에서 보폭을 넓혀 빨리 달려나가면 엉겁결에 뒤처지지 않기 위해 죽자살자 따라붙는다. 그러곤 탈진해 풀썩 주저앉기 일쑤다. 그러니 인생 레이스의 가장 중요한 것은 자기 페이스를 잃지 않는 것이다. 산티아고 가는 길을 걷는 것에서도 마찬가지다.

인생 레이스의 제2원칙은 '구간기록을 체크하라'는 것이다. 인생 레이스는 길다. 결코 짧지 않다. 한숨에 달려갈 길이 아니다. 레이스 전체를 머릿속에 큰 그림으로 그릴 필요는 있지만 정작 뛰거나 걸을 때는 전체 구간을 토막내서 한 구간 한 구간씩 차근차근 나아간다는 기분으로 해야 한다. 그러지 않으면 끝이 보이지 않는 막막함 속에 지레 주눅 들고 힘겨워하며 또다시 포기하고 싶은 심정에 풀썩 주저앉기 십상이다. 그래서 인생 레이스엔 스스로 구간 설정을 할 필요가 있다. 사람과 형편에 따라 다르겠지만 대략 1년, 3년, 5년 단위로 인생 레이스의 구간을 나누면 되지 않을까 싶다. 아울러 그 구간에서 펼친 레이스의 기록을 꼼꼼히 체크해야 한다. 왜 하냐고? 미래를 위해서다! 그 기록에는 성취와 성공만이 아니라 실수와 실패도 담겨 있기 마련이다. 성취와 성공의 기록은 뿌듯한 것이지만 정작 인생 레이스의 다음 구간을 뛰거나 걷는 데 도움이 되는 것은 성공적인 레이스를 펼친 기억이 아니라 실수하고 실패했던 것의 아픈 교훈들이다. 그 실수와 실패의 아픈 경험들을 기억하고 기록해야 미래를 대비하고 새롭게 만들어갈 수 있기 때문이다.

인생 레이스의 제3원칙은 '이미 지난 레이스에 집착하지 말라'는 것이다. 인생 레이스를 펼치는 사람들이 한결같이 경험하는 것이 있다. 이미 지난 구간의 레이스에 집착하면 지금 하는 레이스를 망친다는 사실이다. 지나간 것은 지나간 것이다. 지금부터가 더 중요하다. 시선은 앞을 보면서 정작 생각은 발뒤꿈치에 잡혀 있다면 제대로 나아갈 수 없다. 앞서 달린 구간기록을 체크하는 것은 과거에 연연하기 위해서가 아니다. 오늘 그리고 미래에 더 잘 뛰기 위해서다. 그러니 이미 지난 레이스에 집착하지 마라. 지금 하고 있는 레이스에 집중해야 한다. 그래야 제대로 나아갈 수 있고 또 이길 수 있다.

인생 레이스의 제4원칙은 '길가의 시선을 의식하지 말라'는 것이다. 인생 레이스를 펼치다보면 연도에 선 사람들의 시선을 벗어나기 어렵다. 다름아닌 내 주위 사람들이기 때문이다. 때론 그들의 관심과 격려, 박수와 환호 그리고 미소와 칭찬이 힘이 되기도 한다. 하지만 그 반대로 손가락질을 받거나 야유와 험담을 들을 수도 있다. 그래서 자칫 길가의 시선을 너무 의식하다보면 오버 페이스를 하거나 아예 발이 꼬여 넘어지기 쉽다. 그러니 레이스를 펼칠 때는 길가의 시선과 주위의 시선을 넘어서야 한다. 너무 의식하지 마라. 아니 그 시선으로부터 스스로를 자유롭게 하라. 그래야 제대로 뛸 수 있다.

인생 레이스의 제5원칙은 '가장 소중한 것을 위해 레이스를 펼치라'는 것이다. 인생 레이스를 하다보면 어느 순간 '지금 왜 이렇게 힘들여서 뛰고 걸으며 가고 있는 거지?' 하는 회의가 갑자기 봇물 터지듯 몰려올 때가 있다. 모든 것을 내려놓고 싶을 때가 있는 것이다. 그때를 이겨낼 수 있는 것은 자신이 가장 소중한 것을 위해 이 인생 레이스를 펼치고 있다는 것을 스스로에게 확인시키는 것이다. 아무리 힘든 레이스에서도 가장 소중한 것을 생각하면 결코 포기할 수 없다. 그 가장 소중한 것이 무엇인지는 인생 레이스를 뛰는 각자의 사람들이 잘 안다. 아니 느낀다. 나에게 가장 소중한 것은 거창한 그 무엇이 아니다. 가족이다. 아이들과 아내다.

인생 레이스의 제6원칙은 '상대를 보지 말고 목표를 보고 나아가라'는 것이다. 토끼와 거북이의 레이스를 알 것이다. 빠른 토끼가 느린 거북이에게 진 이유는 간단하다. 거북이는 산등성이의 깃발, 곧 목표만을 보고 나아갔고 토끼는 상대인 거북이만 보고 뛰었기 때문이다. 토끼는 빨리 내달렸지만 어느 지점에 가서 뒤처져 오는 거북이를 보고는 풀섶에 들어가 잤다. 물론 잘 수도 있다. 하지만 토끼는 어디를 가겠다는 목표보다 뒤에 오는 상대인 거북이만 본 것이다. 반면에 거북이는 느렸지만 계속 전진했다. 풀섶에서 자고 있는 토끼도 힐끗 봤다. 하지만 거북이는 상대인 토끼를 보고 멈추지 않았다. 그는 산등성이의 깃발, 곧 목표를 보고 계속 나아갔다. '상대'를 보는 사람이 '목표'를 보는 사람을 이길 수 없는 까닭이 여기에 있다. 인생 레이스에서도 마찬가지다. 결국 이기는 사람은 목표를 보고 나아가는 사람이지 상대만 보고 멈추는 사람이 아니다.

인생 레이스의 제7원칙은 '포기하지 말고 끝까지 달리라'는 것이다. 제아무리 훌륭한 주법과 보법을 구사하고, 구간기록이 좋을지라도 결승점에 골인하지 않으면 모든 게 허사다. 그래서 최고의 인생 레이스는 완주完走하는 것이다. 기록이 좀 나빠도 괜찮다. 어차피 빠르나 늦으나 그것은 기록일 뿐이고 인생 대사엔 별 상관 없는 일이다. 기록상 1등이든 꼴등이든 인생의 마지막 종착점에서는 똑같다. 적어도 인생 레이스를 완주한 사람들은 모두 뭔가를 이뤄낸 것이라는 점에서 다르지 않다. 그러니 속도상의 빠름과 느림이 중요한 것이 아니라 포기했느냐 완주했느냐가 중요한 것이다. 어떤 경우에도 포기하지 마라. 절대로, 절대로, 절대로 포기하지 마라. 끝까지 가라. 그게 인생 레이스에서 가장 중요한 것이다.

인생 레이스는 속도 경쟁이 아니다. 그런 점에서 산티아고 가는 길은 인생 레이스를 닮았다. 산티아고 가는 길에서와 마찬가지로 인생사에서도 남보다 빨리 가는 게 꼭 좋은 것만은 아니다. 10년 빨리 출세하면 10년 빨리 놀게 된다는 말도 있지 않은가. 중요한 것은 자기 페이스를 알고 그것을 유지하는 것이다. 느리면 어떠하랴. 그것이 자기 걸음이라면 느린 것이 아니라 적당한 거다. 남들이 한 달에 걷는다는 길을 나는 두 달 걸려 걷는다. 하지만 그 느림 속에서 나는 더 많이 느끼고 더 많이 생각하고 더 많이 행복했다. 그러면 그것으로 족한 것이 아닐까. 인생사도 마찬가지다. 애써 서두르지 마라. 자기만의 속도, 자기만의 페이스를 유지하라. 그리고 때로 멈출지언정 결코 포기하지는 마라. 그 걸음으로 꾸준히 가는 거다. 그게 가장 중요하고 제일 무서운 거다.

템플기사단 최후의
총기사단장
자크 드 몰레

산티아고 데 콤포스텔라를 향해 가는 길은
이슬람에게 먹힌 이베리아반도를
되찾기 위한 실질적인 몸부림이었다

'테라디요스 데 로스 템플라리오스'에는 전설적인 템플기사단의 최후의 총總기사단장이었던 자크 드 몰레Jacques de Molay의 이름을 딴 알베르게가 있다. 알베르게 외벽엔 템플기사단복을 차려입은 자크 드 몰레의 벽화가 멋지게 그려져 있고, 알베르게 곳곳에도 흰색 바탕에 붉은 십자가가 뚜렷한 템플기사단기를 꽂아놓았다. 그 알베르게 정원에 앉아 상념에 젖어 이 글을 쓴다.

템플기사단이란 말 그대로 성당기사단, 신전神殿기사단이라고도 불리는 중세의 기사단으로 1118년 상파뉴의 기사인 위그 드 파양이 순례자 보호와 성지 수호를 목적으로 결성했다. 하지만 템플기사단이 만들어진 배경을 이해하려면 십자군전쟁에 대한 선先이해가 필수적이다. 그리고 템플기사단이 갑작스럽게 해체된 후 파문당하고 결국엔 하나의 전설로 남게 된 것 역시 십자군전쟁의 종언과 그후 전개된 일련의 정치적·경제적·종교적 음모 및 뒷거래와 밀접하게 연관돼 있음도 주목해야 한다. 중세의 그 시대로 떠나보자!

"신이 바라신다!"

교황 우르바누스 2세가 클레르몽 종교회의를 소집한 것은 1095년의 일이었다. 이 종교회의에서 우르바누스 2세는 "신이 원하신다Deus vult!"는 한마디로 성지 예루살렘을 이교도의 손아귀에서 되찾을 것을 1차적 목적으로 한 십자군전쟁에 도화선을 마련한다. 교황은 십자군 원정에 참여하는 이들에게 연옥의 형벌을 면해줄 것을 약속(그냥 면죄부가 아니다!)했고 여기에 은자隱者 피에르의 십자군 참여를 선동하는 설교가 도화선에 불을 댕겨 1096년경엔 유럽 각지에서 대중들의 폭발적인 참여가 성사됐다.

10만 명이 넘는 자발적인 민중십자군에는 떠돌이 기사와 농민 심지어 여자와 아이 들까지 섞여 있었다. 그들은 오로지 '죄사함'이라는 한마디에 스스로를 주의 전사로 믿고 나선 것이었다. 하지만 규율도, 보급도, 은자 피에르 이외엔 이렇다 할 지휘자도 없는 이들이 휘몰려 가자 그들이 지나는 곳은 식량의 약탈, 민가의 피습 등 단지 민폐 정도가 아니라 아예 쑥대밭이 되곤 했다. 그래서 헝가리에서는 이들 민중십자군으로부터 자신들의 가족과 재산을 지키려는 기독교인들이 집단적으로 서로 맞서 피 터지게 싸우기까지 했다.

은자 피에르가 이끄는 민중십자군이 예루살렘 성지 회복을 목표로 출발한 후 이를 뒤따라 유럽 각지의 봉건제후들이 거느린 기사들이 대거 참여한 일종의 연합 기사십자군이 출진했다. 이들을 이끈 총대장 격의 인물은 프랑스 북동부에 광활한 영지를 가지고 있던 30대 후반의 로렌 공작 고드프루아 드 부용이었다. 그는 용맹했을 뿐만 아니라 신중하기까지 해 주위로부터 두터운 신망을 받고 있었다. 또한 그가 이끈 연합 기사십자군은 나름 군비도 갖추었고 규율도 있었기에 별다른 저항 없이 비잔틴제국의 수도 콘스탄티노플까지 순조롭게 진군할 수 있었다.

로렌 공작이 이끄는 연합 기사십자군이 소아시아 지역으로 들어서자, 이렇다 할 전략이나 대책은 전무한 채 그저 막무가내로 예루살렘 방향으로 전진만 하던 은자 피에르의 민중십자군의 일부 역시 자연스럽게 로렌 공작의 지휘하에 흡수되는 양상을 보였다. 로렌 공작이 이끄는 연합 기사십자군은 1097년 니케아 공방전에서 처절하게 싸워 1000급에 달하는 이슬람 병사들의 머리를 베었다고 전한다. 반면에 무작정 앞서 나갔던 민중십자군은 유럽 본토를 떠날 때는 10만여 명의 무리였지만 동유럽을 거쳐 소아시아 지역에 이르렀을 때는 이미 2만여 명으로 격감해 있었다. 별다른 싸움을 해서라기보다 먹을 것이 없어 굶어 죽거나 마실 물조차 구하질 못해 목이 말라 죽은 이들이 태반이었다. 그렇게 해서 정작 로렌 공작이 이끄는 연합 기사십자군이 소

순례길에는 템플기사단 최후의 총기사단장의 이름을 딴
'자크 드 몰레' 알베르게가 있다.
알베르게 곳곳에는 흰색 바탕에 붉은 십자가가 뚜렷한 템플기사단기가 꽂혀 있다.

아시아를 통과해 예루살렘 방면으로 나아갈 때는 여자와 아이 들까지 포함한 민중십자군의 여기저기 널린 주검을 밟고 가야 했던 것이다.

로렌 공작이 이끈 연합 기사십자군과 민중십자군이 뒤섞인 제1차 십자군은 토로스산맥을 넘어 시리아 방면으로 진출한 후 무려 8개월에 걸친 안티오키아 공방전에서 끝내 승세를 굳혔다. 1098년의 일이었다. 안티오키아는 로마제국시대에 로마, 알렉산드리아와 함께 제국의 3대 도시로 일컬어질 만큼 요충지였다. 제1차 십자군이 안티오키아를 공략하는 데 성공함으로써 성지 예루살렘 입성은 이제 시간문제처럼 여겨졌다.

하지만 예루살렘은 기독교도들만의 성지가 아니었다. 이슬람교도들에게는 예언자 마호메트가 승천한 또하나의 성지였다. 따라서 쌍방 모두 결코 양보할 수 없는 곳이었고 지키려는 자와 되찾으려는 자 사이의 피 튀기는 공방전이 필연화된 곳이었다. 『예루살렘 전기 *Jerusalem : The Biography*』를 쓴 사이먼 시백 몬티피오리가 말한 것처럼 예루살렘은 축복과 저주가 동시에 존재하는 땅이었던 것이다. 실로 예루살렘을 둘러싼 공방전은 격렬한 전투의 연속이었다. 하지만 1099년 로렌 공작 고드프루아가 직접 선봉에 선 연합 기사십자군은 성지 예루살렘을 기어이 회복하고야 말았다.

예루살렘 성지를 탈환한 후 로렌 공작 고드프루아 드 부용은 예루살렘의 왕이 되었다. 하지만 제1차 십자군전쟁에서 진을 다 뺀 탓인지 그는 즉위 후 1년 만에 세상을 떠나고 말았다. 그 뒤를 이어 예루살렘의 왕위에 오른 이는 고드프루아의 친동생 보두앵이었다. 그는 18년 동안 왕위에 있으면서 시리아와 팔레스타인 지역을 안정시킨 나름 유능한 군주였다. 하지만 그 역시 1118년 세상을 떴고 에데사 백작이던 그의 사촌이 보두앵 2세로 그 뒤를 이었다. 바로 이 무렵 상파뉴의 기사인 위그 드 파양 등이 주축이 돼 예루살렘 성지를 방어하고 성지 순례자 보호를 목적으로 템플기사단을 결성하기에 이른 것이다.

그후 10년 뒤인 1128년 템플기사단은 성 베르나르두스의 후원으로 정식 기사수도회로서 로마교황의 공인을 받았다. 당시는 제1차 십자군전쟁에서의 승리로 예루살렘을 회복한 후 시리아, 팔레스타인 지역에 이르기까지 예루살렘 왕령 외에도 에데사 백작령, 안티오키아 공작령, 트리폴리 백작령 등이 형성되었다. 이즈음 템플기사단은 예루살렘의 솔로몬 신전 터를 본거지로 삼아 각지에 성을 쌓고 성지 방어의 주력으로 부상하며 활약하게 되었다. 이에 템플기사단에는 유럽 각지에서 성금이 답지하고 토지를 기부하겠다며 나선 이들의 후원으로 많은 토지와 성을 소유하게 되었다. 심지어 잉여자금으로 금융업에 진출해 템플기사단 자체로 엄청난 거액의 부를 축적한 집단이 되었던 것이다. 결국 이 엄청난 부의 소유가 결과적으론 템플기사단의 목줄을 죄는 결정적 이유가 되고 말았지만 말이다.

십자군전쟁의 희생양
템플기사단

템플기사단은 호스피털기사단(성 요한 병원기사단), 튜턴기사단 등과 함께 성지 예루살렘에 세워진, 십자군 국가를 200여 년 동안 보호하고 지탱해온 기둥 중 하나였다. 하지만 성지 예루살렘이 십자군의 수중에 있었던 것은 딱 88년뿐이었다. 이슬람의 걸출한 지도자 살라딘의 출현으로 예루살렘은 1187년 다시 이슬람 수중에 들어가게 되었다. 물론 그후에도 십자군 원정은 계속됐지만 끝내 성지 예루살렘을 되찾지는 못했다. 특히 1270년 마지막으로 결성된 제8차 십자군마저 이렇다 할 싸움 한번 해보지 못하고 흐지부지된 채 스스로 회군해버리자 팔레스타인 지역에 남아 이슬람 세력과 쉼 없이 싸워온 템플기사단과 호스피털기사단 등은 고립된 상태로 아코에서 마지막 일전을 치를 수밖에 없었다. 그것이 아코 공방전이다.

하지만 1291년 아코마저 함락되자 200여 년 동안 십자군의 이름으로 시리아와 팔레스타인 지역에 뿌리를 내리고 있었던 기독교 세력은 더이상 설 땅이 없게 되었다. 마지막까지 남아서 일전을 치렀던 호스피털기사단은 로도스 섬으로 본거지를 옮겨야 했고 템플기사단 역시 프랑스로 돌아와야 했다. 이것이 1306년의 일이다. 템플기사단이 프랑스로 돌아온 까닭은 기사단원 대부분이 프랑스 출신이었기 때문이다. 프랑스로 돌아올 당시 템플기사단을 이끌고 있던 총기사단장은 63세의 자크 드 몰레였다.

자크 드 몰레는 전장에서 머리가 희고, 전장에서 일생을 보낸 이였다. 500년 뒤 나폴레옹 보나파르트가 고백하듯 말했듯이 남자는 전장에서 빠르게 늙는다. 자크 드 몰레도 그랬다. 그는 스물두 살에 템플기사단에 들어가 스물여덟 살 되던 해 팔레스타인으로 가서 환갑이 훨씬 넘도록 30여 년 동안 오로지 예루살렘 회복이란 목표만을 보고 살았던 투사다. 그는 타협을 몰랐다. 오로지 적에 대한 투쟁과 신을 향한 복종만을 알았을 뿐이다. 하지만 그런 고집스러움이 결국은 그의 목을 죄는 올가미가 되고 말았다.

평생을 성지 회복의 기치를 내걸고 전장에서 싸우고 돌아온 자크 드 몰레와 템플기사단을 기다리고 있던 것은 프랑스 국왕의 이름으로 내려진 체포령이었다. 1307년 템플기사단의 기사, 시종, 기사단 소속 사제에 이르기까지 1만 명 이상이 일제히 체포됐다. 기사단장 자크 드 몰레 역시 138명의 기사와 함께 파리에서 체포돼 연행되었다. 도대체 어찌 된 일인가? 훈장과 포상을 줘도 시원치 않을 이들에게 체포령이라니!

표면적인 이유는 템플기사단이 신비주의에 빠진 채 입단 의례로 십자가에 침을 뱉고 남색 행위가 내부에 만연된 이단 집단일 뿐만 아니라 이슬람과 내통해 시리아와 팔레스타인 등 중근동에 세워진 십자군 국가를 팔아넘겼다는 말도 안 되는 내용이었다. 하지만 템플기사단의 체포령에는 이외에도 127가지의 고발 이유가 따라붙었다. 200여 년 동안 2만여 명의 기사들이 성지 회복과 성지순례자들을 보호하다 희생되었음을 생각해보면 정말이지 기가 막힐 노릇이었다.

하지만 여기에는 십자군전쟁에서 사실상 패배한 실패의 책임을 전가하려는 정치적 음모와 더불어 템플기사단이 보유하고 있던 유럽 각지의 성과 토지 그리고 금액을 헤아리기 힘들 만큼 많은 보유금을 자기 손아귀에 넣으려던 프랑스 왕 필리프 4세의 계략이 숨어 있었다. 필리프 4세의 할아버지 루이 9세와 그의 군대는 1248년 제7차 십자군으로 나섰다가 1250년 맘루크 군대와의 전투에서 패해 몽땅 포로가 된 일이 있었다. 이때 템플기사단이 막대한 보석금을 대신 지불해 간신히 석방될 수 있었다. 그러나 극심한 재정난에 봉착했던 프랑스의 카페왕조는 템플기사단에 진 거액의 빚을 갚지 못한 채 반세기를 지나왔다. 그러니 프랑스 왕 필리프 4세는 빚진 돈도 갚지 않고 오히려 자기 가문과 왕조에 선의를 베풀었던 템플기사단을 되레 모략해 해체시키고 그 재산까지 모두 앗아간 것이었다. 정말이지 파렴치한 일이 아닐 수 없었다.

프랑스 왕의
꼭두각시가 되어버린 교황

그렇다면 템플기사단이 만들어질 당시 그것을 최초의 정식 기사수도회로 공인했던 로마교황은 이럴 때 어디서 무엇을 하고 있었나? 템플기사단에 대한 대대적인 체포와 숙청이 이뤄지기 1년 전인 1306년 당시 유럽세계의 힘의 향방을 암시하는 일대 사건이 벌어졌다. 다름

아니라 로마교황이 아비뇽에 유폐당한 것이었다. 그래서 로마에는 아예 교황이 없게 되었고 교황청 역시 아비뇽으로 사실상 이주한 상태가 되어버렸다. 그것은 속세의 왕이 하늘의 뜻에 따라 세워졌다고 믿어져온 교황을 이리저리 뒤흔들어 자기 손아귀에 넣고 꼭두각시로 만든 것이나 마찬가지였다.

아울러 그것은 1077년 1월 한겨울에 북이탈리아의 카노사 성문 앞에 신성로마제국의 황제 하인리히 4세가 자신을 파문한 교황 그레고리우스 7세에게 용서를 구하고 복권을 부탁하려고 무릎을 꿇은 이른바 '카노사의 굴욕'이 있은 이후 230여 년 만의 대역전극이 아닐 수 없었다. 카노사의 굴욕이 중세 교황권의 절정을 알리는 신호탄이었다면 아비뇽 유폐(혹은 유수)는 근대 황제권의 시작을 알리는 사이렌이었다고 할 수 있다. 어찌 보면 십자군전쟁의 시작도 카노사의 굴욕을 통해 확인된 강력한 교황권의 주창과 선동 없이는 애초에 불가능했을 것이다. 아울러 실패한 십자군전쟁의 종식 역시 아비뇽 유폐로 상징화되듯이 교황권의 실추와 더불어 진행되었음은 물론이다.

아비뇽에 유폐당해 프랑스 왕의 꼭두각시 신세가 되어버린 교황 클레멘스 5세는 마침내 1312년 '템플기사단의 궤멸과 전면적인 해산'을 골자로 한 교서를 공표했다. 그 교서에 따라 이제는 템플기사단이란 이름 자체를 언급해서도 안 되고 흰색 옷에 붉은 십자가를 새긴 템플기사단복을 걸쳐서도 안 되게 된 것이다. 아울러 프랑스를 위시해 유럽 각지에 산재해 있던 템플기사단 소유의 토지와 성 그리고 현금은 죄다 몰수되어 프랑스 왕의 금고로 들어갔다. 그리고 그중 8분의 1에 해당하는 금액은 6년에 걸쳐 템플기사단의 반기독적 이단 여부를 심판해온 이단재판소에게 종교재판 비용이란 명목으로 넘어갔다. 이단재판소가 교황청 산하였음은 물론이다. 템플기사단의 해체와 그에 따른 일련의 사태들은 프랑스 왕과 교황의 추잡한 모습을 그대로 보여준다. 이처럼 템플기사단의 해체 과정은 아마도 인류 역사상 가장 추악한 정치·종교 합동의 협잡이 아닐 수 없었다.

'자크 드 몰레'
여전히 살아 있는 전설

템플기사단의 마지막 총기사단장이었던 자크 드 몰레는 스물두 살에 템플기사단에 입단해 스물여덟 살 되던 해에 팔레스타인에 보내진 후 자신의 평생을 바쳐 용맹을 떨치며 싸운 인물이다. 그는 자신의 생애를 다 바쳐 성지 예루살렘 탈환을 위해 싸웠지만 끝내 그 뜻을 이루지 못한 채 고향으로 돌아와야 했다. 하지만 자크 드 몰레는 돌아온 고향에서 참으로 어처구니없게도 이단으로 몰려 같은 기독교도인 프랑스 왕과 교황의 더럽고 은밀한 음모와 계략 때문에 죄 없이 파리 노트르담성당 뒤의 형장에서 공개적으로 화형에 처해졌다. 1314년 3월 18일의 일이었다. 그는 산 채로 화형당하며 프랑스 왕과 교황을 저주했다고 한다. 그 저주 때문인지 몰라도 그가 화형당한 지 불과 한 달 만인 같은 해 4월 20일에 채 쉰 살이 되지 않았던 교황 클레멘스 5세가 갑작스럽게 세상을 떠났다. 그리고 같은 해 11월 29일 역시 마흔일곱 살에 불과했던 프랑스 왕 필리프 4세도 사냥중 심장마비를 일으켜 세상을 떴다. 사람들은 자크 드 몰레의 저주를 받았기 때문이라고들 말했다.

지난 2007년 10월 로마교황청은 1307년 당시 템플기사단에 대한 종교재판을 기록한 비밀문서를 공개했다. 이 문서에 따르면 당시 교황 클레멘스 5세는 템플기사단이 이단이 아님을 내심 인정하면서도, 이들을 처단하도록 고발한 프랑스 왕 필리프 4세와의 어쩔 수 없는 관계 때문에 템플기사단에 대한 대대적인 박해와 근본적인 해체에 나섰다는 것이 밝혀졌다. 이에 템플기사단의 후예를 자처하는 스페인의 한 단체(주 예수 성당의 주권기사단)가 2008년 8월 교황 베네딕토 16세를 상대로 과거 템플기사단의 재산을 부당하게 몰수한 사실을 인정하라며 소송을 낸 바 있다.

이 단체는 소송과 관련돼 발표한 성명서를 통해 "우리는 로마교황청을 경제적으로 붕괴시키기 위해서가 아니라 기사단을 노리고 벌어진 음모의 중대성을 법정에서 알리기 위해 소송을 냈다"고 밝혔다. 물론 이들은 소송을 통해 오래전 귀속된 템플기사단의 재산을 되찾으려는 것은 아니라고 밝혔지만 당연히 그 금액에 대해 세간에서는 궁금해하지 않을 수 없었다. 이 단체는 당시 클레멘스 5세가 템플기사단을 해체하면서 목초지와 풍차, 상업시설 등 9천여 곳의 부동산을 몰수조치했는데, 그것의 현재 가치가 1000억 유로(약 158조 6천억 원)에 이른다고 주장했다.

여전히 템플기사단의 역사적 의의를 둘러싼 논쟁은 끊이지 않는다.
그런 의미에서 자크 드 몰레는 여전히 살아 있다.

사실 먼저 책임을 물었어야 하는 것은 의당 프랑스 국왕이겠지만 필리프 4세가 속한 카페왕조는 1328년에 끝이 난다. 그후 광의의 방계 왕조로 발루아 왕조, 발루아 오를레앙 왕조, 발루아 앙굴렘 왕조, 부르봉 왕조로 이어지긴 하지만 이마저도 1830년 7월 혁명으로 샤를 10세가 퇴위함으로써 종식됐기에 지금까지 면면히 맥을 이어온 로마교황청에 그 책임을 물은 것이라고 볼 수 있다. 어쨌든 템플기사단과 최후의 총기사단장 자크 드 몰레의 전설 같은 이야기는 지금도 도처에 살아 있다. 산티아고 가는 길에서도 그의 이름을 딴 알베르게가 있을 만큼……

세계 최고最古의 순례길

711년은 이베리아반도에 대한 이슬람의 지배가 시작된 해로 기록돼 있다. 그로부터 약 백 년 후인 810년경 은둔자 펠라기우스가 성聖 야고보, 즉 산티아고의 유해가 묻힌 장소를 계시받아 테오도미르 주교와 함께 야고보 성인의 유해를 발견하고 그 무덤이 있던 곳을 '캄푸스 스텔라(별이 떠 있는 들판)'라 부르게 되었다. 그리고 이 캄푸스 스텔라(콤포스텔라)에 아스투리아스 왕국의 알폰소 2세가 성당을 짓도록 명해 지금의 산티아고 데 콤포스텔라 대성당의 모태가 된 것이다. 물론 야고보 성인, 즉 산티아고의 유해가 진짜 800여 년 만에 발견된 것일 수도 있겠지만 당시 이베리아반도에 들어온 이슬람 세력을 축출하기 위한 레콩키스타의 일환으로 산티아고의 유해가 발견되었다고 선언

한 것일 수도 있다.

　어쨌든 산티아고 데 콤포스텔라 대성당 지하에 산티아고의 유해가 안치되었다고 전해지자 순례자들이 늘기 시작했다. 이들 순례자들은 이슬람과 기독교 세력이 여전히 양분돼 싸움을 벌이고 있는 곳을 관통해서 성지 순례에 나선 것이었다. 어떤 의미에서 산티아고 데 콤포스텔라를 향해 가는 순례길은 이슬람에 먹힌 이베리아반도를 되찾기 위한 실질적인 몸부림이요 움직임 중 하나였던 셈이다. 순례꾼으로 위장한 밀정도 있었을 테고 순례를 가장해 이슬람의 동태를 살피려는 의도도 없지 않았을 것이다. 심지어 844년의 클라비호 전투에서는 성 야고보, 즉 산티아고가 되살아나 이슬람군에 대한 기독교군의 승리가 가능하게 도왔다는 전설 같은 이야기가 공공연히 나돌기까지 했다.

　동쪽에서는 십자군전쟁이 한창이면서 예루살렘 성지회복에 전력을 쏟고 서쪽 이베리아반도에서는 이슬람 축출 후 재정복 운동인 레콘키스타가 불붙고 있을 때인 1189년 교황 알렉산드리아 3세는 예루살렘, 로마와 함께 산티아고 데 콤포스텔라를 3대 성지로 천명했다. 이제 산티아고 가는 길은 성지 순례길으로서의 확실한 근거를 갖게 된 셈이었다. 그후 십자군전쟁의 여파로 점점 더 예루살렘으로의 접근이 힘들어지자 '산티아고 데 콤포스텔라'는 유럽의 곳곳에서 출발하는 거의 유일한 성지 순례처가 되었다. 그리고 마침내 십자군전쟁의 종식과 더불어 예루살렘 성지순례가 완전히 막혀버린 것과 이베리아반도에서 이슬람 세력이 다시 축출돼 레콘키스타가 완료된 해인 1492년 이후 산티아고 데 콤포스텔라를 향한 순례길은 절정에 달한다.

하지만 30년전쟁과 페스트의 유행 등으로 유럽인들 스스로 공간적 이동이 쉽지 않게 되자 산티아고 가는 길 역시 점점 폐허화되다시피 했다. 그러나 그후 1987년 파울로 코엘료의 『순례자』가 출간되고, 이어서 1993년에 유네스코 지정 세계문화유산에 등재되면서 다시 기지개를 펴고 깨어난 산티아고 가는 길은 현재 명실상부한 세계 최고最古의 순례길로 각광받고 있는 것이다. 그 길을 나도 걷고 있으니 말이다.

담담한 늙음이
아름답다

담담한 늙음은 때로 젊음보다 멋지다
젊음이 죽었다 깨어나도 알 수 없는 그 뭔가가
담담한 늙음 안에는 있다
그 담담하게 늙어가는 것이 곧 삶 아니겠는가

테라디요스 데 로스 템플라리오스를 떠나 사아군을 향해 가는 길에 그만 노란색 화살표를 놓쳐버렸다. 아무리 걸어도 노란색 화살표가 나타나지 않았다. 길을 놓친 것이 확실했다. 그런데 저 멀리서 누군가가 나를 향해 걸어오고 있었다. 와인색 아웃도어를 걸치고 카우보이 모자를 쓴 채 백발을 휘날리며 오는 그를 나는 어제도 먼발치에서 봤던 적이 있었다. 그런데 웬걸 가까이에서 보니 할아버지가 아닌 할머니였다. 걸음걸이가 너무나 당차 남자로 오인했던 것이다.

내가 그녀에게 왜 돌아서 오느냐고 묻자 길을 놓친 것 같다는 대답이 돌아왔다. 그녀도 나와 같이 길을 잃은 것이었다. 나와 그녀는 내

친걸음에 좀더 나가보자고 했다. 하지만 30분가량 걸었는데도 역시 표지판은 나타나지 않았다. 결국 길 위에서 커다란 트랙터를 몰고 가던 사람을 세워 물었더니 역시 잘못 왔던 것이다. 결국 5킬로미터를 되돌아가 다시 들판을 가로질러 모라티노스라는 작은 마을에 닿을 수 있었다. 그곳의 이탈리안 레스토랑에 들어가 차를 한 잔 나누며 할머니와 이런저런 얘기를 나눴다.

　할머니의 이름은 안나. 풍모에서도 느껴졌지만 철저한 환경주의자이자 자연주의자였다. 그녀는 내가 배낭에 자연산 허브를 매달고 다니는 것이 인상적이었다고 말했다. 사실 그 허브잎은 며칠 전 길을 걷다 허브향이 너무 상큼해 가던 걸음을 멈추고 길가에 핀 자연산 허브를 손으로 직접 따서 배낭 뒷주머니에 꽂아놓았던 것이다. 그녀는 태어나긴 스위스에서 났지만 아일랜드, 영국 등에서 유랑에 가까운 삶을 30년 넘게 살다 지금은 프랑스의 산골에 머물고 있다고 했다. 하지만 이렇게 산티아고 가는 길을 걷듯 어디론가 떠나 있을 때가 프랑스에 머물러 있을 때보다 많다며 웃는다. 정말 독특하면서도 멋진 할머니다. 그녀는 레스토랑에 들어가서도 자신이 직접 만든 쌀밥에 민트향 나는 허브잎을 잘게 썰어 비벼서 먹었다. 레스토랑에선 차만 시켜드셨다. 나에게도 민트향 나는 쌀밥을 한입 먹어보라고 권했는데 정말 특이한 맛이었다. 민트껌을 씹다가 쌀밥 한 숟가락을 입에 문 느낌이라면 대략 어떤 맛인지 감이 잡힐 것이다. 하지만 안나 할머니는 정말이지 맛있게 드셨다. 허브밥을 맛있게 먹는 그녀를 물끄러미 바라보았다. 그녀는 참으로 아름답게 늙어가고 있었다.

입양아들의 아버지
김득황

언젠가 시사주간지 『타임』에서 '우아하게 늙어가는*aging gracefully*' 미국인 10명을 선정한 바 있다. 남성으로는 1937년생인 콜린 파월 전 국무장관, 그와 동갑내기인 영화배우 로버트 레드퍼드, 그리고 1930년생인 '투자의 귀재' 워런 버핏 등이 선정됐다. 여성으로는 1941년생인 '살림의 여왕' 마사 스튜어트, 역시 동갑내기 인권운동가이자 반전평화운동가인 가수 존 바에스, 1931년생인 노벨상 수상 작가 토니 모리슨, 그리고 1930년생으로 알츠하이머 병을 앓고 있는 남편 간호를 위해 종신제인 미국 대법관 자리를 미련 없이 버린 샌드라 데이 오코너 등이 포함됐다.

만약 우리나라에서 멋지게 늙어가는 사람 10명을 꼽으라면 누구를 들 수 있을까? 일단 정치인 중에서는 전무할 것 같다. 경제인 가운데서도 선뜻 꼽기가 쉽지 않다. 워런 버핏 같은 이가 눈에 띄지 않기 때문이다. 그나마 문화 혹은 예술인 가운데서는 분야별로 몇 사람을 꼽을 순 있을 것 같다. 하지만 정작 본인들은 스스로 멋지게 늙어가고 있다는 것에 손사래를 칠지 모른다. 멋지고 우아하게 늙어간다는 것이 정말이지 쉽지 않은 것 같다.

그런데 세간에는 그리 알려지지 않았지만 진짜 멋지게 늙어갔던 사람이 있다. 고故 김득황 옹이다. 그는 56세였던 1971년 4월부터 94세가 되었던 지난 2009년 3월까지, 40여 년 동안 '입양아들의 아버지'

로 살았다. 1915년 평북 의주 출신이었던 김옹은 본래 『만한滿韓사전』
을 집필했던 제1세대 간도間島 연구가요 재야 역사학자였다. 그는 『한
국사상사』 『한국종교사』 『한국고대도덕의 연구』 『만주족의 언어』 등 다
수의 저서와 논문도 펴낸 바 있었다. 하지만 후에는 해외개발공사 사
장, 내무부 차관 등 공직에도 있었다. 공무원 월급으로 5남 1녀를 키
우면서도 지리산 빨치산 토벌작전과 폭격 등으로 부모를 잃거나 길거
리에 버려진 전쟁고아 세 명을 자기 호적에 올려 자식으로 들였던 그
다. 그리고 1967년 내무부 차관을 끝으로 공직에서 은퇴한 김옹은 어
린이 구호단체인 한국십자군연맹 등에서 일하며 고아원 지원사업을
하다가, 1971년 본격적으로 동방사회복지회를 창설해 6만여 명의 오
갈 데 없는 아이들에게 새 부모를 만나게 해줬다. 그는 그 40여 년의
세월 동안 입양되어 떠나가는 아이들 하나하나를 끌어안고 올망졸망
한 머리통을 쓰다듬으며 나지막하게 이런 기도를 올리곤 했다.

"어린 것을 상처입혀 또 이렇게 떠나보내오니, 꼭 이 생명을 지켜주
시옵소서."

김옹의 기도를 받고 4만 5000여 명은 해외로, 1만 5000여 명은 국내
로 입양됐다. 지난 2011년 5월 18일 김득황 옹은 향년 96세로 세상을
뜨셨다. 그런데 왠지 그의 삶은 정호승 시인의 「봄길」을 빼닮았다.

(…)

길이 끝나는 곳에서도

길이 되는 사람이 있다

스스로 봄길이 되어

끝없이 걸어가는 사람이 있다

(…)

사랑이 끝난 곳에서도

사랑으로 남아 있는 사람이 있다

스스로 사랑이 되어

한없이 봄길을 걸어가고 있는 사람이 있다

　그렇다. 김옹은 스스로 사랑의 봄길이 되어 가장 아름답게 또 가장 멋지게 늙어간 사람이 아니었나 싶다.

　『나이 듦의 법칙*Rules for Aging*』이란 책을 쓴 로저 로젠블라트는 나이 들수록 이렇게 하라고 권한다. "나쁜 일은 그냥 흘러가게 내버려두라." "'대단해'란 찬사를 조심하라." "외로움보다는 차라리 싸움이 낫다." "한꺼번에 인생의 8분의 1 이상을 바꾸지 말라." "먼저 사과하고 화해하라, 그리고 도움을 주라." 그런가 하면 『계로록戒老錄』을 쓴 소노 아야코 역시 이렇게 당부한다. "늘 인생의 심리적 결재를 해두라." "푸념하지 마라." "젊음을 시기하지 말고 자신의 삶을 더 멋지게 꾸릴 생각을 하라." "남이 '해줄 것'에 대한 기대를 버리라." "쓸데없이 참견하지 말라." "지나간 이야기는 정도껏 하라." "혼자서 즐기는 습관을 기르라." 모두 다 제대로 늙어가는 법을 배우라는 얘기로 들린다.

누구나 늙는다. 예외 없다. 하지만 그것은 결코 슬퍼할 일만은 아니다. 담담한 늙음은 때로 젊음보다 멋지다. 젊음이 죽었다 깨어나도 알수 없는 그 뭔가가 담담한 늙음 안에는 있다. 그 담담하게 늙어가는 것이 곧 삶 아니겠는가. 산티아고 가는 길 위에서 만난 안나 할머니 역시 담담하게 늙어가는 것이 어떤 것인지 느끼게 해줬던 이다. 담담함이 아름답다!

사랑이 끝난 곳에서도 사랑으로 남는 사람이 있다.
스스로 사랑이 되어 한없이 걸어가는 사람이 있다.

어떤 흔적을
남길 것인가?

오늘 내가 남긴 흔적이 나의 역사이자 미래다
지우려 해도 지워지지 않는다
삶의 흔적은 그만큼 냉정하고 냉혹하다

만시야 데 라스 물라스에서 '센다'를 따라 걸으며 레온을 향해 가는 길은 지루하고 고단했다. '센다'란 고속도로 옆에 그 길과 나란히 놓은 흙길을 가리킨다. 바로 그 레온으로 향하는 센다 위에서 땅 위를 느리게 느리게 기어가는 달팽이를 만났다. 달팽이는 자기가 지나가는 땅 위에 자신의 온몸으로 몸부림치며 선명하게 궤적을 그리면서 나아가고 있었다. 그런 달팽이를 보고 있자니 느리게 혹은 빠르게 걷는 것이 문제가 아니라 과연 어떤 흔적을 남기느냐가 더 중요함을 새삼 깨달았다. 하물며 달팽이도 저렇게 온몸으로 몸부림치며 흔적을 남기는데 사람이라면 의당 더 분명해야 하지 않겠나.

호랑이는 죽어서 가죽을 남기고 사람은 죽어서 이름을 남긴다고 했다. 결국 산다는 것은 저마다 삶의 흔적을 남기는 것과 다름없다. 돈으로, 권력으로, 미모로, 지식으로, 재주로 저마다 자신의 흔적을 남기려한다. 하지만 그것들은 물처럼 흐르고 바람처럼 사라지며 모래처럼 흩어지기 일쑤다. 그러나 누군가를 울리는 속 깊은 감동의 흔적은 문신처럼 짙게 새겨진 것은 아닐지라도 누군가의 가슴에 남고 영혼에 담긴다. 그리고 그것은 결코 지워지지 않는다.

오늘 내가 남기는 흔적이 곧 나의 역사다. 동시에 나의 미래다. 훗날가서 그 흔적이 마땅치 않아 아무리 지우려 해도 지우기 어렵다. 아니지워지지 않는다. 멋대로 개칠할 수도 없다. 삶의 흔적은 그만큼 냉정하고 냉혹하다.

2008년 8월로 기억한다. 도쿄 미드타운의 안도 다다오가 지은 단층의 특이한 장방형 건물 지하 한쪽에 자리한 '21_21 디자인사이트'에서마주했던 아사바 가쓰미淺葉克己의 '흔적痕跡'전은 지금도 뇌리에 선명하다. 미로 같은 통로를 지나 전시실에 들어서자 벽면 가득 편지봉투들이 가로, 세로로 줄을 지어 펼쳐져 있었다. 수십 년 전 주고받은 빛바랜 편지봉투부터 최근의 안부를 주고받았을 편지봉투까지 그것들은 말없이 그리움과 애절함의 흔적을 웅변하고 있었다. 아사바 가쓰미는 인류의 역사를 흔적의 역사로 규정하는 듯 시간과 공간을 씨줄 날줄로 종횡무진넘나들며 세계 곳곳에서 삶의 흔적으로서의 역사와 문화를 채취하고발굴해 그 전시장에서 요모조모 알뜰하게 재구성하고 재구현했던 것이다. 몇 해 전 '징하게' 무더웠던 여름에 도쿄에서 봤던 그 전시는 어느새내 삶에 또하나의 흔적으로 남아 있다.

누구나 예외 없이 앉았다 일어나면 앉은 자리에 흔적이 남기 마련이다. 푹신한 소파는 그 사람의 몸무게와 엉덩이 크기에 비례해서 자국을 남기고 딱딱한 나무의자나 지하철의 금속성 재질 의자에도 체취와 온기가 씻을 수 없는 흔적처럼 남는다. 어디 앉은 자리만 그렇겠는가? 삶의 곳곳은 흔적으로 넘쳐난다. 아니 삶 자체가 흔적을 남기고 지우고 다시 남기는 것의 연속일지 모른다. 그래서 켜켜이 쌓인 삶의 두께는 곧 흔적의 무게에 다름없다.

아직 해도 뜨기 전인 새벽에 길거리에 나서면 환경미화원들은 어제의 흔적을 치우느라 여념이 없다. 호텔에서 일하는 메이드 역시 낯선 이방인의 흔적을 치우고 새로운 이방인을 맞을 준비를 하느라 하루를 보낸다. 선거에 출마한 정치인들에게 지나온 삶의 흔적들은 그 아무리 사소한 것일지라도 가혹한 검증의 대상이 된다. 그들은 어쩌면 어제의 흔적을 말끔히 치우는 환경미화원과 호텔 메이드가 때로 부러울지 모른다. 하지만 삶의 흔적은 남기기는 쉬울지 몰라도 지우기는 여간 어려운 게 아니다. 특히 감추고 싶은 흔적은 더욱 그렇다. 참으로 두려운 흔적이 아닐 수 없다.

누구나 어릴 적 모래성을 쌓고 허물었던 기억이 있으리라. 아무리 정성 들여 쌓은 모래성이어도 해가 저물면 그대로 놔둔 채 집으로 돌아가야 하는 법이다. 어쩌면 인생도 그와 다르지 않을 것이다. 남는 것은 흔적뿐이다. 그것도 흔적의 기억에 가까운! 결국 삶이란 그 흔적의 여운으로 남는 것이 아닐까. 하지만 그것이 누군가의 가슴과 영혼에 아로새겨지면 흔적은 죽지 않는다. 돌 위에 새겨진 것처럼 세월을 견디고 살아남는다. 사랑이란 그 흔적의 여운을 가슴에, 영혼에 아로새기는 것이다. 결코 지워지지 않는 문신처럼!

삶이 치열할수록
흔적도 깊고 뜨겁다

언젠가 서울 장충동 국립극장 하늘극장에서 펼쳐진 침묵의 연극 〈모래의 정거장〉은 고故 오타 쇼고太田省五의 〈물의 정거장〉 〈바람의 정거장〉에 이은 이른바 '정거장 3부작' 중 하나였다. 인생은 어차피 정거장이다. 물의 정거장이든 바람의 정거장이든 모래의 정거장이든 인생은 결코 영원히 거기 머물지 않는다. 물처럼 흐르고 바람처럼 사라지고 모래처럼 흩어진다. 그럼에도 불구하고 거기 흔적은 남는다. 결국 흔적이란 존재가 삶에 그리는 덤덤한 지도 같은 것 아닐까.

모래의 정거장에서 만난 사람들은 자신이 지나온 삶의 흔적들을 발끝에 길게 끌고 와서 어딘가 주저앉아 모래성을 쌓는다. 그들이 지나온 길은 삶의 무게만큼 파인 채 흔적을 남긴다. 삶이 힘들고 고단한 이들일수록 흔적도 깊다. 그들이 모래의 정거장에서 머물 때 쌓다가 만 모래성은 뒤에 온 이들에 의해 허물어지기 일쑤다. 하지만 누군가 또 그 허물어진 모래를 다시 모두어 성을 쌓는다. 사람들은 그 모래 위에서 예외 없이 뒤엉키며 욕망의 흔적을 남긴다. 그러나 알알이 흩어지는 모래는 그 흔적마저 삼켜버린다.

인생은 흔적이다. 흘러가고 사라지고 흩어질지언정 그 흔적은 소중하다. 물처럼 흐르고 바람처럼 사라지고 모래처럼 흩어질지라도 마음엔 남고 영혼엔 아로새겨지는 흔적. 우리는 이 순간에도 그 흔적을 누군가에게 남기며 산다. 그게 인생 아닐까 싶다. 그래서 오늘도 나는 너의 흔적이고 너는 나의 흔적이다. 어쩌면 그게 사랑 아닐까 싶다.

미래의 누군가가 오늘 나의 흔적을 수사관이 범인의 지문 찾듯 찾아낼지 모른다. 세상에 비밀은 없다. 아무리 덮고 가리고 지우려 해도 남는 것이 있기 마련이다. 그것이 흔적이다. 우리는 너 나 할 것 없이 자기 삶에 '흔적이란 분필'로 움직임의 선을 그린다. 마치 달팽이가 온몸으로 땅 위에 자신의 궤적을 그리듯 말이다. 마찬가지로 내가 내 삶에 남기는 흔적들이야말로 내 인생의 지도다. 결국 인생이 흔적이라면 삶이 힘들고 치열할수록 흔적도 깊고 뜨겁기 마련이다. 오늘도 나는 흔적을 남긴다. 두려움과 설렘이 교차하는 가운데! 과연 나는 어떤 흔적을 남길 것인가? 그 화두를 붙들고 나는 말없이 걷는다. 온몸으로 몸부림치듯 흔적을 남기면서 나아가는 달팽이처럼!

분투 奮鬪

인간은 패배하도록 만들어지지 않았다

세상에서 가장
아름다운 단어

—

인적 끊긴 길 위에서
하얗게 머리 센 아들이
목이 터져라 불러본다
"엄마, 엄마, 엄마……"

레온을 떠나 비야르 데 마사리페라는 산간마을의 카사 데 헤수스 Casa de Jesus라는 알베르게에 도착한 시간은 밤 10시가 가까워서였다. 서둘러 빨래를 해서 널고 샤워를 끝낸 후 잠자리에 들었다. 다행히 숙소는 네 명이 함께 자는 침실이었는데 크게 코 고는 사람이 없어 잠을 쉽게 이룰 수 있었다.

그날 밤 꿈을 꿨다. 그리고 그 꿈속에서 어머니를 만났다. 꿈속에서 만난 어머니 아니 엄마는 참 젊었다. 내가 유치원 다니던 시절 함께 동구릉으로 봄소풍을 갔을 때의 모습이었다. 나는 동기들과 뜀박질을 하고 있었고 엄마는 다른 자모들과 함께 뜀박질하는 우리를 향해 환하게 웃으며 박수를 보내고 있었다. 그 모습이 어찌나 생생했던지 나도 모르게 침낭 안에 들어가 있던 발들이 뜀박질하듯 허공을 차며 움직였다. 그 바람에 나는 꿈에서 깼다. 하지만 꿈이 너무나 또렷해 마치 현실 같았다. 도저히 꿈이란 생각이 안 들 정도였다.

잠에서 깨어나 가만 헤아려보니 엄마와 손잡고 동구릉에 봄소풍 갔던 것은 1968년의 어느 봄날이었다. 그때 어머니는 갓 마흔이셨다. 지금의 내 아내보다도 훨씬 젊을 때였다. 그런데 너무나 생생하게 엄마 꿈을 꾼 그날은 공교롭게도 10여 년 전 돌아가신 어머니의 기일忌日[忌日]이었다. 비록 꿈속에서라도 너무나 생생하게 어머니의 모습을, 그것도 엄마의 젊은 시절 모습을 볼 수 있어 참 좋았다.

꿈속에서 엄마를 만났기 때문이었을까? 다음날 아침부터 하루 종일 돌아가신 어머니 생각에 잠겨 걸었다. 유치원도 가기 전에 엄마와 함께 외가나 마찬가지였던 돈암동 큰이모 댁에 전차 타고 갔던 일부터 시작해 10여 년 전 어머니가 73세를 일기로 돌아가신 후 입관入棺[入棺] 직전에 어머니의 마르고 창백한 얼굴을 마지막으로 보며 그 이마에 입맞춤했던 일까지 하나하나 마치 영화 보듯, 떠오른 이미지들이 주마등처럼 스치며 나는 그렇게 어머니와 함께 걷고 또 걸었다. 그리고 그 걸음걸음마다 하염없이 울었다.

그런데 가만 손을 꼽아보니 어머니는 지금 이 길을 걷고 있는 내 나이 무렵에 홀로되셨다. 10여 년 가까이 아버지의 병수발을 드시다가 만 49세, 헤는 나이 50세에 아버지를 떠나보내셨다. 이제 내가 그 나이가 되어보니 참으로 아깝고 한창인 나이에 어머니는 내색 한번 하지 않으시고 자식들 뒷바라지에만 온 정성을 다하셨다. 솔직히 나는 엄마의 인생을 엄마의 입장에서 생각해본 적이 단 한 번도 없었다. 항상 아들의 입장에서만, 그것도 받는 입장에서만 생각했던 것이다. 하긴 아버지가 돌아가실 무렵 고등학교 1학년이었던 내가 뭘 알았겠는가. 내게 그저 어머니는 아버지 병수발하면서 자식들 뒷바라지하며 살아야 할 운명이 당연한 사람으로만 뇌리에 각인돼 있었지 엄마의 행복, 엄마의 삶은 안중에도 없었고 심중에도 없었던 것이다. 이제와 생각해보면 나는 참 못난 아들, 매정한 아들이었던 셈이다.

그렇다고 어머니에게 다른 마음이 있었던 것은 물론 아니었다. 어머니는 아버지가 돌아가신 후에 거의 매일같이 아버지가 묻혀 있는 포천 가는 길의 교회묘지로 출퇴근을 하다시피 했다. 어머니에게는 아이들 뒷바라지와 더불어 그것이 유일한 삶의 존재 이유처럼 보였다. 독실한 신앙을 갖고 계셨던 어머니는 다니던 교회에서 거행되는 거의 모든 장례식에 빠짐없이 참석하시곤 했다. 그리고 교회묘지로 장례행렬이 이동할 때도 어김없이 끝까지 장지에 함께 가서 가신 이들의 영혼을 위로하곤 하셨다. 그리고 교회묘지에 가신 길에 꼭 아버지 묘소에도 들러서 오시곤 했다.

10여 년 전 어머니가 돌아가셨을 때, 빈소에는 정말 많은 분들이 조문을 오셨다. 그 가운데는 나는 물론, 우리 가족이나 친지들 가운데 그 누구도 모르는 분들이 적잖았다. 나중에 알아보니 어머니가 홀로 다니시며 돌보고 위로했던 (교회 안팎의 상을 당한) 가정의 자식들이었다. 어머니는 그렇게 자신의 힘듦이나 아픔을 내세우기보다 남의 아품과 괴로움을 보듬는 데 온 정성을 다하셨다. 그러면서 어머니 아니 엄마는 내게 늘 이렇게 말씀하시곤 했다. "결혼식 참석은 선택이지만, 장례식 참석은 필수"라고! 그러시면서 입버릇처럼, 그러니 "외로울 겨를이 없어"라고 말씀하시던 어머니…… 하지만 아무리 독실한 신앙을 갖고 계시고 다른 이들의 어려움을 돌보느라 외로울 겨를이 없다 하셨지만 내가 그때 그 당시 어머니의 나이가 되고 나니 참 엄마가 외로웠겠다는 생각에 새삼 눈물이 복받친다. 내 어머니는 스스로 말씀하신 것처럼 아버지 돌아가신 후에도 '외로울 겨를 없이' 사반세기를 더 사신 후 그토록 그리던 아버지 곁으로 가셨다.

머리가 하얗게 센
아들의 어리광

엄마 생각에 잠겨 눈물 콧물 쏟으며 한참을 울며 걷다가 울음 자국도 지울 겸 세수도 하고 목도 축이려고 길가의 작은 카페에 들어갔다. 마침 와이파이가 터지는 카페였다. 세수를 하고 벌겋게 충혈된 눈도 감출 겸 생맥주 한 잔을 들이켜며(나는 한 잔만 마셔도 얼굴이 붉어지고 눈 자위가 충혈된다!) 스마트폰을 열어보니 둘째 누나가 어머니 기일이라고 엄마의 생전 사진 세 장을 카카오톡에 실어 보내왔다. 어머니가 환갑을 맞았을 때의 사진들이었다.

하지만 내가 꿈에서 본 어머니, 아니 엄마는 그보다 훨씬 젊었다.

나의 무의식에는 그 젊은 엄마가 살아 있다. 누나가 보내온 사진 속의 환갑 맞은 어머니나 입관할 때 마지막 뵈었던 그 마르고 파리하게 창백한 어머니의 모습을 왠지 내 안에서는 자꾸만 밀쳐내고 있었다. 어쩌면 막내였던 나는 엄마가 늙어가는 것이 싫었는지 모른다. 그래서 이미 돌아가신 지 10년이 훌쩍 지난 지금도 어머니의 아직 젊은 날의 모습만을 애써 기억하려는 것인지도 모르겠다.

　이제 하얗게 센 머리를 모자로 눌러 덮은 채 산티아고 가는 길을 걷는 이 막내아들은 인적 끊긴 길 위에서 '엄마'와 함께 손잡고 걸으며 어리광도 부려보고 못다 부린 떼도 써본다. 그럴수록 눈물은 솟구치고 가슴은 미어진다. 그래서 목이 터져라 불러본다.

　"엄마, 엄마, 엄마……"

인간은
패배하도록
만들어지지 않았다

———

하루 동안 꼬박 42킬로미터를 걸었다. 그것도 평지가 아닌 산길을! 산티아고 가는 길을 걷는 중 하루에 걸은 거리로는 가장 길고 또 험한 길이었다. 처음부터 그렇게 걸을 생각이 있었던 것은 물론 아니었다. 걷다보니 그렇게 됐을 뿐이다. 본래는 오전 7시 산타 카탈리나 데 소모사를 출발해 엘 간소와 라바날 델 카미노를 거쳐 폰세바돈에서 아침 겸 점심을 한 후 아세보나 리에고 데 암브로스까지만 갈 생각이었다. 물론 그것 자체도 결코 만만찮은 거리였다. 하지만 역시 모든 게 계획한 대로 되는 건 아닌가보다. 아세보나 리에고 데 암브로스에서 마땅히 식사할 곳과 머물 곳을 찾지 못한 나는 지친 걸음을 더 전진시켜야만 했다. 산길로 그것도 돌짝길로 하산하는 바람에 발에서는 불이 날 지경이었다. 심지어 신고 있던 트레킹화의 뒤축이 주저앉고 갈라져버렸다. 하지만 어쩔 수 없었다. 거기서 주저앉을 수는 없었다. 그날따라 비바크를 할 만한 장소도 나타나지 않았다. 결국 몰리나세카까지 발을 끌다시피 하며 내려와야 했다. 정말이지 죽을 맛이었다.

하지만 결국 나는 걸어내고야 말았다. 그런데 밤늦게 간신히 찾아들어간 몰리나세카의 알베르게에서도 침대가 모두 만석이었다. 결국 어쩔 도리 없이 알베르게 관리자를 간곡하게 설득해서 식당 소파에서 하룻밤을 지내야 했다. 솔직히 넓은 식당의 소파에서 혼자 자는 편이 사람들 북적이는 큰 방의 이층침대 위에서 자는 것보다 훨씬 나았던 것 같다. 엄청나게 커다란 독방에서 홀로 잠을 잔 셈이었는데 42킬로미터를 끝끝내 걸어낸 지칠 대로 지친 몸으로 자리에 눕자 문득 떠오르는 생각의 단초가 하나 있었다. 다름아닌 이 한마디였다.

"인간은 패배하도록 만들어지지 않았다!"

노인과 바다

올해는 헤밍웨이 최후의 걸작 『노인과 바다』가 발표된 지 60년 되는 해다. 게다가 헤밍웨이가 죽은 지 반세기가 지난 덕분에 그의 저작들을 저작권에 구애받지 않고 번역 출간할 수 있게 되어 헤밍웨이 책들이 봇물 터지듯 번역돼 나오고 있다. 특히 『노인과 바다』는 우리말 번역본만 올해 들어 대여섯 권에 이를 만큼 새롭게 관심을 끌고 있다.

나는 서울로 귀환한 후 새로 번역된 『노인과 바다』(이인규 옮김, 문학동네, 2012)를 여름 바닷가 개펄에서 게 눈 감추듯 순식간에 읽고 나서 오직 한 구절에만 밑줄을 그었다.

인간은 패배하도록 만들어지지 않았다. Man is not made for defeat.

내가 42킬로미터에 걸쳐 칸타브리아산맥 대장정의 첫 코스를 끝낸 후 몰리나세카의 알베르게 식당 소파에 누워 외마디로 읊조렸던 바로 그 구절이었다. 나는 그 한마디를 곱씹고 또 곱씹었다. 그렇다. 패배는 항상 어두운 그림자처럼 우리를 뒤쫓아다니지만 인간은 결코 패배하도록 만들어진 존재가 아니다. 그 패배를 패배시키며 끝끝내 포기하지 않는 게 진짜 승리이며 인간이 빛나는 영혼의 소유자인 증거 아니겠는가.

1939년 어느 날 어니스트 헤밍웨이는 편집자 맥스웰 퍼킨스에게 이런 내용을 담은 편지 한 통을 부쳤다.

늙은 어부가 돛단배에서 홀로 4일 밤낮을 청새치와 싸운다는 줄거리야…… 카를로스 영감의 배를 타고 이 얘기가 그럴듯한지 바다로 나가보려고 해. 다른 배는 보이지 않는 망망대해에서 홀로 긴 싸움을 하는 중에 그가 한 모든 행동과 생각들이 그럴듯한지 말이야. 제대로만 해내면 정말 멋진 이야기가 될 거야, 작품이 되겠지!

작가 스스로 '작품이 될 거야'라고 확신할 수 있는 경우는 흔치 않다. 그런데 헤밍웨이는 확신에 차 있었다. 그 확신은 어디서 온 것일까? 그것은 다름아니라 자신이 직접 경험해본 것이기 때문이었으리라. 헤밍웨이는 1932년 쿠바의 아바나에서 두 달간 머물며 청새치 낚시를 했다. 그리고 위의 편지를 보낼 당시엔 아예 아바나 근교의 농원으로 삶의 근거지를 옮겨 그곳에서 글을 썼다. 말년의 헤밍웨이에게 퓰리처상과 노벨문학상을 안겨주고 사실상 그와 동일시되기까지 하는 작품『노인과 바다』를 쓴 곳도 그곳이었다. 이렇게 보면 헤밍웨이 생전의 마지막 명작『노인과 바다』는 구상에서 완성까지 20년이 걸린 셈이다. 그 누구든 자기 삶이 녹아나 스며든 것은 울림이 있고 사람을 움직이는 힘이 있다. 흔히 헤밍웨이의 글을 가리켜 '하드보일드한 건조하고 뚝뚝한 문체'라고 말한다. 하지만 문체가 말을 하는 게 아니다. 말하는 것은 삶이다. 『노인과 바다』에는 헤밍웨이의 삶이 녹아나서 담겼던 것이다.

분투하는 삶

헤밍웨이가 쓴『노인과 바다』에 나오는 노인의 이름이 '산티아고'임을 사람들은 모르지 않을 것이다. 이전에는 그냥 지나쳐버렸지만 산티아고 가는 길을 걸으면서 그리고 다시 걷고 난 후『노인과 바다』를 재차 읽으면서는 노인의 이름 '산티아고'가 예사롭지 않게 다가왔다.

헤밍웨이 연구의 세계적인 권위자로 꼽히는 뉴욕주립대학의 H. R. 스톤백 교수는 헤밍웨이의 첫 장편이자 출세작이었던 『태양은 다시 뜬다』를 산티아고 가는 길의 순례 모티프로 분석한 바 있다. 그에 따르면 『노인과 바다』의 주인공 이름이 '산티아고'인 것도 우연이 아니라는 지적이다.(『태양은 다시 뜬다』, 이한중 옮김, 한겨레출판, 2012, 343~346쪽, 해설 참조)

사실 『노인과 바다』의 소설적 전개는 매우 심플하다. 결코 복잡하지 않다. 마치 산티아고 가는 길을 걷는 궤적처럼 날것 그대로다. 그도 그럴 것이 84일 동안 바다에 나가 고기를 한 마리도 잡지 못한 '운수가 완전히 바닥난' 노인의 이야기 아닌가. 그는 누가 봐도 패배의 상징 같았다. 하지만 패배했다고 끝난 것은 아니었다. 패배는 좌절이나 절망과 달리 결코 끝난 것의 동의어가 아니기 때문이다. 산티아고 노인은 다시 바다로 나갔다. 그리고 마침내 먼바다에서 이틀 밤낮을 꼬박 물고기와 싸운 끝에 길이가 5.5미터에 700킬로그램이나 나가는 엄청나게 큰 청새치를 낚아서 포획하는 데 성공한다. 하지만 청새치를 배에 매달고 돌아오는 길에 상어떼를 만나 결국 청새치는 뼈와 대가리만 남게 되고 노인은 지칠 대로 지친 몸과 빈 배에 매달린 청새치의 흔적만을 길게 끌고 돌아왔던 것이다. 그리고 이내 산티아고 노인은 곤한 잠에 빠져들며 꿈을 꾸었다. 사자의 꿈을!

산티아고 노인은 자신의 처지를 힘들다고 여기지 않았다. 그는 아무리 힘들어도 스스로 감성적 연민에 빠지지 않았다. 아울러 그는 거대한 물고기를 사투 끝에 잡은 것에 대한 오만한 승리감에 도취되는

2부_ 인간은 패배하도록 만들어지지 않았다

일도 없었다. 다만 그는 최후까지, 끝까지 했을 뿐이다. 스스로 '극진' 했던 것이다. 포기하지 않고 끝까지 하는 것! 그 분투야말로 산티아고 노인의 본질이었고 상어떼가 뜯어먹은 청새치보다 훨씬 크고 그 누구도 앗아갈 수 없는 생의 진실 그 자체였다. 누구도 패배를 원하지 않는다. 누구나 승자가 되길 원한다. 하지만 모두가 이기는 것은 아니다. 아니 진정으로 이기는 자는 소수다. 아주 적다. 누구나 승리를 소망하지만 누구나 분투하는 것은 결코 아니기 때문이다. 오로지 끝까지 분투하는 것, 그것만이 패배를 패배시키고 기어코 이기는 삶의 증거요 승리의 증명이다. 그렇게 끝까지 분투한 자가 토해내는 삶의 외마디가 있으니, 그것이 바로 이것이다.

"인간은 패배하도록 만들어지지 않았다!"

누구도 패배를 원하지 않는다.
하지만 진정으로 이기는 자는 소수다.
누구나 승리를 소망하지만 누구나 분투하는 것은 아니기 때문이다.

치유하는
포옹

누군가에게 마음 깊은 포옹만으로도
가슴 깊이 위로해줄 수 있는 사람이 되고 싶다
기쁨을 나누는 것은 그냥 친구지만
아픔을 나누는 것은 영혼의 친구이기에

하루 동안 42킬로미터를 걸어 칸타브리아산맥을 넘어서 몰리나세
카에 도착한 그다음날 새벽 5시가 조금 지나 눈을 떴다. 거짓말처럼
몸이 개운했다. 어제의 사투는 기억도 나지 않을 만큼! 알베르게 식당
소파에서 잠든 탓에 서둘러 나갈 채비를 하고 느긋하게 아침식사 시
간이 되길 기다렸다. 정확히 오전 6시가 되자 알베르게 식당 문이 열
렸다. 아침식사라고 해봐야 카페콘레체와 구운 빵과 버터였지만 전날
밤 아무것도 먹지 못한 채 잠들었기에 정말 맛있게 먹었다. 식사를 마
친 후 알베르게 입구로 나가 잠시 휴식을 취했다. 그때 옆 테이블에 앉
아 있던 인자한 인상의 노인과 인사를 나눴다. 그는 자신을 프랑스에서

온 알랭이라고 소개했다. 그는 산티아고 가는 길을 쭉 걸어오면서 나를 자주 봤다고 했다. 항상 단정한 차림에 웃는 모습이 인상적이었다고 말을 건네왔다. 언제 그렇게 나를 관찰하듯 봤느냐며 입꼬리를 올리며 웃어 보이자 그는 바로 그 모습이라며 웃었다. 나도 함께 웃었다.

그러고 보니 그와 나는 거의 비슷한 시기에 생장을 출발한 듯싶었다. 이런저런 얘기 끝에 조심스럽게 그의 나이를 묻자 그는 슬며시 미소 지으며 뭘 그런 걸 그리 어렵게 묻느냐는 투로 73세라고 쿨하게 말했다. 하지만 곧이어 "마음의 나이는 여전히 17세"라며 큰 소리로 웃었다. 정말 나이가 곧이들리지 않을 만큼 활기차고 멋진 사람이었다. 그는 대화를 나누는 내내 이지적이면서도 따뜻한 감성을 고스란히 지닌 미소를 지어 보였다. 가만히 생각해보니 알랭은 언젠가 함께 길을 잃고 헤매다가 우연히 만났던 자연주의 할머니 안나가 흥분하며 얘기했던 바로 그 지중해풍의 할아버지였다.

30여 분가량 이런저런 이야기를 나눈 후 알랭과 나는 그래도 뭔가 아쉬운 느낌이 있어 서로의 휴대폰으로 사진을 함께 찍었다. 내가 산티아고 가는 길에서 좀처럼 하지 않았던 일이었다. 그만큼 알랭과 함께 있던 시간이 남다르게 느껴졌던 것이 틀림없다. 그러곤 이내 자리에서 일어나 인사를 나눴다. 산티아고로 가는 이 길 위에서는 다음번 만남의 약속 같은 건 하지 않는다. 아무리 헤어짐이 아쉬워도! 마치 언젠가 김화영 교수가 썼던 에세이 『행복의 충격』에 적힌 한 대목처럼 말이다.

지중해의 사람들은 약속하지 않는다. 과거의 추억을 반추하지도 않는다. 떠날 때 어깨를 툭툭 치며 악수를 하면 그냥 돌아서서 간다. 수년이 지나도록 편지 한 장 없는 수가 많다. 그러나 어느 날 문득 어떤 카페의 테라스에서 마주치면 씩 웃으면서 마치 잠시 전에 헤어졌던 사람처럼 말한다. 그동안 왜 그리 소식이 없었느냐고 물으면 변명하지 않고 '다 알잖어'라고 짧게 말한다. 그것은 우리들이 항상 지중해에서 만날 것을, 생명이 있는 한 다시 만날 것을 다 알지 않느냐는 확신을 뜻한다.

(『행복의 충격』, 문학동네, 2012, 61~62쪽)

물론 나와 알랭이 만났던 곳인 몰리나세카는 지중해와는 거리가 먼 곳이다. 비록 산중이지만 오히려 대서양에 그것도 거친 켈트 해 쪽에 차라리 가까운 곳이다. 하지만 내가 칸타브리아산맥을 힘겹게 넘은 후 만난 알랭에게서는 따스하면서도 이지적인 지중해적 감성이 물씬 풍겼다. 아무런 약속도 없이 알랭과 쿨하게 헤어진 후 몰리나세카에서 템플기사단의 성으로 알려진 폰페라다의 그림 같은 성을 지나 마을과 도로를 잇는 좀 지루한 길을 걷다가 캄포나라야에서 점심을 한 후 태양이 작열하는 가운데 크리스마스이브의 눈송이처럼 꽃가루가 날리는 뜨겁고 뜨거운 길을 걷고 또 걸었다. 그리고 카카벨로스를 거쳐 비야프랑카 델 비에르소에 다다를 때까지 드넓게 펼쳐진 포도밭 사이사이에 심긴 체리나무에서 체리를 몇 번이나 서리해서 맛나게 먹었는지 모른다.

　나는 실향민의 자식이었던 고로 어린 시절 친가든 외가든 가볼 시골이 아예 없어 서리는커녕 그런 말이 있는 줄도 모르고 자랐다. 그런데 서리 같은, 어린 시절에 결코 하지 못했던 짓을 나이 오십이 다 되어 이역만리 스페인 땅 위를 걸으며 하면서 나는 홀로 재밌어했고 또 철없는 아이처럼 신이 나서 즐거워했다. 하지만 그렇게 철없이 즐거워하는 나라고 해서 마냥 좋고 즐거운 것만은 물론 아니다. 내가 그토록 철없이 즐거워했던 것은 어쩌면 마음 깊은 아픔을 이겨내고 싶은 내 안의 몸부림, 아니 내 영혼의 모르핀이었는지도 모른다.

서리한 체리를 입에 물고 석양이 눈부시게 아름다운 비야프랑카 델 비에르소에 도착해 마을 어귀에 있는 공용 알베르게에 들어서서 입실 수속을 밟고 있는데 곧이어 누군가 석양빛에 물든 채 알베르게 안으로 걸어 들어왔다. 몰리나세카에서 아침에 만났다가 헤어졌던 프랑스 할아버지 알랭이었다. 우리는 반가운 나머지 한껏 포옹하고 서로가 닮은 미소를 살포시 주고받았다. 그 역시 족히 30킬로미터를 걸어서 여기까지 온 것이었다. 우리는 이층침대의 아래위 칸에서 함께 그날을 지내게 되었다.

알베르게에서 샤워를 할 때도 알랭은 바로 옆 부스에 있었는데 그는 샤워하는 줄곧 노래를 불렀다. 솔직히 알랭은 항상 과도하리만큼 즐거운 표정이었지만, 왠지 그럴수록 그에게선 까닭 모를 슬픔이 느껴지곤 했다. 확증할 순 없지만 그것 역시 숨길 수 없는 나의 느낌이었다. 그러나 그가 말하지 않은 슬픔의 근원에 대해 나는 그 어떤 것도 묻지 않았다. 그것이 그에 대한 인간적 예의라고 생각했다.

가슴 깊이 파고든
영혼의 포옹

　다음날 아침 알랭은 알베르게를 떠나며 내게 비야프랑카 델 비에르소의 광장 근처 카페에 가서 아침을 먹겠다고 했다. 그건 거기서 나를 보자는 얘기였다. 하지만 그날따라 나는 몹시 마음이 가라앉아 있었다. 왜 그럴 때 있잖은가. 누구와도 얘기하고 싶지 않고 오로지 혼자 있고 싶을 때! 하지만 나는 결국 마을을 빙 돌아 알랭에게로 갔다. 그러나 광장 앞 노천카페에서 알랭과 인사만 나눈 뒤 테이블 하나를 띄워서 앉았다. 그만큼 내 마음은 너무나 힘든 상태였다. 그 힘듦의 정체는 말로 다 하기 어려웠다. 단순히 무엇 때문이 아니라 그냥 어느 날 벌거벗은 내 삶이 정면으로 나와 마주하는 그런 날이 있잖은가. 그날이 바로 그랬다. 나는 탭을 열어 글을 쓰면서 나도 모르게 하염없이 눈물을 떨구었다. 얼굴은 탭으로 가렸지만 바닥에 떨어지는 눈물은 가릴 수 없었다. 바닥에 한 방울, 두 방울 눈물이 떨어지는 것을 감출 수도 멈출 수도 없었다. 그때였다. 옆 테이블에 있던 알랭이 내게 다가왔다. 그러곤 여전히 울고 있던 나를 한껏 껴안아주었다. 아무 말 없이……

　그러면서 꼭 이렇게 말하는 것 같았다. "그래 누구나 힘든 거야. 하지만 괜찮아. 괜찮다구. 그냥 울고 싶을 때 울어. 남 신경 쓰지 말고." 나는 그때 확실히 느꼈다. 그도 아프다는 것을. 아니 아파봤다는 것을. 아파보지 않고는 그렇게 남의 아픔을 감싸 안을 수 없다. 아마 그도 아파봤고 울어봤기에 나를 감싸 안아 가슴 깊이 포옹해줄 수 있었던 것일 게다. 그의 지중해의 미풍 같은 미소는 그런 아픔을 모두 견뎌낸 삶의 증표였으리라.

그 포옹이 우리의 마지막 만남이었다. 그와 또 한번의 해후를 마음속에서 빌었는지 모르지만 결국 알랭과 나는 다시는 만나지 못했다. 나는 지금도 그와의 그 마지막 포옹을 잊을 수 없다. 그와 헤어져 다시 혼자 걸을 때 나는 스스로에게 되물었다. "과연 나는 말 없는 포옹으로 그 누군가 마음 깊이 우는 이를 위로한 적이 있었던가?……" 나도 언젠가는 알랭처럼 누군가에게 마음 깊은 포옹만으로도 그를 가슴 깊이 위로해줄 수 있는 사람이 되고 싶다! 기쁨을 나누는 것은 그냥 친구이지만 아픔을 나누는 것은 영혼의 친구일 테니 말이다.

사춘기와
사추기

사춘기는 '성장통', 사추기는 '정지통'
자람은 아프고 멈춤은 고통스러운 법
사추기 남자들이여 한 번 더 힘내자

산티아고 가는 길을 걸으면 사계절을 느낀다. 처음 피레네를 넘을 때는 눈보라 몰아치는 혹독한 겨울이었다. 그후 팜플로나를 지날 때는 바스크인들의 아슴푸레한 옛 추억을 담은 듯 가을 같았고, 고원지대인 메세타를 지날 때는 폭풍우가 몰아치다가 어느새 태양이 작열하는 여름 같았다. 그리고 칸타브리아산맥을 넘어 갈리시아 지방에 다다랐을 때는 변덕스럽긴 해도 어쩔 수 없는 봄 같았다. 마치 인생의 사계절을 걷는 것 같다. 다만 거꾸로!

계절에 봄, 여름, 가을, 겨울이 있듯이 인생에도 봄, 여름, 가을, 겨울이 있다. 그런데 인생의 봄을 맞을 즈음 누구나 예외 없이 거치는 시기가 있다. 바로 '사춘기思春期'다. 우리 때는 중·고등학교 시절이 사춘기였지만 요즘엔 초등학교 4,5학년만 돼도 사춘기가 시작된다고 한다. 그만큼 조숙해진 거다. 하지만 사춘기만 있는 게 아니다. '사추기思秋期'도 있다.

사춘기의 특징이 '반항'이라면 사추기의 그것은 '우울'이다. 여성들의 경우엔 '폐경기'를 전후해서 우울증이 동반되는 경향이 적잖다지만 남자들의 경우엔 사회적 활동이 축소되거나 정지되면서 급격히 우울해지기 쉽다. 그도 그럴 것이 더이상 올라갈 일은 없어 보이고 내리막만 있는 것 같으니 의욕도 안 나고 살맛도 없어지는 게 당연할지 모른다. 그래서일까? 사소한 일에도 서운해지고 작은 일에도 삐치기 일쑤인 좀팽이가 되는 느낌을 떨칠 수 없다. 남성호르몬인 테스토스테론의 분비가 줄어 여성화, 중성화되는 경향이 있기 때문이기도 하겠지만 더 근본적인 이유는 소리 없이 스며드는 자기 인생에 대한 허무감과 좌절감 때문이리라.

그래서일까? 사추기는 마음의 갱년기다. 인생의 어느 시기에 더이상 자신이 필요치 않은 존재라고 느끼게 되는 그런 시기다. 후배들은 밑에서 치받으며 커오는데 자신은 여전히 답보하다못해 퇴보하고 있다고 생각하는 그런 때다. 정작 몸은 늙은 게 아닌데 마음은 시들해져 점점 더 주눅 들고 스스로 가라앉는 상태의 시기다. 게다가 간이 좋아들어서인지 세상에 만만한 것들이 하나도 없어 보여 뭣 하나 결단도 결정도 하지 못한 채 시간만 흘려보내고 괜한 곁눈질만 는다. 그러다보니 아내와 아이들 보기도 민망하고 동창이라도 만나면 머쓱하기만 하다. 등산한다, 자전거 탄다 하며 몸은 그런대로 챙겨 생물학적으로 살날은 여전히 구만리 같은데 정작 사회적으로 살아갈 생각을 하면 당장 내일이 안 보인다. 그래서 살아도 산 것 같지 않고 놀아도 논 것 같지 않다. 그저 점점 느는 것은 새치와 사소한 일에도 분 내는 신경질뿐이다. 이래저래 인생 잘못 산 것 같아 괜히 화가 치민다. 이게 사추기다.

사춘기는 일종의 '성장통成長痛'이다. 자라려면 아픈 것이다. 하지만 사추기는 일종의 '정지통停止痛'이다. 멈추는 게 쉽지 않은 게다. 아니 정지하고 멈추는 것에 그치는 것이 아니라 점점 더 후퇴하고 퇴보하며 시들어가는 자신의 모습에 주눅 들고 좌절하고 끝내는 스스로를 닫아버리며 무너져내리기까지 하는 것이다. 사실 누가 늙는 것을 바라겠는가. 누가 점점 남성성을 상실해가는 자신의 모습을 원하겠는가. 게다가 더이상 주목받을 수 없고, 더이상 자신의 인생무대 위엔 스포트라이트가 비치지 않을 것 같다는 불안과 자포자기의 감정이 뒤섞인 가운데 퇴장 명령이나 진배없는 변화를 수용하고 받아들이기가 어찌 쉽겠는가.

사춘기의 가출
사추기의 탈출

사춘기 시절 가출의 경험이 있는 이들이 꽤 있다. 아니 실제 가출을 결행하지는 않았더라도 가출의 충동 정도는 거의 누구나 경험하기 마련이다. 하지만 사춘기 시절의 가출은 결국 돌아올 가출이요 잠시의 방랑일 뿐이다. 더구나 사춘기 시절의 가출은 다분히 과시적이다. 그렇기에 오히려 자신의 가출에 대해 부모가 별일 아닌 듯, 대수롭지 않게 여기고 "지가 가면 어딜 가겠어. 시간 지나 배고프면 알아서 기어 들어오겠지" 하고 반쯤 무관심한 반응을 보이면 정작 가출했던 당사자는 머쓱해지기 마련이다. 그래서 결국 가출했다가 되레 "아니 왜 나를 안 찾는 거야?" 하며 돌아오는 아이들도 꽤 있다. 이때의 가출은 부모와 친구들의 관심을 끌기 위한 술책의 일환이기도 했던 것 같다. 가출했다는 사실이 여자친구 귀에 전해지기를 바라며 한 가출도 있지 않았나. 왠지 그렇게 하는 것이 세 보이는 것이라고 생각한 치기 어린 발상이 바탕에 깔려 있었던 것이리라.

하지만 사추기의 가출은 좀 다르다. 아니 전혀 다르다. 그냥 가족과 등을 지는 것이다. 점점 남성화되고 거세진 아내의 눈빛만 봐도 오금을 펴지 못할 만큼 주눅 들고 초라해진 어제의 가장은 스스로 떠날 때가 되었다고 생각했을지 모른다. 시집, 장가 간 자식들과는 명절 때나 얼굴 보면 다행이라 생각하며 이미 남남처럼 살고 있는 경우도 허다하지 않은가. 아내도 자식도 아비 속이 어떤지는 관심도 없다. 친구를 만나도 같은 처지의 사람끼리 술만 축내다 속만 버릴 뿐이다. 그러니 어디에 마음 둘 곳이 있겠으며 어디에 눈 둘 곳이 있겠는가. 그러니 속 편해서 떠나는 것이 아니라 어디도 송곳자리처럼 불편하고 어디도 맘 붙일 곳이 없어 떠날 수밖에 없는 것이리라. 그래서 사추기 때는 가출이기보다 탈출이라고 말해야 맞지 않을까 싶다. 시들해진 삶 그 자체로부터의 탈출 말이다. 그래서인지 거기엔 항상 더이상 살고 싶지 않다는 어두운 그림자마저 드리워지기 일쑤다. 게다가 더이상 가장의 빈자리는 이전처럼 크지 않다. 이미 반생을 함께해온 직장에서 떨궈지거나 잊히기까지 한 존재인데 가족에게도 마찬가지라면 도대체 어디 마음 붙이고 무슨 맛으로 세상을 살고 싶겠나? 그래서 마침내 탈출하는 만만한 비상구가 산이다. 이런저런 꼴 보기 싫어 아무도 없는 곳으로 하다못해 산으로라도 기어올라가는 것이다. 정말이지 대한민국이 산 많은 나라였기에 망정이지 그렇지 않았다면 속 터져 자살한 사추기 남자들이 숱하게 널렸을 법하다. 하지만 산에 오르내리는 것도 하루 이틀이지 않은가!

삶은 그 자체로
가치 있고 아름다운 것

요즘 같은 벌거벗은 세태 속에선 집안 가장家長의 효용가치는 그가 회사를 다니든 장사를 하든 돈푼깨나 집안에 들여다놓을 때뿐이다. 그것이 끝나면 가장은 가장 불필요한 존재, 가장 거추장스러운 실체로 전락해버리고 마는 것이다. 그러면서 중년의 사내에겐 마음 한구석에 들어찬 응어리처럼 물음 하나가 툭 하고 불거진다. '이제 나는 잉여인간인가?'

산티아고 가는 길을 걸으며 내가 만난 이들 중에는 사추기의 남자들이 적잖았다. 아니 어쩌면 정도의 차이는 있을지 몰라도 산티아고

삶은 혼자 왔다 혼자 가는 길이다.
그것을 외롭다 할 수 없다.
슬프다 할 수 없다.
그것이 인생이다.

가는 길을 걷는 대개의 중년들은 사추기의 한 시기를 지나고 있다고 말해도 지나치지 않으리라. 하지만 나는 그들에게 아니 나 자신에게 말하고 싶다. 아니 외치고 싶다. 우리는 잉여인간이 아니라고! 우리는 인간이라고! 삶은 효용가치로만 판단할 수 있는 게 아니라고! 삶은 그 자체로 가치 있고 아름다운 것이라고! 돈을 못 벌어도, 무대 위에 남보란 듯이 서지 못해도 괜찮은 거라고! 그저 오늘을 내일을 하루하루 정직하게 묵묵히 살아가는 것 자체가 멋진 것이라고! 정말이지 꼭 말해주고 싶다.

그러고 보면 『논어』가 참 무서운 책이다. 그 첫 구절이 이렇지 않은가.

배우고 때로 익히면 즐겁지 아니한가. 學而時習之 不亦說乎

친구가 있어 먼 곳에서 찾아오면 또한 기쁘지 아니한가. 有朋自遠方來 不亦樂乎

사람들이 알아주지 않아도 화내지 않으면 그 또한 군자라 불릴 만하지 아니한가. 人不知而不慍 不亦君子乎

그렇다. 『논어』의 첫 구절은 인생을 압축해 담고 있다. 젊은 시절 배움의 즐거움, 왕성한 사회활동 시기의 교류의 기쁨, 그러나 인생 중년 이후 말년에 이르기까지 더이상 사람들이 찾지 않고 알아주지 않아도 화내지 않고 분 내지 않으며 스스로 자족하며 사는 삶이야말로 군자의 모습이란 것이다. 꼭 군자가 되고 싶어서가 아니다. 삶이란 어차피 홀로 가는 외로운 길이다. 남들은 더불어 가는 길, 함께 가는 길이라 말들 하지만 결국 삶은 혼자 왔다 혼자 가는 길이다. 그것을 외롭다 할 수 없다. 그것을 슬프다 할 수 없다. 그것이 인생이니깐. 이것을 알면 정지통, 멈춤통, 좌절통으로서의 사추기도 봄눈 녹듯 사라진다. 아니 이제 인생도 사추기를 넘어 더욱더 드넓은 새로운 지평을 열게 되는 것이리라.

그럼에도 불구하고 사추기의 남자들 특히 어깨 처진 가장들에게 그래도 가장 힘이 되어줄 이는 역시 아내와 자식들이다. 불쌍하게 여기고 안아주라. 어깨 좁아진 아빠에게 한번 힘내라고 안겨보라. 15년 전 외환위기가 닥쳤을 때 "아빠 힘내세요! 우리가 있잖아요~" 하고 부르던 그 노래를 다시 불러줘야 할 때가 이미 코앞에 닥쳤다. 아니 지금이다. 자, 사추기의 남자들이여! 한 번 더 힘을 내자!

『열하일기』를
다시 읽다

―

어딘가를 둘러보고 다녀본 것은 여행이다
어딘가를 걸어보고 느껴본 것은 기행이다
하지만 그 여행과 기행을 오늘 나의 현존 가운데
재위치시키는 것은 '생의 철학'이다

산티아고 가는 길을 걷다보면 적잖은 낙서들을 보게 된다. 다리 밑, 터널, 담벼락, 이정표, 벽, 대문 할 것 없이 곳곳에 너무나 많다. 특히 알베르게 내의 식당이나 침대 옆 빈 벽에는 빼곡할 만큼 낙서 가득한 곳이 적잖다. 언어도 다종다양해서 스페인어는 물론, 영어, 불어, 독어, 일어, 한국어 등으로 다채롭다. 그런데 그처럼 낙서하는 것이 산티아고 가는 길을 걷는 이들만의 전유물이 아님은 물론이다. 그 옛날 중국으로 가는 사신 일행을 따라나섰던 연암 박지원도 '한 낙서' 했던 것이 틀림없다. 정말이지 낙서벽落書癖이 동서고금에 걸쳐 참으로 오랜 전통(?)의 행위임을 명명백백하게 증명하는 것이 여기에 있어 새삼 놀라

산티아고 가는 길 곳곳에서 낙서들을 본다.
순례자들의 낙서벽은 동서고금을 뛰어넘는 것인가보다.

고 만다.

건륭 45년 경자 8월 7일 야삼경, 조선의 박지원, 이곳을 지나노라.

『열하일기熱河日記』의 저자 연암 박지원이 만리장성 벽 한 귀퉁이에 쓴 글, 아니 낙서다. 연암은 "야출고북구기夜出古北口記, 밤에 고북구를 나서며"라는 글에서 만리장성 벽 한 귀퉁이에 이렇게 낙서를 남기게 된 경위를 소상히 적고 있다.

무령산을 따라 배를 타고 광형하를 건너 밤에 고북구를 빠져나왔다. 때는 바야흐로 야삼경, 겹겹의 관문을 나와 장성 아래 말을 세웠다. 높이를 헤아려보니 십여 장이나 된다. 붓과 벼루를 꺼낸 뒤 술을 부어 먹을 갈았다. 장성을 어루만지면서 벽 한 귀퉁이에 이렇게 썼다. (…) 그러고는 크게 웃으면서 말했다. 내 한낱 서생일 뿐이로구나. 머리가 희끗희끗해져서야 비로소 장성 밖을 나가게 되다니.
(『세계 최고의 여행기, 열하일기(하)』, 고미숙 외 옮김, 그린비, 2008, 172쪽)

야밤에 만리장성의 관문을 지나며 10여 장이 넘는 거대한 장벽 앞에 서서 기죽지 않고 오히려 벼루에 술을 부어 먹을 갈아서 "조선의 아무개가 이곳을 지나노라" 하고 써놓는 것은 치기이기도 하겠으나 그 또한 나름 기개요 기백이었으리라. 평소엔 겁이 많기로 자타가 공인하는 그였지만, 정작 당시엔 그의 말마따나 "홀연 두려운 마음이 없어지고 특이한 흥취가 왕성하게 일어나 공산^{崆山}의 초병이나 북평의 호석^{虎石}도 나를 놀라게 하지 못할 정도였다"(같은 책, 173쪽) 하니 이 또한 낙서벽의 숨은 위력 아니겠는가.

5개월에 걸친
8천여 리 '대장정'

연암 박지원이 팔자에 없던 중원기행을 하게 된 것은 순전히 우연이었다. 지금으로부터 230여 년 전인 1780년, 가진 것도 없고 변변한 벼슬도 없이 울울답답한 심정으로 40대 중반의 나이를 지나던 연암 박지원에게 중원대륙을 유람할 기회가 찾아온 것은 그 개인적으로도 기가 막힌 운수였겠지만 역사적으로 보면 더욱 결정적이고 운명적인 사건이었다. 사실상 연암의 연경(북경)행으로 인해, 연암이 한반도에 갇히지 아니하고 당시 세계의 한 중심이었던 중원에 눈을 돌려 북학파라는 실학의 한 흐름을 더욱 공고히 형성할 수 있었음은 물론이다.

당시 중원을 점령한 청나라는 강희, 옹정, 건륭제의 3대 130여 년을 경과하며 실제로 세계에서 가장 부유하고 부강한 나라였다. 물론 그것이 100년도 못 가 서양 세력에 무릎 꿇고 무너져내린 것 역시 역사의 아이러니가 아닐 수 없다. 그만큼 당대의 세계는 지금 못지않게 아니 어쩌면 더욱 크고 빠르게 변화했던 것이리라. 하지만 조선은 그때까지도 내부적으로는 이미 망한 지 140여 년이나 된 명나라에 대한 의리를 핑계삼아 명의 마지막 황제인 숭정제의 연호를 쉬쉬하며 쓰던 시절이었다. 이처럼 당시 조선은 세상이 어찌 돌아가는지 알지도 못했고 알려고도 하지 않았던 정말이지 깜깜한 시절이었다. 그렇기에 이런 시절에 연암 박지원이 당시 청나라의 수도이자 황도였던 연경과 더 북쪽의 열하까지 둘러보고 세상 돌아가는 사정을 어렴풋이나마 파악할 수 있는 계기가 마련된 것은 참으로 기막힌 개인적 운수이자 국가적 명운이었던 셈이다.

　그렇다면 연암 박지원은 어떻게 연경행을 할 수 있었던 것일까? 그것 역시 정말이지 기가 막힌 우연이었다. 청나라 건륭황제의 만수절(70세 생일) 축하사절로 연암의 삼종형_{三從兄} 박명원이 사행단의 총책(정사)으로 연경에 가게 되면서 개인수행원 자격으로 연암을 동반하기로 결정했기 때문이다. 연암이 포함된 100여 명 규모의 사행단은 1780년 5월 25일(음력)에 한양을 떠나 그해 6월 24일경 압록강을 건너 8월 초에야 연경에 당도했다. 한양에서 연경까지는 통상 3천 리 길이다. 생장에서 산티아고 데 콤포스텔라를 거쳐 피니스테레에 이르기까지의 거리보다도 훨씬 길다. 하지만 건륭황제가 연경이 아닌 열하에 있다 하여 다시 사행단은 닷새에 걸쳐 밤낮을 가리지 않고 열하까지 700리를 부리나케 속행해 황제를 알현하고 8월 15일에 쫓기듯 열하를 출발해 다시 연경으로 엿새 만에 돌아오니 8월 20일이었다. 연암 박지원의 『열하일기』는 바로 6월 24일 압록강을 건넌 「도강록」으로 시작해 열하에서 연경으로 되돌아온 일을 적은 「환연도중록」으로 끝이 난다. 하지만 정작 사행단 일행이 한양으로 되돌아온 것은 그해 10월 27

일이었다. 출발에서부터 귀환까지로 따지자면 모두 5개월에 걸쳐 8천여 리에 이르는 '대장정'이었던 셈이다. 오래 또 길게 걸어본 이들은 안다. 그것이 어떤 삶인지를! 『열하일기』를 산티아고 가는 길을 걷기 전에 읽었던 것과 걸은 후에 다시 읽은 것은 정말이지 전혀 달랐다. 그전에 읽을 때는 그저 230여 년 전의 흥미로운 역사기록이었다면 지금 읽을 때는 글자 하나하나, 사건 하나하나, 상황 하나하나가 마치 내가 사행단에 함께 참여해 걸으면서 보고 듣는 것처럼 생생하게 살아 있다.

열하일기,
뜨거운 접속과 생성의 장

『열하일기』에 미쳐 그 장쾌한 유목적 여행의 매 순간순간을 살아 있는 우리말로 옮겨낸 고미숙은 이렇게 말했다.

『열하일기』는 이국적 풍물과 기이한 체험을 지루하게 나열하는 흔해빠진 여행기가 아니다. 그것은 이질적인 대상들과의 뜨거운 '접속'의 과정이고 침묵하고 있던 말과 사물들이 살아 움직이는 '발굴'의 현장이며 예기치 않은 담론들이 범람하는 '생성'의 장이었다.

그렇다. 뜨거운 접속과 살아 움직이는 발굴과 범람하는 생성! 그것이 진정한 여행기의 본질이다. 그것이 있어야 발로 걸으며 가슴으로 통하고 영혼으로 느끼는 길이 온전히 되살아난다. 산티아고 가는 길을 걸으며 쓰는 나의 이 글 또한 그 접속과, 그 발굴과, 그 생성이었으면 하는 바람이다. 욕심이 아닌 바람!

연암 박지원이 따라간 사행단은 압록강을 건너 요동을 지나 심양을 거쳐 산해관을 통과해 만리장성을 넘어 연경에 다다랐다. 또 연경에서 고북구를 지나 만리장성 밖으로 빠져나와 하룻밤에 아홉 번 강 건너기를 마다하지 않을 만큼 속도를 내 건륭황제가 머물고 있던 열하로 갔다. 그리고 다시 열하에서 연경으로 되돌아온 연암의 여정은 가히 생사를 넘나드는 모험과 수난의 연속이었다. 하지만 여정이 힘들고 고단할수록 생각은 깊어지고 삶은 단단해지며 통찰은 빛나는 법! 산티아고 가는 길을 걸으며 쓴 나의 글 또한 그러하길 바라는 마음 간절하다.

230여 년 전 연암과 오늘의 나는 둘이면서 하나다. 그와 나는 모두 일상의 삶터를 벗어나 먼 길을 걸었고 그 길 위에서 하루하루를 새롭게 사유하고 또 살아냈다. 그러면서 그 생각은 온갖 이질적인 것들을 묶어내고 온갖 잡다한 것들을 가로지르며 전혀 다른 세계의 출현을 예고하고 있지 않은가. 이것이 '노마드의 힘'이다. 자리와 상황에 안주하는 자가 아니라 삶 그 자체를 유목하듯 살찌우고 기르는 자들만이 갖는 역동적인 힘이다. 그 힘은 시대의 감옥에 갇히기를 거부하고 지배의 영토에 머물기를 원치 않는다. 그 힘은 이미 다가온 새로운 미래를 살아낼 원천이다. 수많은 연행록燕行錄이 있지만 『열하일기』가 다른

여정이 힘들고 고단할수록 생각은 깊어지고 삶은 단단해지며 통찰은 빛난다.
이것이 '노마드의 힘'이다.

까닭이 여기에 있다.

어딘가를 둘러보고 다녀본 것은 여행旅行이다. 어딘가를 걸어보고 느껴본 것은 기행紀行이다. 하지만 그 여행과 기행을 역사 속에 담그고 시대 속에 아우르며 오늘 나의 현존 가운데 재위치시키는 것은 그 자체로 '생生의 철학'이다. 고로 이 책은 나의 철학이다. 길을 걸으며 길 위에서 녹여낸 내 생의 철학이다.

아아! 연암이 그립다. 한 번도 만나보지 못한 이가 그립기까지 한 것은 그와 내가 세월이란 시간과 지리란 공간을 뛰어넘어 왠지 이 순간 한몸이 되어 만난 것 같기 때문이다.

'자유'라는 이름의
사내

인생을 살아오면서 내가 행한 모든 일들이
선한 것이든 악한 것이든
나는 자유인으로서, 나의 자유의지에 따라 행동했다
_카사노바

산훌리안을 지나 산티아고 데 콤포스텔라가 60킬로미터 남았다는 표지석이 서 있는 곳의 지명은 다름아닌 '카사노바'였다. 이곳이 세간에 희대의 호색가로 알려진 조반니 자코모 카사노바와 어떤 연관이 있는지는 알 수 없다. 이곳저곳을 둘러봤지만 딱히 카사노바와 연결할 만한 단서는 보이지 않았다. 하지만 카사노바가 1768년을 전후해 스페인에 체류했던 것은 사실이다. 그의 나이 43세 때였다.

본래 이탈리아 베네치아에서 부부 배우의 아들로 태어났던 카사노바는 어릴 적에 부모와 떨어져 외할머니 손에 자랐다. 그의 아버지는 자에타노 주세페 카사노바였고 어머니는 자네타 니 파루시였다. 하지만 훗날 카사노바는 자신의 진짜 아버지가 베네치아의 귀족 미켈레 그리마니라고 주장했다. 그도 그럴 것이 자에타노 주세페 카사노바와 자네타 니 파루시가 소속된 극장을 소유한 가문이 그리마니였기에 이 주장이 아무 근거 없는 것이라고 보기는 쉽지 않다. 게다가 아무리 부부 배우여서 바빴을지라도 굳이 아이를 친가도 아닌 외가에 맡긴 것 역시 뭔가 사연이 있음을 암시하지 않는가. 어쨌든 카사노바는 출생부터가 미스터리였다.

어려서부터 총명했던 카사노바는 개인교사로부터 철학, 천문학, 음악, 신학 등 다양한 학문을 배우며 변호사의 꿈을 키웠다. 하지만 15세 나이에 가톨릭교회의 수사가 된 카사노바는 17세에 파도바 대학에서 민법과 교회법으로 학위를 받을 당시 이미 관능에 눈을 떠 묘한 인물로 변화해갔다. 어린 자매와의 사랑을 시작으로 수녀와의 금기된 관계, 모녀와의 광기 어린 열정을 불태우는 등 사제의 길에서 벗어나 거침없는 감각의 순례자로 돌변했던 것이다. 결국 그는 자기 안의 욕망이 가리키는 방향으로 인생의 좌표를 전면적으로 수정하기에 이르렀고 이후 40여 년 동안 백여 명의 여인들과 아슬아슬한 로맨스를 펼쳐갔다.

그래서 '카사노바'라는 이름을 들으면 바로 떠오르는 건 역시 굉장한 여성 편력의 소유자이며, 자유분방하게 성과 쾌락을 즐겼던 인물이라는 이미지일 것이다. 그런데 정말 이런 이미지만으로 카사노바를 평가할 수 있을까? 분명 그는 수많은 여인들을 탐닉한 감각주의자였지만, 단순한 바람둥이는 아니었던 것 같다. 한 시대를 풍미한 호색

한으로만 알려져 있는 카사노바가 법학박사에 외교관과 재무관을 지냈다는 사실은 그리 잘 알려져 있지 않다. 실제로 카사노바는 당대 유럽 최고 수준의 지성이었다. 그는 정식으로 법학박사학위를 지녔으며, 계몽주의자였고, 저술가이며 예술과 풍류를 즐겼던 낭만주의자이자 탁월한 사업가의 면모까지 지닌 실로 다재다능한 인물이었다. 뿐만 아니라 그는 화학, 수학, 역사, 철학, 문학을 공부했고, 라틴어, 그리스어, 프랑스어에 능통했으며, 무용, 펜싱, 승마에도 일가견이 있었던 르네상스적 인간이었다.

카사노바는 폭넓은 교양을 구사하며 귀족, 문학가, 귀부인, 과학자뿐만 아니라 천민, 사기꾼, 방탕아 등 여러 계층, 여러 분야의 사람들과 두루 사귀었다. 그는 상대의 신분 고하를 막론하고 사랑을 불태웠지만 카사노바가 수많은 여자들과의 관계에서 성공할 수 있었던 비결이 단지 성적인 매력에만 있었던 것은 아니었다. 모험적인 삶에 대한 열정, 예술에 대한 관심, 구애 대상을 향한 믿을 수 없을 만큼 성실한 태도 등이 어우러져 그의 외면할 수 없는 매력을 만든 것이다. 뿐만 아니라 그는 뛰어난 철학자이자 바이올리니스트였고, 지식인이자 저술가였으며 사업가이자 외교관이요 심지어 프리메이슨 비밀결사 단원이자 스파이이기도 했다. 그는 참으로 다채로운 인물이었고 무엇보다도 삶에 대한 진심 어린 열정과 지식과 모험에 대한 갈증, 그리고 세련된 로맨스에 대한 강한 욕망을 가진 사내였던 것이다.

하지만 그 무엇보다도 카사노바는 자기만의 방식으로 세상을 살고, 또 그 방식대로 수많은 여성을 사랑하며 당대의 관습의 벽을 넘어 인간이 경험할 수 있는 쾌락의 극한점까지 자신을 몰고 갔던 남자였다. 그가 살다 간 시대는 프랑스혁명과 산업혁명이 일어나고 계몽주의 사상이 전 유럽으로 확산되던 시기였다. 이러한 역사의 변혁기에 그는 일체의 구속을 거부한 자유인으로 유럽 전역을 누비며 당대의 유럽사회를 꿰뚫어 본 인물이었음에 틀림없다.

철학자로 살다가
기독교인으로 죽다

그는 당시로선 드물게 73세를 살았다. 하지만 오랜 방랑생활을 그치고 고향 베네치아로 돌아간 1775년 이후의 삶은 그 스스로도 무시할 만큼 초라했다. 1775년이면 그의 나이 50세였던 때다. 그는 그후 근 사반세기를 젊은 날의 추억을 되씹으며 견뎌야 했다. 물론 그는 베네치아로 돌아온 후 호메로스의 『일리아스』를 이탈리아어로 번역하고 당대의 최고 지성이었던 볼테르에 대한 신랄한 비평을 쓰는 등 저술활동을 하는 동시에 프랑스어로 연극을 공연하는 등 나름 문화적 활동도 펼쳤다. 하지만 이렇다 할 반향을 얻지는 못했다. 경제적으로도 궁핍해져 보다 안정적인 일자리를 찾아 다시 유럽을 떠돌다가 결국엔 별반 내키지 않았지만 프리메이슨 비밀단원이었던 발트슈타인 백작이 성주로 있던 보헤미아의 둑스 성에서 도서관 사서로 일하게 되었다. 그때가 1786년이었으니 그의 나이 61세였다. 그후 카사노바는

1790년부터 자서전 『나의 인생이야기』*Histoire de ma vie*를 집필해 2년여 만에 완결했다. 하지만 그 원고에 적힌 그의 인생은 1774년 49세에 멈춰 있었다.

온 유럽을 떠돌며 온갖 기행을 일삼던 감각의 순례자가 성안의 골방에 갇히다시피 하며 도서관 사서를 하고 있자니 얼마나 갑갑했을까? 그에게 유일한 낙은 젊은 날을 회상하며 그때 그 느낌으로 돌아가보는 것뿐이었으리라. 그 덕분에 그는 미친 듯이 3700여 쪽 분량의 자서전을 쓸 수 있었던 것인지 모른다. 하지만 그의 생전에 자서전 원고는 빛을 보지 못했다. 그의 외조카에게 넘어갔던 원고는 카사노바의 인생 유랑 못지않게 이리저리 흘러 프랑스어로 쓰인 것이 독일어로 번역되고 다시 독일어 번역본이 프랑스어로 중역되면서 자의적인 왜곡과 편집의 과정을 겪는 등 말 못할 수난을 겪었다. 그런 사이에 더욱 흥미롭게 채색된 카사노바의 행적은 문화적인 것은 배제된 채 엽기적이고 감각적인 성적 쾌락만 부각된 면이 없지 않다. 그래서 '문화인 카사노바'의 전체상은 사라진 채 '호색한 카사노바'만 도드라지게 된 것인지 모른다. 카사노바 자서전이 그가 쓴 그대로 출간된 것은 그의 사후 160여 년이 지난 1961년에서였다. 그리고 몇 해 전 그 자서전의 원본을 프랑스국립도서관이 독일 라이프치히의 출판업자 프리드리히 아르놀트 브로크하우스의 후손으로부터 960만 달러(약 110억 원)에 매입했다. 그의 자서전이 쓰인 지 170여 년 만의 일이었다.

1798년 4월에 카사노바가 비뇨기관의 감염으로 발병하지 않았다면, 카사노바는 베네치아로 돌아가 생애의 마지막 날들을 보낼 수 있었을지도 모른다. 하지만 그는 침대에서 자신의 자서전 원고를 조카사위 카를로 안졸리니에게 건네주고 1798년 6월 4일에 둑스 성에서 파란만장한 생애를 마쳤다. 임종에 참여했던 리그네 공작에 따르면 그의 마지막 말은 이러했다고 한다. "나는 철학자로서 살아오다가, 기독교인으로서 죽는다." 어찌 보면 그의 호색기 넘치는 삶과는 전혀 다른 얘기가 아닐 수 없었다. 하지만 그는 끝까지 고상한 문화인으로 죽고 싶었으리라.

베네치아에서 태어나 파리·리옹·콘스탄티노플·드레스덴·프라하·빈·런던·베를린·피렌체·바젤·바르셀로나·로마·리가·페테르부르크·바르샤바·보헤미아 등 유럽 전역을 끊임없이 여행하며 18세기 유럽 사회의 정치, 문화, 풍속을 그대로 체험한 카사노바는 보헤미아 둑스 성에서 파란만장한 삶을 매듭지었던 것이다.

영국의 저명한 사회학자 앤서니 기든스는 카사노바를 가리켜 '친밀성의 혁명가'라고 평가한 바 있다.(『현대사회의 성, 사랑, 에로티시즘: 친밀성의 구조변동』, 배은경 외 옮김, 새물결, 2001)그 이유는 이랬다. 카사노바는 중세 내내 집이라는 울타리에 갇혀 있던 여자들의 성과 사랑을 해방시켰다는 점에서 혁명적이며, 또한 그는 내적인 사랑의 감정을 언어화했고, 모든 여자를 진심으로 사랑했으며, 그들을 재산이나 소모품이 아닌 진정한 파트너이자 인간으로 대했다는 것이다. 인간이 근대에 와서야 이성과 감정을 지닌 주체로서 '개인'을 발견했다고 할 때, 카사노바는 바로 그 근대적 인간의 출발선에 있었고 주변 여인들 역시 그를 통해 근대적 인간의 대열에 합류할 수 있었다는 게 앤서니 기든스의 통찰력 있는 평가였던 셈이다.

　타고난 방랑벽으로 유럽 각지를 돌아다닌 카사노바는 누구보다 세상의 변화를 먼저 읽어낸 아웃사이더였다. 또한 그는 자유와 평등의 철학을 추구했던 계몽주의자였고, 프랑스혁명을 앞둔 격변기에 유럽을 누비면서 자유와 평등의 실체를 전파한 메신저였다. 특히, "인생을 살아오면서 내가 행한 모든 일들이 선한 것이든 악한 것이든 자유인으로서, 나의 자유의지에 따라 행동했다"고 고백한 것처럼, 카사노바의 인생 역정을 관통한 것은 오직 하나, '자유'였던 것이다. 그래서 카사노바란 이름의 그는 오늘 우리에게 자유라는 또다른 이름으로 남아 있는지 모른다.

　산티아고 데 콤포스텔라를 60여 킬로미터 앞두고 마주한 '카사노바'라는 지명에 꽂혀 끝 간 데 없이 펼쳐진 나의 카사노바에 대한 상념은 곧 '자유'를 갈망하는 내 안의 순수의지의 숨길 수 없는 꿈틀거림 그 자체와 잇닿아 있었던 것이리라.

내려놓아야
들어올릴 수 있다

분노는 총구가 자신을 향해 있는 총과 같다
그래서 분노의 방아쇠가 당겨지면
자기 영혼의 화약고가 터져버린다
결국 분노는 자신을 쏘는 일이다

산티아고 가는 길을 걷는 이들은 대부분 건강하고 날렵하다. 그러나 모두가 그런 것은 아니다. 개중에는 정말이지 믿기지 않을 만큼 비대한 몸을 움직여 힘겹게 걷는 이들도 있다. 보고 있노라면 저렇게 힘들게 걸어서 얼마나 갈 수 있을까 걱정될 정도다. 특히 아무리 흙길을 걷는다 해도 무릎관절이 견뎌낼까 의심될 만큼 비대한 이도 보았다. 하지만 어쨌든 걷는다. 비지땀을 흘려가면서 말이다. 어떤 경우엔 날렵해 보이는 이들보다도 더 오래 지치지 않고 걷는다. 정말이지 사람 몸이란 알 수 없다.

산티아고 가는 길이 다이어트를 목적으로 하는 길은 물론 아니지만 적당히 먹고 많이 걸으면 살이 빠지는 게 당연하다. 그래서 처음 길을 걷기 시작했을 때와 순례길을 모두 걷고 난 후의 몸무게 차이가 대개 적게는 5~7킬로그램에서 많게는 10~15킬로그램까지 나기도 한다.

마음의 굳은살

그러나 여간해서 빠지지 않는 살이 있다. 마음의 굳은살이다. 살면서 느끼는 것은 허릿살만이 아니다. 진짜 느끼는 것은 마음의 굳은살이다. 고단한 세상살이가 만드는 마음의 굳은살은 다이어트로 뺄 수 있는 것이 아니다. 그것은 삶이 힘겨울수록 얻게 되는 생의 퇴적물이자 마음 아픈 기억과 쓰라린 체험을 고스란히 담아낸 삶의 처절한 이력서다.

하지만 마음의 굳은살이 많아질수록 사람은 무감각해지고 무덤덤해진다. 그래서 마음의 굳은살이 늘게 되면 아무리 힘들고 슬픈 일을 겪어도 눈물 한 방울 떨구지 않게 될 만큼 독해지기도 한다. 그만큼 삶의 맷집이 강해지는 것이기도 하다. 혹은 이래도 그만, 저래도 그만 하는 식으로 무덤덤한 사람이 되기도 한다. 또는 세상을 향해 씁쓸한 미소를 지으며 체념하고 비관하기 일쑤인 냉소적인 사람이 돼버리고 말기도 한다. 그래서인지 마음의 굳은살이 늘어나면 자연히 삶의 의욕도 떨어지고 세상 살기도 싫다 싶게 만든다. 그래서 마치 간경화가 간암으로 진행하듯 마음의 굳은살은 마음의 암이 되고야 만다.

마음의 굳은살은 여간해서 빠지지 않는다. 흐물텅한 물살이라면 며칠 굶으면 태가 날 만큼 살이 빠지겠지만 삶에서 켜켜이 쌓여서 굳어진 마음의 굳은살은 너무 단단해서 그런 식으론 빠지지 않는다. 아니 아예 꿈틀도 안 한다. 그래서 마음의 굳은살은 뺄 수 있는 것이 아니다. 내려야 한다. 굳은살을 내린다? 그렇다. 빼는 게 아니라 내리는 거다. 빼는 것은 칼로리를 줄이는 방법이고 내리는 것은 말 그대로 삶의 근심과 걱정, 불필요한 분노와 석연찮은 미련 같은 것들을 내려놓는 것을 말한다. 그것이야말로 마음의 굳은살을 내리는 묘책 중의 묘책이다.

양손에 미움을 들고 있는 사람은 결코 사랑을 껴안을 수 없다. 내려놓아야 한다. 미움은 먼 데 있는 사람, 낯선 사람을 향하기보다는 자기 가까이 있는 사람들을 향해 있는 경우가 훨씬 더 많다. 가장 가까이 있는 아내와 남편 그리고 자식이 미울 때가 더 많다. 속은 가까이 있는 사람이 태우지 멀리 있는 사람이 태우지 않기 때문이다. 하지만 가까이 있든 멀리 있든 그 미움을 내려놓아야 한다. 미움을 내려놓으면 사랑을 껴안을 수 있다. 한껏 포옹하고 사랑하기에도 짧은 인생이다. 미움을 내려놓자.

그나마 미워할 수 있다는 것은 그래도 아직 미워할 마음이라도 남아 있다는 것이다. 아예 마음 씀 자체가 없는 무관심은 미움보다 더 무섭다. 마음은 쓰라고 있는 것인데 무관심은 아예 마음을 쓰질 않는다. 그래서 마음을 죽인다. 고사시킨다. 그러니 가장 무서운 마음의 독이 바로 무관심인 셈이다. 그런데 우리는 자신도 의식하지 못하는 사이에 너무 많은 무관심을 안경 끼듯 끼고 있다. 이제 무관심도 안경을 벗어서 내려놓듯 내려놓아야 한다. 그래야 무관심 속에 스스로 쪼그라든 삶이 아니라 활짝 펼쳐진 건강한 삶의 관계를 회복할 수 있다. 무관심을 내려놓는 순간 우리는 따뜻하고 건강한 삶의 시력을 회복할 수 있는 것이다.

오기만큼 백해무익한 것도 없다. 하지만 우리는 때로 그것을 신념이나 의지로 호도하며 잔뜩 움켜쥐고 있기 일쑤다. 이것 역시 긴 말 필요 없이 내려놔야 한다. 아니 분토처럼 버려야 한다. 원망은 스스로의 무기력함을 자인하는 못난 일이기도 하지만 힘없는 사람이 할 수 있는 마지막 몸부림이기도 하다. 그래서 어떤 삶에도, 어떤 조직과 공동체에도 원망이 아예 없을 순 없지만 이것을 너무 방치하면 '한恨'이 되어버린다. 그러니 원망이 한으로 변질되어 대물림되지 않도록 이 또한 내려놓아야 한다. 왜 나의 아픔을 다음 대의 아픔으로 연장하겠다는 것인가.

분노는 총구가 자신을 향해 있는 총과 같다. 그래서 분노의 방아쇠가 당겨지면 자기 영혼의 화약고가 터져버린다. 결국 분노는 자신을 쏘는 일이다. 그러니 분노의 총을 내려놔야 한다. 더이상 자기를 향해 총 쏘는 우를 범해선 안 된다. 다툼은 칼날을 쥐고 싸우는 것과 다름없다. 결국 서로 피를 보게 된다. 그러니 쥐고 있는 칼날을 버리듯 다툼을 내려놔야 한다. 시기는 인간이 무리지어 살아온 태곳적부터 운명처럼 끼고 살아온 관계의 돌연변이 바이러스다. 유인원 시절부터의 오랜 본성인 시기는 때로 경쟁심으로 승화되기도 하지만 대개의 경우엔 콤플렉스라는 상흔을 깊게 남긴다. 그러니 당연히 내려놔야 한다.

과욕은 내 배는 채울지언정 내 영혼은 궁핍하게 만든다. 그러니 과욕의 숟가락을 내려놓으라. 그것은 자신을 냄새나는 비곗덩어리로 만들 뿐이다.

비단 내려놓아야 할 것은 그늘지고 음습하고 냄새나는 것들만이 아니다. 좋은 것도 내려놓아야 한다. 먼저 스스로 일궈낸 성취와 그 감격, 그 흥분도 너무 오래 들고 있으면 추하다. 내려놓아야 한다. 나무가 지난여름의 무성했던 잎들을 낙엽으로 내려놓듯 또 그 열매를 땅위에 떨구며 내려놓듯 우리도 뭔가 성취했다면 담담함으로 그 성취의 감격과 흥분도 이제는 낙엽처럼, 실과처럼 겸손히 내려놓아야 한다. 그래야 새봄에 다시 나무가 새 움을 틔우고 새순과 새 열매를 키워내듯 우리도 다시금 더 크고 알찬 성취의 길로 도전하며 나아갈 수 있기 때문이다. 너무 많은 직함도 내려놓아야 한다. 직함이 자신을 만들어 주지 않는다. 정작 직이 아니라 업에 집중하려면 내려놓아야 한다. 삶의 진검승부에 나서려거든 싸우기에 앞서 갑옷과 투구도 내려놓아라. 너무 무겁기 때문이다. 무거우면 몸이 둔해지고, 둔해지면 결국 칼을 맞기 때문이다.

그 어떤 노력도 없이 거품처럼 부풀려온 기대도 내려놓아야 한다. 대신 막연한 기대가 아니라 내 땀과 노력을 들인 희망을 들어올려야 마땅하다. 결국 내려놓는다는 것은 용기요 결단이다. 그리고 정녕 그것은 겸손에의 의지다. 내려놓을 수 있는 것은 또다른 희망이요 새로운 도전의 의지다. 나아가 내려놓는 것은 다시 제대로 들겠다는 무언의 바람이요 의지다.

"덜 갖고
 더 많이 존재하라"

배낭이 어깨를 짓누른다. 내려놓고 싶을 때가 한두 번이 아니다. 하지만 정녕 내려놓아야 할 것은 내가 짊어진 배낭이 아니다. 내 마음에 똬리를 튼 부질없는 욕심과 번잡함, 미움과 분노, 무관심과 오기, 원망과 시기이리라. 어디 그뿐인가. 성취의 자만과 허울에 찬 위세 그리고 흘린 땀보다 많은 결실 또한 내려놓아야 한다. 물론 내려놓는다는 것은 결코 쉬운 일이 아니다. 하지만 어렵기 때문에 더 의미 있는 것이다.

"덜 갖고 더 많이 존재하라"는 스콧 니어링의 좌우명도 내려놓는 삶에 걸맞다. 우리는 너무 많은 것들을 들고 있다. 너무 많이 들고 있다 보니 제대로 움직일 수조차 없고 있어야 할 곳에 있지도 못한다. 심지어 너무 많이 들고 있어 조금만 삐끗하면 들고 있는 것들이 한꺼번에 쏟아져버릴 지경이다. 그러면서 살얼음판 걷듯 하루하루를 살아간다. 누가 봐도 불쌍한 거다.

노자는 그릇을 비워야 쓸모가 있다고 했다. 자고로 비워야 채울 수 있는 법이다. 산티아고 가는 길은 정녕 비우는 길이다. 비움으로써 우리는 다시 진정한 삶의 자양을 채울 수 있음을 나는 믿는다. 아울러 산티아고 가는 길은 정녕 내려놓는 길이다. 내려놓음으로써 우리는 다시 내 삶의 희망을 들어올릴 수 있다. 내려놓아야 새로 들 수 있다. 구름사다리를 전진하려 해도 한 손을 놓아야 앞으로 갈 수 있지 않은가.

노자는 그릇을 비워야 쓸모가 있다고 했다.
자고로 비워야 채울 수 있는 법이다.

멈춤이
가장 어렵다

큰 지혜는 멈춤을 알고
작은 지식은 계략을 안다
난세에는 멈출 줄 알고 그칠 줄 아는 것이
지혜의 으뜸이요 삶의 비책이다

산티아고 가는 길을 걷다보면 어디서 멈출 것인가를 늘 생각하게 된다. 어떤 날은 컨디션이 좋아서 조금 더 가서 멈추자고 내 속에서 말을 한다. 그런가하면 어떤 날은 한 발 내딛기가 힘들어 아무 데서라도 멈춰 쉬고 싶을 때도 있다. 비단 육체적인 상황이나 조건에서만이 아니라 언제 어디서 멈출 것인지 하는 것은 실로 중대하고 굉장한 삶의 노하우다.

실제로 나이 들어갈수록 제일 어려운 게 뭔가 곰곰이 생각해보니 멈추고 그치는 일이다. 장황하게 늘어놓는 말을 멈추기가 어렵고 늘 하던 버릇을 그치기도 쉽지 않다. 한번 재미 본 일이라 멈추고 그치지 못해 스스로 화를 자초한 경우도 적잖고 신세 망친 사례도 허다하다. 이쯤에

선 멈춰야 할 텐데 하고 생각하면서도 선을 지나쳐 폐가망신하는 일도 비일비재하지 않은가!

도대체 왜 이렇게 멈추지 못하고 그치지 못하는 것일까? 학교에서 액셀러레이터를 밟는 것은 배웠을지 모르지만, 정작 브레이크 밟는 법을 배운 기억은 없다. 학교에서는 진도 나가는 일에 대해서만 관심 있을 뿐, 멈추고 그치는 일에 대해서는 거의 무관심하다. 박사학위를 가지고 있다 해서 멈출 때 멈추고 그칠 때 그칠 줄 아는 것은 아니지 않은가.

나아감의 이치보다
멈춤의 이치가 중요하다

자고로 큰 지혜는 멈춤을 알고, 작은 지식은 계략을 안다 했다. 멈출 때 멈출 줄 아는 것은 정말 큰 지혜다. 문중자^{文中子}로 불리던 중국 수나라의 왕통^{王通}은 '멈춤^止'과 '멈추지 않음^{不止}' 사이가 성공과 실패의 분수령이자 큰일을 이루는 자와 용렬한 자의 경계라고 갈파했다.(마수추안^{馬樹全}, 『지학, 멈춤의 지혜』, 김호림 옮김, 김영사, 2005, 6쪽) 대개 나아감을 좋아한다. 나아갈 때는 모두 신이 나기 마련이다. 하지만 잘 나아가다가 멈추라 하면 누구라도 좋아할 턱이 없다. 신나서 나아가다가 멈춤 앞에서는 풀이 죽기 마련이다. 하지만 그 멈춤의 때를 아는 것이야말로 진정한 앎이요, 멈춰야 할 곳에서 멈출 수 있는 것이 진정한 실행이다.

문중자 왕통은 노장^{老莊}사상에 뿌리를 두면서 공맹^{孔孟}의 가르침을 설파한 특이한 인물이다. 공맹의 일차적 가르침이 나아감과 채움의 원리라면 노장의 핵심적 가르침은 멈춤과 비움이다. 물론 나아가지 않는 이에게 멈춤은 의미가 없다. 하지만 나아감만 있고 멈춤이 없다면 그건 스스로 명을 재촉하는 일과 다름없다. 사람이 화를 당하는 것은 멈춰야 할 때 멈추지 않기 때문이다. 이처럼 나아감과 멈춤은 긴요하고 엄중한 것이다. 이것이 조화로울 수 있다면 그것은 삶의 경지에 다다른 것이라 해도 과언이 아닐 터이다.

멈춤은 은자隱者들의 전유물이 아니다. 멈춤의 도道는 은둔자의 비책만도 아니다. 멈춤과 멈춤의 도는 현실의 삶을 살아가는 이들에게 더욱 의미 있고 유용하다. 실제로 문중자 왕통이 말한 멈춤의 도는 중국의 최전성기였던 당나라, 그것도 당태종 시대의 번영기를 이끌었던 위징魏徵, 이정李靖, 방현령房玄齡 등에게 전수됐다. 이들은 문중자 왕통의 문하에서 공부하며 나아감의 이치보다 더 중요한 멈춤의 이치를 깨달았던 것이다. 마찬가지로 오늘을 살아가는 이들에게 멈춤과 멈춤의 도를 아는 것은 실로 중요하고 긴요한 것이리라.

우리는 정말이지 멈출 줄 모르는 족속이다. 초고속 산업화와 고도성장기를 지나오면서 오로지 전진 또 전진해왔다. 멈춤은 우리 시대에 대한 배반처럼 여겨졌다. 그래서인지 멈출 수 없고 그칠 수 없음은 우리 안에 유전인자처럼 각인되고 말았다. 멈춰보고 그쳐본 경험이 없었기에 멈춤과 그침에 대한 두려움이 내재화됐는지도 모른다. 멈춘다는 것은 지난 60여 년간 패배의 동의어였다. 멈춤 없이, 그침 없이 "그 사람 잘나간다, 그 회사 잘된다"는 소리를 들어야 직성이 풀렸다.

왜냐하면 그것이 성공을 의미한다고 착각했기 때문이다.

흔히 말하길 "잘나갈 때 잘해라"라고 말한다. 물론 옳은 말이고 맞는 말이다. 하지만 "그칠 때 그치고 멈출 때 멈추라"는 그보다 더 중요한 말이다. 한마디로 생과 사를 가름할 만한 말이다. 그래서일까. 우리의 옛 어른들 중에도 멈추고 그치는 일의 중요함과 그 지극한 어려움을 모르지 않았기에 '지지당知止堂'이란 호를 지닌 이들이 적잖았다. 말 그대로 멈춤을 알고 그침을 알아야 한다는 뜻이 담긴 것이다.

연산군의 폭정을 비판하고 스스로 물러났다가 중종반정이 있은 후다시 조정에 들어갔던 청백리 송흠宋欽, 1459~1547의 호가 지지당이었다. 역시 연산군 시절에 벼슬하지 않고 감악산에 들어가 은둔했던 남포南褒, 1489~1570 또한 지지당을 호로 썼다. 그는 권신 남곤의 형이었으나 권세에 물들지 않고 깨끗이 살아 당대와 후세 사람들에게 칭송을 받았다. 비단 우리의 옛 선비만이 아니다. 아시아 최고 갑부 리자청도 '멈춤을 안다'는 뜻의 한자어 '지지知止'를 사무실에 걸어놓고 늘 이것을 마음에 새긴다고 한다. 그리고 보니 난세亂世일수록 멈춤의 지혜가 더욱 크게 다가오는 법인 듯싶다. 문중자 왕통이 '멈춤과 그침의 학' 즉 지학止學을 천명했던 중국의 수나라 시대는 분열 끝에 통일은 이뤘지만 여전히 세월은 난세 중의 난세였다. 우리 조선의 연산군시절 역시 난세 중의 난세 아니었던가. 자고로 난세에는 멈출 줄 알고 그칠 줄 아는 것이 지혜의 으뜸이요 삶의 비책인 셈이다. 산티아고 가는 길을 걸으며 문득 다시금 스스로에게 다짐하듯 되짚는다. 인생의 도정에서는 나아감만이 능사가 아니라고. 어디서 멈추고 어디서 그칠 것인가가 더 중요하다고!

삶의 복병 같은
후회들

──

천여 명의 말기 암환자들의 죽음을 지켜본
호스피스 전문의 오츠 슈이치는 이렇게 말했다
"세상에는 수많은 인생이 있듯 그 인생만큼 수많은 후회가 있지만
그들의 마지막 후회에는 공통분모가 있다"고!

아르수아에서 조금 떨어진 한적한 숲속에서 비바크를 한 후 잠을
깼다. 새벽 5시다. 안개가 그 어느 날보다도 심했다. 어둠 속에서 짐을
정리하고 배낭을 다시 꾸렸다. 이젠 짐정리는 눈 감고도 할 만큼 숙련
된 일이 되었다. 오전 6시가 조금 지나 걷기 시작했다. 카메라로 안개
자욱한 카미노의 풍광들을 잡아봤다. 묘한 맛이 있었다. 새벽 여명은
안개 속에 밝아오고 있었다. 이런 느낌, 이런 장면을 언제 다시 만나
보겠나 싶을 만큼 황홀했다.

이젠 산티아고 가는 길이 한 발 한 발 다르게 산티아고 데 콤포스텔
라까지의 거리를 좁히고 있다. 어제 카사노바를 지날 때 60킬로미터

정도 남았다고 했는데 새벽안개를 헤치며 지나는 길의 표지석에는 30
킬로미터 정도 남았다고 한다. 처음 카미노를 걷기 시작했을 때 그렇게
멀게만 여겨졌던 거리가 이토록 빠르게 좁혀져가는 것을 보면서 나는
인생도 이렇겠구나 싶었다. 실제로 젊어서는 시간이 더디 가는 것 같은
데 나이가 들면 들수록 시간 가는 것이 너무 빠르다 하지 않던가!

산티아고 가는 길을 걷는 이들이 산티아고 데 콤포스텔라에 가까이
오면 올수록 열 명 중 여덟, 아홉은 후회한다. 다름아니라, "너무 빨
리 왔다"고! "좀 천천히 좀더 느리게 올 것을, 이렇게 벌써 다 왔단 말
인가?" 하고 후회하며 나머지 걸음을 아끼고 아끼듯 걷는다. 하지만
느리게 걸어도, 제아무리 천천히 걸어도, 더 오래 걸어도 후회는 남기
마련일 게다. 후회 없는 삶을 산다고 자부하는 이들에게도 후회는 항
상 뒤늦게 오기 때문이다. 그만큼 후회는 피하기 힘든 삶의 복병이다.
누구나 후회 없는 삶을 살길 원하지만 정작 삶에서 후회는 언제 어디
서나 있기 마련인 게다.

살면서 피하기 힘든
후회 열 가지

그런 점에선 900여 년 전 거유 주희朱熹도 예외가 아니었나보다. 그
는 살면서 피하기 힘든 '복병 같은 후회' 열 가지를 꼽았다. 이름하여
'주자십회朱子十悔'다.

첫째, 불효부모사후회不孝父母死後悔다. 불효하면 부모가 돌아가신 뒤에 후회하기 마련이다. 나는 아버지, 어머니, 장인, 장모가 모두 세상을 뜬 '고아孤兒'이기에 더욱 절감하는 대목이다. 하지만 가시고 나서 후회해도 소용없다. 살아 계실 때 말 한마디, 낯빛 하나라도 제대로 해야 한다.

둘째, 불친가족소후회不親家族疏後悔다. 가족끼리 친하지 않으면 멀어진 뒤에 후회한다. 자식이든 배우자든 가까이 있을 때 잘해야 한다. 멀어진 뒤엔 소용없다. 자식은 품 떠나면 그만이고 부부는 멀어지면 남만도 못해지는 법이다.

셋째, 소불근학노후회少不勤學老後悔다. 젊어서 부지런히 배우지 않으면 늙어서 후회한다. 나이 들어 공부하려면 분주하기만 하지 여간해서 성과 내기가 어렵다. 공부엔 다 때가 있기 마련이다. 그 때를 놓치면 후회한다.

넷째, 안불사난패후회安不思難敗後悔다. 편안할 때 어려움을 생각하지 않으면 실패한 뒤에 후회한다. 제왕의 교과서라 할 『정관정요』에도 '거안사위居安思危'라는 말이 나온다. 편안함에 거할수록 위기를 생각하라는 것이다.

다섯째, 부불검용빈후회富不儉用貧後悔다. 풍족할 때 검약하지 않으면 가난해진 뒤 후회한다. 새뮤얼 스마일스가 『검약론』에서 말했듯이 진정한 검약은 인색함이 아니라 적절함이다. 돈을 쓰지 말라는 것이 아니라 제때 제대로 쓰라는 것이다. 다시 말해 삶에 제대로 된 정신적·물질적 질서와 균형을 갖추라는 얘기다.

여섯째, 춘불경종추후회春不耕種秋後悔다. 봄에 밭을 갈아 씨 뿌리지 않으면 가을에 후회한다. 거둘 곡식이 없기 때문이다. 준비에 실패하는 사람은 결국 실패를 준비하는 것이다.

일곱째, 불치원장도후회不治垣墻盜後悔다. 담장을 제때 손보지 않으면 도둑 든 뒤에 후회한다. 소 잃고 외양간 고쳐봤자 소용없다. 미리 챙겨보고 대비해야 한다.

여덟째, 색불근신병후회色不謹愼病後悔다. 여색을 삼가지 않으면 병든 뒤에 후회한다. 몸의 병도 문제지만 마음의 병은 더 깊기 마련이다.

아홉째, 취중망언성후회醉中妄言醒後悔다. 술에 취해 함부로 말하면 술 깬 뒤에 후회한다. 술이 말을 삼켜 내뱉으면 감당할 수 없다. 그러니 자중해야 한다.

열째, 부접빈객거후회不接賓客去後悔다. 손님을 제대로 대접하지 않으면 떠난 뒤에 후회한다. 손님만이 아니다. 기회도 마찬가지다. 천재일우千載一遇의 기회가 왔을 때 잘했어야 했다. 지나고 난 뒤에 후회해봤자 아무 소용 없다.

생의 마지막 후회

천여 명의 말기 암환자들의 죽음을 지켜본 호스피스 전문의 오츠 슈이치는 이렇게 말했다. "세상에는 수많은 인생이 있듯 그 인생만큼 수많은 후회가 있지만 그들의 마지막 후회에는 공통분모가 있다"고! 그는 그것을 『죽을 때 후회하는 스물다섯 가지』(황소연 옮김, 21세기북스, 2011)라는 제목의 책으로 출간한 바 있다. 그 내용을 일일이 다 언급하긴 어렵지만 누구나 공감할 만한 후회 몇 가지를 언급하자면 이렇다. "사랑하는 사람에게 고맙다는 말을 좀더 많이 했더라면, 진짜 하고 싶은 일을 했더라면, 조금만 더 겸손했더라면, 좀더 친절을 베풀었더라면, 죽도록 일만 하지 않았더라면, 내가 살아온 증거를 남겨두었더라면, 그리고…… 내 장례식을 생각했더라면……" 물론 누구에게나 후회는 있기 마련이다. 우리의 삶이란 그 후회를 줄이는 사투에 다름아니다.

『소학小學』에서 이르길 "잘못을 저지르고도 후회할 줄 모르는 자는 하수下手요, 후회하면서도 고칠 줄 모르는 자도 하수"라고 했다. 꼭 하수가 되지 않기 위해서가 아니더라도 '~했었더라면' 하고 후회하는 삶보다 '~했지'가 많아지도록 살아보자. 그리고 우리는 너 나 할 것 없이 후회가 꿈을 덮기 시작하는 순간부터 늙기 시작한다. 그러니 나이가 들어도 늙고 싶지 않다면 새 꿈이 낡은 후회를 뒤덮게 하자. 그것만이 새로운 미래를 여는 가장 확실한 방법 아니겠는가.

세 가지
눈물
—

울음은 살아 있음의 증표다
나는 지금도 눈물에 무게가 있다고 믿는다
그것은 내 삶의 무게다

나는 900킬로미터에 달하는 거대한 느림의 시공간을 한 발 한 발 디디면서 발로만 걸은 게 아니었다. 마음으로 걸었다. 발로 걸으며 까지고 물집 잡히고 터지는 것이 다반사였듯이 마음으로 걸으며 숱하게 울었다. 처음 피레네산맥을 넘을 때는 '도대체 내 안에 왜 이다지도 알 수 없는 눈물들이 많은 걸까?' 하고 스스로 의아해할 만큼 속에서 눈물을 분출하듯 쏟아냈다. 아마도 그것은 살아오면서 울어야 할 때 울지 못해 내 속 구석구석에 쌓여 있던 '숙변 같은 눈물'이었는지 모른다. 하지만 눈물은 하나가 아니었다.

거침없이 탁 트여 그 광막함을 어찌할 수 없었던 메세타 지역을 지날 때는 뜨겁게 내리쬐는 태양 아래서 고글을 낀 채 울었다. 때로는 그 눈물이 고글 렌즈의 언저리에 머물러 시야를 가렸다. 하지만 나는 걸음을 멈추지 않았다. 그것은 다름아닌 '회심의 눈물'이었다. 특히 세상에서 가장 힘들지만 또 가장 소중한 관계인 아내를 생각하며 숱하게 울었다. 왜 내 마음에 들게 이리하고 저리하지 않나 하는 내 관점, 내 입장만을 고집하던 오만의 굴레를 비로소 떨치고 오히려 내가 바뀌고 내가 변화해야 한다는 너무나 당연한 진실에 자복하며 회개하듯 울었다. 내 안의 불만은 아내가 잘못해서 생겨난 것이 아니었다. 그것은 되레 자기 자신의 잘못을 스스로 합리화하기 위한 어린애 같은 투정에 다름아니었다.

칸타브리아산맥을 휘감아 넘을 때, 자갈밭이나 다름없었던 내리막길을 걸으며 두 발 모두 문드러지듯 터지는 가운데서 흘렸던 눈물은 더이상 숙변 같은 눈물도, 회심의 눈물도 아니었다. 그때는 너무나 힘들었지만 그 고통 속에서도 그저 모든 것이 감사했고, 모든 순간이 감격이었다. 그야말로 '감사와 감격의 눈물'이 땀을 대신했다.

훌륭한 울음터다
크게 한번 울어볼 만하구나

연암 박지원의 『열하일기』를 읽어보면 이름하여 '호곡장론好哭場論'이란 대목이 나온다. 따로 독립된 장은 아니지만 제1편에 해당하는 「도강록」의 7월 8일 갑신일 조에서 삼류하를 건너 요양의 백탑이 멀리 보이는 탁 트인 요동벌판 위에 서서 이렇게 외친 대목이다.

훌륭한 울음터로다! 크게 한번 통곡할 만한 곳이로구나!

좁고 답답한 조선땅을 벗어나 천 리 밖까지 아득히 펼쳐져 있는 요동벌판에 들어서서 천지 사방의 광활함을 처음 목도한 연암 박지원의 입에서 나온 것은 "크게 한번 울어볼 만하구나!" 하는 감탄사였다. 옆에 있던 이가 "하늘과 땅 사이의 툭 트인 경계를 보고 왜 별안간 통곡이냐?"고 묻자 연암이 답한 것이 걸작 중 걸작이요 명문 중 명문이라.

(…) 천고의 영웅은 울기를 잘했고, 천하의 미인은 눈물이 많았다네. (…) 사람들은 다만 칠정^{七情} 가운데서 오직 슬플 때만 우는 줄로 알 뿐, 칠정 모두가 울음을 자아낸다는 것은 모르지. 기쁨^喜이 사무쳐도 울게 되고, 노여움^怒이 사무쳐도 울게 되며, 사랑함^愛이 사무쳐도 울게 되고, 즐거움^樂이 사무쳐도 울게 되며, 하고자 함^欲이 사무쳐도 울게 되는 것이다. (…) 그것은 마치 갓난아이가 어머니 뱃속에 있을 때는 캄캄하고 막혀서 갑갑하게 지내다가 하루아침에 갑자기 탁 트인 훤한 곳으로 나와 손도 펴보고 발도 펴보니 마음까지 참으로 시원해지니 어찌 참된 소리를 내어 [울음으로] 자기 마음을 크게 한번 펼치지 않을 수 있겠는가. (…) 이제 요동벌판을 앞두고 있네. 여기부터 산해관까지 1200리는 사방에 한 점 산도 없이 하늘 끝과 땅 끝이 맞닿아서 아교풀로 붙인 듯, 실로 꿰맨 듯하고 예나 지금이나 비와 구름만 아득할 뿐이야. 이 또한 한바탕 울

어볼 만한 곳 아니겠는가!(『세계 최고의 여행기, 열하일기(상)』, 고미숙 외 옮김, 그린비, 2008, 134~136쪽)

눈물의 무게
삶의 무게

  어미의 자궁을 나와 툭 트인 세상을 만나 우는 갓난아이처럼 연암이 좁은 반도 안에 갇혀 살다가 천 리가 넘게 드넓고 드넓게 펼쳐진 요동의 벌판에서 하늘과 땅이 맞닿은 태초의 시공 같은 곳에 다다르자 크게 울어볼 만하다고 말한 것은 단순한 감정의 사치나 감상의 표현이 아니었다. 그것은 그 자체로 연암의 내면과 광활한 대지의 외면이 만난 감격 이상의 사건이며 연암의 혼이 내지르는 존재 그 자체를 초월한 거대하나 명징한 울림이었으리라. 그것이 울음의 본질이요 눈물의 본색 아니겠는가.

  산티아고 가는 길을 걸으며 피레네의 장중한 산악에서, 메세타의 끝없이 펼쳐진 광막함 가운데서, 그리고 칸타브리아산맥의 깊고 웅대한 장쾌함을 마주하며 내 속이 분출한 눈물과 울음 역시 연암의 그것과 다르지 않은 것이었으리라. 운다는 것은 결코 부끄러운 것이 아니다. 그 울음은 결코 값싼 감정의 분루憤淚가 아니지 않은가. 그 얼마나 속 깊은 내면의 용솟음인가! 산티아고 가는 길을 걸으며 울 수밖에 없는 것은 그 울음이 스스로의 존재를 살아 있는 실존으로 거듭해서 확인시켜주는 살아 있음의 증표이기 때문이리라.

집으로 돌아온 후 샤워를 하고 나서 몸무게를 달아봤다. 대략 10킬로그램 정도가 빠졌다. 그걸 보고 내심 이런 생각이 들었다. 내 몸의 살만 빠진 것이 아니라 내 속의 눈물의 무게도 빠졌을 것이라고 말이다. 그만큼 많이 울었다. 그래서 나는 지금도 '눈물의 무게'가 있다고 믿는다. 그것은 내 삶의 무게였다.

나는 왜
이 길을 걸었나
—

삶에서 최고의 매력은 끝까지 하는 것이다.
이기고 지는 것이 따로 없다.
끝까지 하면 모두 이기는 거다.

생장에서 산티아고 데 콤포스텔라까지 800여 킬로미터의 길을 끝내
걸었다. 정확히 43일 걸렸다. 남들보다 조금은 느리지만 정직하게 한
발 한 발 내디딘 결과다. 그러고 보면 발이 참 무섭다. 생장을 출발해
눈보라치는 피레네산맥을 넘고 바스크와 나바라 그리고 라리오하 지방
을 거쳐 황량하고 광막한 메세타 지역을 가로질러 다시 칸타브리아산
맥을 휘감아 오르내려 갈리시아의 주도州都이자 성 야고보의 무덤이 있
는 산티아고 데 콤포스텔라 대성당에 이르기까지 '카미노 데 산티아
고'라 불리는 그 길은 분명 고통의 연속이었다. 단 하루도 쉬운 날이
없었다.
　며칠씩 계속된 비와 눈보라, 심지어 우박과 세찬 바람에 이르기까지,

거기에 불꽃같은 스페인의 태양마저 겹쳐지며 정말이지 더는 못 걷겠다는 탄식이 나올 즈음에야 그날의 걷기는 끝이 나곤 했다. 그 덕분에 발엔 물집이 잡혀 터지고 응어리져 만신창이가 되기 일쑤였고 막바지에는 발을 땅에 디디기조차 고통스러울 정도가 됐다. 뿐만 아니라 어린애를 등에 짊어진 듯 무거운 배낭을 시종일관 지고 다니다보니 허리를 곧추세우기도 쉽지 않았다.

마지막 한 걸음은
혼자서 가야 한다

하지만 이 길은 내게 그런 육체적·상황적 고통 이상의 것을 선물해줬다. 무엇보다도 발끝부터 머리끝까지, 심지어 내 가장 깊은 곳까지 송두리째 뒤집어놓았다. 씨앗을 뿌리려면 밭을 갈아엎어야 한다. 마찬가지로 내 삶의 농사를 다시 짓기라도 하라는 듯 내 인생의 밭고랑을 몽땅 갈아엎은 것이 바로 이 길이었다. 그것도 바닥이 보일 만큼 깊이! 삶의 진짜 속살이 드러날 만큼 깊게! 깊이 또 깊게 갈아엎어야 제대로 씨 뿌릴 수 있다. 깊게 또 몽땅 갈아엎다시피 한 덕분에 산티아고 가는 길을 걷는 동안 나는 실컷 울 수 있었고 내 마음의 가장 솔직한 밑바닥까지 내려갈 수 있었다. 나는 이것이 내게 얼마나 큰 선물인지를 알 수 있을 만큼 변화했다. 헤르만 헤세의 시 중에 「혼자」라는 것이 있다.(『내 젊은 날의 슬픈 비망록』, 홍석연 옮김, 문지사, 2002) 거기 이

마지막 한 걸음은 혼자서 가야 한다
여럿이 함께 가든 혼자 가든 결국에는 자아를 찾아가는 고독한 길이다
고독은 사람을 숙성시킨다

렇게 적혀 있다.

세상에는
크고 작은 길들이 너무나 많다.
그러나
도착지는 모두가 같다.

말을 타고 갈 수도 있고, 차로 갈 수도 있고
둘이서 아니면 셋이서 갈 수도 있다.
그러나 마지막 한 걸음은
혼자서 가야 한다.
(…)

그렇다. 마지막 한 걸음은 혼자서 가야 한다. 산티아고 가는 길은 누구와 경쟁하며 가는 길이 아니다. 여럿이 함께 가든 혼자 가든 결국에는 자아를 찾아가는 고독한 길이다. 고독은 사람을 숙성시킨다. 마치 산티아고 가는 길을 걸으며 즐겨 먹었던 하몽처럼! 그것은 아마도 내 인생에 두 번 다시 만들기 힘든 거대한 고독의 시공간이리라. 그 안으로 들어가자 보이지 않던 것이 보이기 시작했고 들리지 않던 것들이 들리기 시작했다. 그리고 자기 마음의 가장 밑바닥이 드러났다. 그런 가운데 가족의 소중함과 기본의 절실함을 그 어느 때보다 절감했다. 진짜 소중한 것은 가장 밑바닥에 있었다. 산티아고 가는 길은 높고 높은 교회의 첨탑으로 오르는 것이 아니라 낮고 낮은 바닥으로, 그 가장 밑바닥까지 내려가는 길이었다. 그리고 그 밑바닥에 진짜 소중한 것이 있음을 발견하는 과정이었다.

서울에서 스페인의 산티아고 가는 길로 떠나오기 직전에 초등학교 4학년에 다니는 딸이 내게 물었다. "근데 왜 아빠는 그 길을 걸으려고 하는 건데?" 솔직히 그때는 말할 수 없었다. 하지만 이 길을 걸으면서 비로소 확실하게 말할 수 있게 됐다. 그건 "어제와 다른 나를 만나고 또 어제와 다른 나를 새롭게 만들고 싶어서"다. '어제와 다른 나'는 '어제와 다른 오늘, 오늘과 다른 내일'을 통해서 만들어진다. 그것은 날마다 차이를 만드는 것이다. 그리고 날마다 차이를 만들면 언젠가는 그것이 진짜 '다름'이 된다. 그 다름은 아름답고 소중한 것이다. 발레리나가 되겠다고 작정한 후 어린 딸이 밤마다 피곤하고 귀찮을 텐데도 매일매일 몸을 움직여 결국엔 확연히 다른 몸을 만들 수 있었듯이 아빠도 그렇게 변하고 싶고 또 변하고자 하는 것이라고 말해줄 수 있게 되었다. 그때의 변화는 참으로 아름다운 힘이 아닐 수 없다.

실제로 산티아고 가는 길은 바다까지 낮아지는 길이었다. 그 길은 내 인생의 밭고랑을 밑바닥까지 뒤집었고 그때 비로소 가장 소중한 것이 뭔지를 깨닫게 했다. 이제 나는 다시 산티아고 데 콤포스텔라를 떠나 스페인의 땅끝마을 피니스테레로 향해 간다. 말뜻 그대로 거기는 종점이다. 삶에서 최고의 매력은 끝까지 하는 것이다. 이기고 지는 것이 따로 없다. 끝까지 하면 모두 이기는 거다.

"정작 나는 무슨 꽃을
피우고 있는가?"

꽃을 피우느냐 못 피우느냐는 절박한 실존의 문제다
제대로 살고 있으며 앞으로도 그리 살겠느냐는
절실한 물음과 직결된 절박한 삶의 문제다

산티아고 가는 길을 걸으며 마주하는 것들 중 늘 내 마음을 사로잡는 것이 있었다. 다름아닌 이름 모를 들꽃들이다. 길가에 지천으로 핀 형형색색의 들꽃들도 그랬지만 노란색 이끼가 채색한 듯 번져 있는 돌담 사이사이에 핀 자잘한 이름 모를 들꽃들도 그랬다. 특히 피니스테레에 거의 다다른 곳에서 사람 한 명이 간신히 지나갈 법한 좁은 사잇길과 마주한 돌담에 피어오른 들꽃들의 그 모습은 이 글을 쓰는 지금도 눈에 선하리만큼 내 마음 한켠에 어슴푸레한 기억들과 더불어 자리잡고 있다. 왜 하필 들꽃일까? 노랗게 이끼 낀 돌담 사이에 피어난 작고 작은 그 꽃들이 나의 가던 발걸음을 멈추게 한 까닭은 무엇일까?

    몇 해 전 열반에 든 법정스님이 어느 해인가 길상사 봄 법회에서 행한 법문 중에 이런 얘기가 있었던 것으로 기억한다.

    "천지간에 꽃이지만 꽃구경만 하지 말고 나 자신은 어떤 꽃을 피우고 있는지 스스로 물어보아야 한다."

    그렇다. 800킬로미터에 달하는 산티아고 가는 길을 걷는 내내 지천으로 핀 들꽃들을 보면서 그리고 다시 피니스테레까지 100킬로미터 가까운 길을 꼬박 사흘 동안 걷고 또 걸으며 마주했던, 세찬 바닷바람에 노랗게 이끼 낀 돌담에 핀 이름 모를 작디작은 들꽃들을 마주하면서 내 마음에 꽂힌 외마디는 다름아닌 "과연 나는 무슨 꽃을 피웠고 또 피우려는가?"였다.
    꽃을 피운다는 것은 생식과 생명 활동을 위해 반드시 필요한 과정이다. 꽃을 피움으로써 식물은 자기 생명의 지속성을 보장할 수 있다. 꽃은 화려해 보이지만 실상은 생존을 위한 진한 몸부림의 소산이다. 꽃이 피어야 그 안에 있는 암술과 수술의 수정이 가능하고 씨라는 자손을 남길 수 있기 때문이다.
    결국 꽃을 피우느냐 못 피우느냐는 멋부리는 감상이 아니라 살아남느냐 죽어 사라지느냐의 절박한 실존의 문제인 셈이다. 그러니 "나는 지금 무슨 꽃을 피우고 있는가?"라는 물음은 단지 화려한 수식으로 '폼' 한번 잡아볼 수 있느냐가 아니라 내가 제대로 살고 있으며 앞으로도 그리 살겠느냐는 절실한 물음과 직결된 매우 절절하고 절박한 삶

노랗게 이끼 낀 돌담에 핀 이름 모를 작디작은 들꽃들을 마주한다.
"과연 나는 무슨 꽃을 피우려는가?"

의 문제다. 그런데 정작 나는 지금 무슨 꽃을 피우고 있는가?

내 인생의 전성기

꽃을 피운다는 것은 곧 전성기를 의미하기도 한다. 다 그런 것은 아니지만 대체로 꽃은 아름답고 화려하다. 그 아름답고 화려함은 겨우내 혹독한 추위 속에서도 뿌리가 생명을 부둥켜안고 지켜낸 결과다. 그런 점에서 모든 꽃은 인고의 산물이다. 견딤 없이 거저 피는 꽃은 없다. 하지만 그 인고의 소산인 꽃의 아름다움과 화려함은 안타깝게도 오래가지 않는다. 크고 화려한 꽃일수록 짧게 피고 만다. 어찌 보면 허망하리만큼 짧다. 인생도 이와 크게 다르지 않다.

인생을 60분에 비유한다면 진짜 꽃이 피는 절정의 시간은 고작 5분 남짓한 시간일 뿐이라고 세상을 먼저 산 선배들은 말한다. 어쩌면 그 5분의 절정에 달한 개화開花를 위해 젊어서 온갖 고생을 마다않고 꽃이 피고 진 후에도 그 화려했던 개화의 시간들을 마음속에서 되새김질하며 고단한 인생 후반생을 참고 견디며 살아가는 것인지도 모른다. 우리는 그 인생 60분 중 5분 남짓한 개화의 시간을 가리켜 '전성기'라고 부르기도 한다. 전성기란 단지 돈 많이 벌고 출세하며 남들로부터 선망의 대상이 되는 시기만이 아니다. 전성기의 참뜻은 자기 인생의 그 어느 때보다도 자신의 존재의미를 스스로 확신하는 시기다. 그리고 어쩌면 우리네 인생은 바로 그 5분의 전성기를 위해 전력질주하도록 프로그래밍되어 있었는지도 모른다.

　내 어린 시절의 영웅이었던 박치기왕 김일은 1967년 세계레슬링협회^{WWA} 헤비급 챔피언이 된 후 70년대 말까지 사각의 링 위에서 호쾌한 박치기 한 방으로 그 당시 우리네 삶의 너 나 할 것 없는 고단함을 한 방에 날려주었다. 박치기왕 김일은 항상 수세에 몰렸다가 박치기 한 방으로 극적인 역전승을 하곤 했다. 그래서 그의 박치기는 가난하고 궁핍했던 시절 사람들에게 고단한 삶을 역전시킬 비장의 무기요 희망의 대명사였다. 역전의 희망을 주는 것이 그가 레슬링을 할 이유였고 그의 존재의미였으리라. 그리고 그렇게 스스로의 존재감을 확신할 수 있었던 그 10년 남짓한 세월이 그의 전성기였다.

　하지만 184센티미터의 키에 140킬로그램의 몸무게로 살인적인 박치기를 날리던 김일도 1989년 고혈압으로 쓰러져 20년 가까운 세월 동안 병원 신세를 져야 했다. 그것은 존 버닝햄이 『내 인생의 가장 행복한 날』이란 책의 첫머리에 적어놓은 말을 새삼 떠올리게 한다. "언젠가 당신의 인생에도 '오늘부터 너는 혼자 힘으로 양말도 못 신게 되리라'고 말하는 신의 목소리가 벼락처럼 울리는 그런 날이 꼭 올 것이다." 결국 박치기왕으로 일세를 풍미했던 천하의 김일도 2006년 20년 병고 끝에 77세를 일기로 세상을 떴다.

　비단 박치기왕 김일만이 아니다. 전설적인 앵커맨 봉두완은 1935년생으로 올해 77세다. 그는 자신이 기자로, 정치인으로, 또 교수로도 살아보았지만 그래도 자기 인생의 절정이자 전성기는 동양방송^{TBC}에서 앵커맨으로 마이크 잡고 떠들 때였다며 호방하게 웃는다. 정확히 말하자면 1969년부터 동양방송이 언론통폐합으로 간판을 내리던 1980년까지 11년이다. 이제 여든이 코앞인 인생살이 중에서 그 11년이야말로 그가 '날릴 때'였던 것이다. 그 11년 동안 영원한 앵커맨 봉두완은 사람들이 할말 제대로 못하고 있을 때 대신 입을 열어 우리의 막힌 속을 뚫어주었다. 그것이 그가 마이크를 잡아야 할 이유였고 또 그 자신의 존재의미였다.

비록 60분 인생 중 10분 아니 단 5분짜리 단막극일지라도 내 인생의 전성기를 외면하거나 포기할 수 없다. 꽃을 피움으로써 생명이 이어지듯 삶은 스스로의 존재의미를 확신하게 되는 진정한 의미의 전성기를 경험함으로써 나아지고 성숙하며 생명력의 진수를 발현하기 때문이다. 그것은 절정에서 사정하고 난 후 사그라지는 고개 숙인 남자의 그것과는 차원이 좀 다른 것이다.

그런데 사람들은 지금 자신이 사는 꼴과 형편을 봐서는 전성기란 말 자체가 우습다며 스스로의 존재가치마저 폄훼하는 경우가 적잖다. 그러나 분명히 기억하자. 누구에게나 자신만의 전성기가 있다는 것을! 그리고 그 전성기는 아직 오지 않았을 수 있다는 것을! 미국 대통령에 재선된 오바마마저도 "최고의 순간은 아직 오지 않았다"고 하지 않는가. 그러니 스스로에게 다짐하듯 선언하자. '내 인생의 최고의 날들은 아직 오지 않은 날들'이라고. 나아가 지금, 오늘, 여기에서 내 인생의 전성기를 다시 만들기 시작하겠다고 결심해보자. 바로 그 결심의 순간부터 내 인생의 새로운 전성기를 열어갈 것이기 때문이다.

꽃향기는 천리 길을 가고
사람의 덕은 만 년 동안 훈훈하다

어떤 이는 꽃을 싫어한단다. 활짝 핀 꽃을 보는 것은 좋지만 그 꽃들이 시들고 지는 모습을 보는 것이 왠지 가슴 아파 아예 꽃을 싫어하게 되었다는 얘기다. 있을 법한 얘기다. 하지만 그것은 전성기 이후의 삶이 싫어 삶의 진정한 전성기마저 외면하는 것이나 마찬가지다. 항상 꽃이 피어야 아름다운 것이 아닌 것처럼, 삶이 전성기에 있지 않다고 의미 없는 것은 결코 아니지 않은가. 꽃봉오리의 차고 오를 듯한 생동감도, 화사하게 피어난 꽃의 절정도, 한 잎 두 잎 꽃잎을 떨구는 어쩔 수 없는 시듦도 모두 거치고 겪어야 할 과정이다. 피할 수 없고 외면할 수 없는 삶의 궤적, 생명의 궤도인 것이다.

꽃을 피우기 위해 뿌리는 겨우내 언 땅을 견뎌냈고 줄기와 잎새는 차디찬 눈 속에서도 살아남았던 것이리라. 마찬가지로 우리 삶이 피워내는 꽃 역시 인내와 인고의 세월을 견뎌낸 결과임에 틀림없다. 물론 만개한 꽃은 시들기 마련이다. 꽃이 활짝 필 때는 영원할 것 같지만 실상 그렇지 못하다. 삶도 다르지 않다. 사실 꽃은 피우기만 하면 끝이 아니다. 진정 꽃이 꽃 되려면 아름답게 피어나는 꽃봉오리만큼이나 시들어가는 꽃의 아픔도 함께 껴안을 수 있어야 한다. 자고로 활짝 피는 것은 시들게 되어 있다. 하지만 그 시듦을 통해 아니 그 시듦을 견뎌내면서 꽃은 진정한 성숙을 배우게 되는 것이다.

사람도 마찬가지다. 나이를 먹으면서 아름다움과 건강함이 늘 예전

만하길 기대하긴 어렵다. 예전만큼 아름답지 못하고 이전만큼 건강할
수 없다는 그 사실 자체를 인정하고 견뎌낼 수 없다면 성숙도 없다.
꽃이 피면 지듯이 삶도 결국은 피고 지는 것이다. 하지만 그럼에도 불
구하고 우리의 삶은 저마다 꽃을 피우기 위해 애를 쓴다.

　한 송이의 국화꽃을 피우기 위해

　봄부터 소쩍새는

　그렇게 울었나보다

　미당 서정주 선생의 시처럼 우리 삶도 꽃을 피우기 위해 몸부림친
다. 그리고 겸손히 아니 겸허히 삶의 꽃이 지는 과정을 받아들이면서
진정으로 성숙한 한 인간이 되어가는 것 아닐까 싶다. 그래서 인간은
단지 '휴먼human'이 아니라 쉼 없이 형성돼가는 존재인 '휴먼비잉human-
being'인 것이리라.

　'화향천리행 인덕만년훈花香千里行 人德萬年薰'이란 말이 있다. 꽃향기는 천
리 길을 간다지만 사람의 덕은 만 년 동안 훈훈하다. 그 사람의 덕이
곧 그 사람의 향기 아니겠는가. 크고 탐스런 꽃이든, 작고 보잘것없어
보이는 들꽃이든, 돌담 사이로 수줍게 고개 내민 이름 모를 꽃이든 모
두 나름의 향기가 있는 법! 그렇다. 꽃은 향기가 있기 마련이다. 향기
없는 꽃은 더이상 꽃이 아니다. 그런데 힘들고 어려운 곳에 피는 꽃일
수록 더욱 향기가 짙다고 한다. 아무도 찾지 않는 높고 험한 곳일수록
꽃은 자신의 존재를 알리기 위해 눈물겨운 향기를 발하고 있다는 것

이다. 그래야 벌과 나비와 같은 곤충들이 다가와 수분花粉을 가능하게 하고 생명을 퍼뜨릴 수 있게 만들기 때문이다. 꽃과 마찬가지로 사람의 삶도 다르지 않다. 산골짝 바위틈에 핀 꽃들이 진한 꽃향기를 피우는 것처럼 어려운 상황에서 살아내기 위해 몸부림치듯 삶이 치열하고 열정적일수록 삶이 자아내는 향기는 짙기 마련이다. 결국 내 삶이 자아내는 향기는 내 삶이 열심히 일해 흘린 땀과 열정이 빚어낸 것과 닮은꼴일 수밖에 없는 셈 아닐까. 꽃의 개화는 며칠에 불과하지만 꽃의 향기는 맡는 이의 아련한 기억 속에 오래도록 남아 있다. 마찬가지로 사람의 삶은 우주의 시간 속에서 보면 찰나에 불과할지 모르지만 그의 향기 곧 그의 덕은 끝없는 떨림과 훈훈한 향내로 세월을 넘고 시대를 넘어 무궁하게 존재할 수 있는 것 아닐까.

자! 나는 과연 어떤 꽃을 피울 것인가? 과연 우리는 무슨 꽃을 피우려고 이처럼 몸부림치는가? 지금 이 순간 되새겨볼 일이다.

종점은
없다
——

끝이라고 생각한 곳이 새로운 시작점이다
뭔가 다시 할 자유가 새 시작의 참뜻이다

피니스테레^{Finisterre}! 말뜻 그대로 '세상의 끝, 땅의 끝'이다. 산티아고 데 콤포스텔라를 떠나 사흘을 꼬박 걸어 피니스테레에 도착한 때는 오후 11시가 다 돼서였다. 그 밤에 문을 연 바닷가 레스토랑을 찾아 우선 극도로 허기진 배를 수프와 샐러드로 진정시키고 이 고장 특산인 문어 요리를 주문해 화이트와인을 곁들여 조촐하지만 의미 있게 홀로 자축하는 시간을 가졌다. 프랑스의 생장을 출발해 이베리아반도를 동에서 서로 가로질러 피니스테레까지 장장 900여 킬로미터를 47일에 걸쳐 좀 느리지만 끝까지 걸어낸 것을 스스로 축하한 것이다. 그날도 오전 7시부터 비를 맞으며 걸었으니 오죽했으랴. 하지만 잠을 이룰 수 없었다. 그만큼 내겐 특별한 밤이었다. 아니 그 상황이라면 누구나 그럴 것이리라.

그렇게 밤을 지새운 후 동틀 무렵, 피니스테레에서도 가장 서쪽 끝인 등대까지 다시 걷기 시작했다. 밤을 꼬박 새웠건만 발걸음이 그렇게 가벼울 수 없었다. 등대로 올라가는 길에 해돋이가 시작됐다. 서쪽 끝이라 일몰만 장관인 줄 알았는데 바다를 낀 산에서 뜨는 해도 기가 막혔다. 그 해돋이에 넋이 나가 걷다가 서기를 몇 번이나 했다. 그렇게 오른 등대 주위에는 난데없이 산양들이 떼지어 있었다. 그런데 그중 한 마리가 깎아지른 절벽 아래에 홀로 서 있는 게 아닌가. 그리고 거기서 바다를 향해 울고 있었다. 그 산양도 더 나아갈 길이 없다는 걸 알고 있는 것일까?

드레퓌스 벤치

그 절벽 아래 파도가 부서져 포말을 일으키는 곳을 바라보다가 문득 영화 〈빠삐용〉이 생각났다. 그리고 내가 서 있는 곳은 다름아닌 '드레퓌스 벤치'가 놓인 자리 같았다. 드레퓌스 벤치는 수형자들의 무덤이라 불리던 섬 디아블의 제일 꼭대기에 위치한 벤치였다. 무고한 드레퓌스가 사형선고를 받은 뒤임에도 홀로 앉아 새로 살아갈 희망과 용기를 다졌다는 바로 그 벤치다. 본명이 앙리 샤리에르인 빠삐용도 살인죄의 누명을 쓰고 디아블에서 수형생활을 할 때 늘 그 드레퓌스 벤치에 앉아 최후의 탈출을 꿈꿨다. 그는 비록 자신이 누군가를 죽인 살인죄는 짓지 않았지만 '인생을 낭비한 죄', '젊음을 방탕하게 흘려보낸 죄'로부터는 결코 자유로울 수 없음을 뒤늦게 깨달았다. 그후 그는 '보복과 복수를 위한 탈출'이 아니라 '진정한 나를 찾기 위한 탈출'을 감행해 마침내 코 코넛 자루 두 개를 묶어 만든 뗏목을 벼랑에서 먼저 던진 후 자신도 뛰 어내려 자유를 되찾았다. 그후 36년 만에 파리 몽마르트르 언덕을 다시 찾은 그는 스스로에게 이렇게 되뇌었다. "너는 이겼다, 친구여…… 너 는 자유롭고 사랑받는 네 미래의 주인으로 여기에 있다."

500여 년 전 그 누군가도 산양이 서서 울던 바로 그 자리에서 두려운 바다를 응시했으리라. 그때까지 모든 이들은 거기가 종점이고 더 나아 갈 수 없다고 생각했지만 그 누군가는 거기가 새로운 출발점이라고 생 각했다. 콜럼버스도 그중 한 사람이리라. 물론 콜럼버스가 피니스테레 에 발을 디뎠는지는 알 수 없다. 하지만 그는 땅이 끝나고 두려움의 바 다만 있는 곳으로 과감히 나아가지 않았던가. 남들이 더 나아갈 수 없 는 종점이라고 당연시할 때 그는 거기가 오히려 새로운 시작점이라고 생각하고 결행했던 것 아닌가. 그리고 그것이 새로운 역사를 만들지 않 았던가!

다시 시작이다

몸뚱이가 부서져라 걸어서 닿은 서쪽 땅끝에서 두렵고 알 수 없는 바 다, 아니 그 미지의 미래를 향해, 목 놓아 외쳐본다. "종점은 없다! 나와 우리 앞에는 새로운 시작점만이 있을 뿐!" 무엇이 옳고 그른지, 무엇이 길이 간직할 진정한 가치이고 무엇이 분토처럼 버릴 것인지를 분명히 해 기본을 다시 세우고 가치를 다시 펼치자. 그리고 다시 시작하자. 우리에게는 뭔가를 다시 할 자유가 있지 않은가. 뭔가를 다시 할 자유! 그것이 새로운 시작의 참뜻이리라.

그렇다. 끝이라고 생각한 곳이 새로운 시작점이다. 뭔가 다시 할 자유가 새 시작의 참뜻이다. 자기 미래의 주인됨을 포기하지 말고 나아가자. 거기엔 땅끝도 종점도 없다!

산티아고 가는 길 900킬로미터는
두 발만이 아니라 심장으로, 아니 온몸으로
영혼이 그 대지를 더듬듯이 걸어야 마땅한 길이었다.

먼 길, 깊은 길, 너른 길

900킬로미터. 나는 그 거리를 전혀 짐작하지 못했다. '산티아고 가는 길'을 걷기 위해 파리행 비행기를 탔을 때 내 좌석 앞 스크린에 내가 탄 이 비행기가 시속 900킬로미터로 날고 있다는 안내고지가 떴다. 그것을 보면서 이 제트비행기의 속도라면 한 시간 남짓 걸리는 그 거리의 길을 내가 수십 일 아니 40일 넘게 걷겠다고 지금 이 비행기를 타고 유럽으로 날아간다는 것이 오히려 쑥스러울 지경이었다. 하지만 막상 걸어보니 그게 아니었다.

탭에 내장된 구글지도로 보면 손바닥 안에 들어오는 거리처럼 보이지만 정작 그 길을 걸어보니 마을과 마을이 끝없이 이어진 길고 긴 길, 멀고 먼 길이었다. 더구나 길이 닿는 마을마다 그 초라하고 폐허가 되다시피 한 집들마저도 한때는 사람들이 살을 맞대며 뒤엉켜 살고 있었고 그 삶의 희로애락이 뒤섞인 내력들이 산티아고 가는 길 위에 유난히 많은 노란색 돌이끼보다도 더 진하게 그 길, 그 땅 위 곳곳에 배어 있는 듯했다. 또 가축들의 분뇨 냄새가 진동하는 시골길조차 그것보다 더 진하게 풍겨오는 삶의 고단하고 애절한 향취와 여운이 촘촘하리만큼 잇닿아 있는 길이 바로 산티아고 가는 길이었다. 더구나 굳이 아헤스에서 부르고스로 가는 도중에 있는 80만 년 전 인류의 조상으로 여겨지는 '호모 안테세소르Homo Antecessor'가 살았던 아타푸에르카Atapuerca를 언급하지 않더라도 그 길에는 측량하기 힘든 삶의 내력과 깊이가 있었고 그것이 걷는 내내 고스란히 느껴졌다. 한마디로 산티아고 가는 길은 숫자로 측량할 수 없을 만큼 때론 멀고 또 깊고 너른 길이었다.

거리가 아니라
깊이요 둘레!

흔히 사람들은 900킬로미터이니 하루에 25킬로미터씩 걸으면 36일 만에 걸을 것이고, 20킬로미터씩만 걸어도 45일이면 끝낼 수 있는 거리라고 손쉽게 계산한다. 하지만 그렇게 산술적으로 계산해 걸을 길이라면 매일 동네길을 만보기 달고 걷는 편이 낫지 않을까 싶다. 그렇게 계산적으로 걸을 것이라면 무엇하러 그 먼 데까지 비행기 타고 가서 다시 기차 타고 버스 갈아타며 또 돈 써가면서 걷느냐는 것이다. 그 길은 결코 그렇게 산술적인 계산으로 걸을 길이 아니었다. 그 900킬로미터는 내 두 발만이 아니라 심장으로, 아니 온몸을 넘어 내 영혼이 그 대지를 더듬듯이 걸어야 마땅한 길이다. 그러니 그 길은 단지 900킬로미터라는 산술적 거리로 계산될 성질의 것이 아니라 그 내력의 깊이와 켜 켜이 쌓인 삶의 온축된 바탕과 둘레를 함께 조망하며 걸어야 하는 길 이다.

결국 900킬로미터의 거리란 그만큼의, 아니 그 이상의 깊이와 둘레 를 갖고 있다. 따라서 그 길을 걷는다는 것은 단지 목표점(산티아고 데 콤 포스텔라 혹은 피니스테레)까지의 거리를 하루하루 좁혀간다는 목표지향 적인 것이 아니라 그 궤적 속에서 깊이를 느끼고 그 둘레를 더듬는 의 미지향적인 일이어야 마땅하다. 더구나 길은 단순한 직선이나 곡선이 아니다. 걷는 순간 그 길은 스스로의 깊이를 토해내고 자신만의 둘레 를 드러낸다. 그것이 길의 진면목이다. 그리고 그것이 길의 알 수 없음 이다. 그 진면목 이상의 알 수 없음의 길을 헤치며 우리는 내 안의 나도 모르던 나의 세계로 들어가는 나만의 길을 발견하게 되는 것이리라.

산티아고 가는 길, 아니 생장에서 피니스테레까지의 900여 킬로미터 에는 그 사이를 촘촘하게 잇고 있는 마을과 마을처럼, 그리고 그 반쯤 폐허 된 마을에서 살았을 이름 모를 숱한 사람들과 그들의 짧았든 길었 든 나름 애절했을 저마다의 삶처럼 그 무엇으로도 응축할 수 없고 그 무엇으로도 대체할 수 없는 인생과 역사가 고스란히 스며 있다. 그래서 '900킬로미터'는 단지 산술적 거리를 뜻하는 것이기보다 그 안에 담긴 삶과 일상 그리고 그것들의 성기고 때로 촘촘한 엉킴으로서의 역사 그 자체가 아닐 수 없다. 그리고 이 책에 담긴 글의 편린들 역시 때론 성기 게 또 때론 촘촘하게 뒤엉키고 얽힌 삶의 궤적들과 마주하며 내 마음의 시선이 응시하고 때로 머문 흔적들이다.

산티아고 가는 길을 걷기 위해 나는 두 달 가까운 시간을 온전히 그 길 위에 바쳐야 했다. 그 두 달 남짓한 시간은 내 인생에 다시없는 시간이었다. 그리고 다시 서울의 일상으로 귀환한 후 꼬박 세 달 넘게 그 걸음의 흔적들을 되새김질하며 글을 썼다. 발이 걸은 것을 손이 쓴 것이 아니라, 몸이 걸은 것을 가슴과 영혼이 쓴 것이라고 감히 말하고 싶다. 걷는 것과 글 쓴다는 것이 결코 둘이 아니라 하나임을 이번에 제대로 실감했다. 실제로 글 쓰는 것과 걷는 것은 너무 많이 닮았다. 언젠가 기회가 된다면 그 얘기도 쓰고 싶다.

산티아고로 가는 길 위에서 속도는 중요하지 않았다. 아니 아무 의미가 없었다. 그 길은 거대한 느림의 시공간이었다. 내 평생에 다시는 마주할 수 없을 것 같은 그런! 그래서 그 길을 죽도록 걷고 왔음에도 이 글을 쓰는 이 순간 나는 다시 그 길을 걷고 싶다는 충동에 휩싸이는 것인지 모른다. 그래서 내심 다짐해본다. 언젠가 내 삶에 다시 이런저런 군더더기가 끼고 내 속이 떠나라고 아우성치는 그날 나는 다시 주저함 없이 그 길을 걷겠노라고. 대지와 맞닿는 내 심장의 박동 소리를 들어가며, 점점 뜨거워져갈 내 발바닥의 열기를 영혼의 희열로 승화시키면서 그리고 홀로 또다시 하염없는 내 안의 눈물을 쏟아내면서……

정진홍의 산티아고 900킬로미터

프랑스

피니스테레

생장
피에드포르

산티아고
데 콤포스텔라

스페인

도착
피니스테레

산티아고
데 콤포스텔라

몬테
도 고소

아르수아

카사노바

산훌리안

산 로케

카카벨로스

레온

만시야 데
라스 물라스

비야프랑카
델 비에르소

폰페라다

몰리나세카

리에고 데 암브로스

라바날 델 카미노

비야르
데 마사리페

사아군

모라티노스

비

테라디요스
데 로스 템플라리오스

레디고스

출발
⇦

생장피에드포르
콜 드 르푀데
론세스바예스
수비리
팜플로나
에스테야   페르돈
이라체   시라우키
로그로뇨   비아나
빌람   나바레테
비야프랑카 비스티아
몬테스 데 오카
가디아   니헤라   벤토사
카미노
이테로
데 라 베가   부르고스
스타

마지막 한 걸음은 혼자서 가야 한다

ⓒ 정진홍 2012

1판 1쇄 | 2012년 11월 15일
1판 9쇄 | 2020년 10월 6일

지은이 정진홍
펴낸이 염현숙

기획 김소영 형소진 | 책임편집 김소영 | 편집 오동규 박영신 오경철
사진 정진홍 | 디자인 김선미 이주영 이경란
마케팅 정민호 박보람 우상욱 안남영 | 홍보 김희숙 김상만 지문희 김현지
제작 강신은 김동욱 임현식 | 제작처 한영문화사

펴낸곳 (주)문학동네
출판등록 1993년 10월 22일 제406-2003-000045호
주소 10881 경기도 파주시 회동길 210
전자우편 editor@munhak.com | 대표전화 031)955-8888 | 팩스 031)955-8855
문의전화 031)955-8895(마케팅), 031)955-2671(편집)
문학동네카페 http://cafe.naver.com/mhdn | 트위터 @munhakdongne
북클럽문학동네 http://bookclubmunhak.com

ISBN 978-89-546-1970-7 03320

www.munhak.com